KB268226

1인자를 만든 참모들

기업과 조직의 운명을 바꾼 위대한 참모 이야기

1인자를 만든 참모들

이철희 지음

페이퍼로드
paperroad

창조적인 참모가 조직의 미래를 이끈다

윤종용 대한민국 국가지식재산위원회 위원장, 전 삼성전자 부회장

자신을 둘러싼 일에 대해서 능동적인 주체가 되고 싶은 것이 사람의 마음이다. 그래서 사람들은 크든 작든 한 조직에서 리더 혹은 보스가 되기를 원한다. 그러나 그물망처럼 촘촘하게 얽혀 있는 현대 조직 사회에서 아무도 리더로만 혹은 부하로만 평생을 살 수는 없다. 한 조직의 1인자라 하더라도 상위 단위에서는 참모로 위치가 바뀌는 것이 현대 조직 사회의 특성이다. 여기에 '참모'에 대해 깊이 생각해볼 필요가 있는 것이다.

조직 내 상하관계를 생각할 때 대부분 한 사람의 '상사'와 여러 사람의 '부하' 즉 일대다—對多의 관계를 떠올린다. 하지만 '보스'와 '참모'는 일대일 —對—의 관계가 되어야 한다. 그 이유는 무엇일까? 바로 상사의 지시를 수동적으로 따르는 '부하'라는 인식보다는 상사와 대등한 관계에서 공동의 목적일 이루는 '참모'라는 인식이 개인의 창의력과 적극성을 끌어내는 데 훨씬 유리하기 때문이다. '부하'가 아닌 '참모'라는 역할규정을 택하면, 누구든 대등한 파트너십을 가질 수 있다. 또 상명하달의 일방적 관계가 아니라 상호소통의 쌍방 관계를 형성할 수 있다. 어떤 조직에서 어떤 형

태로든 '참모' 역할을 피해 갈 수 없다는 것을 깨닫는다면, 이 책은 평범한 생활자에게 새로운 자각의 계기를 줄 것이다.

이 책에서 소개하고 있는 참모들처럼 되면 금상첨화다. 그러나 반드시 그들처럼 되지 않아도 좋다. 자신이 속해 있는 곳에서 의미 있는 성공을 일궈낸다면 그것으로 충분하지 않을까. 모두가 성공한 대통령, 위대한 지도자로 평가하는 우드로 윌슨이나 프랭클린 루즈벨트에게 잘 알려지지 않은 참모가 있었다는 건 얼마나 반가운가. 위대한 결정의 순간 그들은 임무를 아름답게 완수했을 뿐 자신을 내세우거나 이름을 알리려 하지 않았다. 모든 사람이 보스가 될 필요는 없다. 이 책을 읽고 탐하지 않고 집착하지 않는 아름다운 참모가 되어 볼 것을 권한다.

저자는 이 책에서 최고의 참모 9명의 파란만장한 삶을 통해 참모의 위상을 밝히고, 그 중요성을 설득력 있게 그려내고 있다. 아마도 참모에 대해 본격적으로 탐구한 최초의 저작이라 할 수 있을 것이다. 그간 '보스'에게 필요한 리더십에 대한 논의는 넘칠 정도로 많았던 데 비해 대등한 파트너인 참모에 관한 논의는 거의 없었다. 이 책은 감고 있는 한 쪽 눈을 마저 뜨고 세상을 보자는 외침인 셈이다.

평생 조직에 몸담아 온 입장에서 볼 때, 나는 조직의 흥망을 결정하는 키 맨Key Man은 참모라는 저자의 주장, 보스가 중요한 만큼 참모도 중요하다는 저자의 주장에 기꺼이 공감한다. 특히 '노No'라고 말하는 사람이 진정한 참모이며, 그 노no를 받아들이는 보스가 조직을 융성의 길로 이끈다는 주장에 흔쾌히 동의한다.

그간 나온 수박 겉핥기식의 책사 이야기, 야사 위주의 드라마에서 갈증을 느낀 사람들에게, 조직에서 새롭게 뭔가를 도모하면서 '행복한 변화'를 추구하고자 하는 사람들에게 일독을 권한다.

참모의 시대, 최고의 참모들이 펼치는 이야기 속으로

울분!

처음 참모에 대한 얘기를 책으로 냈을 때는 리더가 모든 공을 차지하는 것에 대한 울분이 있었다. 어떻게 리더 혼자 다 할 수 있어? 이런 질문으로 시작된 고민이 역사 공부를 통해 조금씩 구체화되더니 어느 순간 '성패는 참모의 몫이다'라는 주장까지 하게 됐다. 이 책은 그런 삶을 산 좋은 참모들에 관한 얘기다.

단언!

좋은 리더에겐 반드시 좋은 참모가 있다. 아니, 단언컨대 좋은 리더란 좋은 참모를 곁에 두고 잘 활용하는 사람이다. 사람이 하는 일이니 결국 어떤 사람과 일하느냐가 관건인 것은 당연하다. 스스로 똑똑하다고 생각하는 사람은 결코 좋은 리더가 되지 못한다. 나눠주고 베풀고 품에 안을 때 비로소 참된 리더가 된다. 이 책은 좋은 리더에 대한 얘기다.

리더십 이론은 넘치도록 많다. 그만큼 리더십이 중요하기 때문이다. 그런데 그 리더십이란 단순히 리더의 기술 또는 덕목을 말하는 게 아니다. 리더십은 리더가 아니더라도 누군가 조직이나 상황을 이끌어가기lead 위해 펼치는 기술이나 행위를 뜻한다. 이렇듯 리더십은 리더의 전유물이 아니다. 직급이 낮은 사람도 얼마든지 리더십을 발휘할 수 있다. 이것이 네트워크 시대, 수평 사회에서의 리더십이다.

참모를 말할 때 흔히 리더leader를 리드lead하는 역할로 규정하곤 한다. 그렇다고 모든 참모가 리더를 이끈다는 뜻은 아니다. 좋은 참모만이 그럴 수 있다. 프랭클린 루스벨트를 리드한 루이 하우나 이성계를 리드한 정도전 같은 이가 좋은 참모들이다. 좋은 리더만큼이나 좋은 참모들이 있을 때 조직은 발전하고, 융성한다. 아무리 뛰어나고 출중한 리더라고 하더라도 그의 존재만으로 성공이 이뤄지지는 않는다.

좋은 리더와 참모 간에는 언제나 끊임없는 소통이 있었지만 또 긴장도 있었다. 이 긴장은 각자의 역할에서 비롯된 것이다. 참모가 부하라는 생각에 빠져 열심히 리더의 결정을 추종하기 바쁘면 그는 참모가 아니다. 리더가 참모를 단순히 부려 먹는 졸병으로 생각한다면 그 또한 훌륭한 리더가 되기 어렵다. 감정적 대립은 불필요하지만 각자의 역할에서 비롯된 긴장은 불가피하고, 또 그것 때문에 더 좋은 결정이 내려지게 된다.

과거엔 리더와 참모의 존재가 자리에서 비롯되었다. 그런데 요즘엔 자리 때문이 아니라 역할에 의해 주어진다. 비유하자면 과거의 리더·참모

관계가 존재 규정이었다면 이제는 역할 규정이다. 현대 사회도 역시 조직 사회이기 때문에 자리가 없어지진 않았다. 하지만 과거처럼 엄격한 상하 관계 속에서 기계적으로 움직이는 경직 시스템이 아니다. 이제는 누구나 자리보다 더 나은 역할을 할 수 있는 유연 시스템이다. 따라서 좋은 리더가 되려면 참모에 대해 알아야 하고, 좋은 참모가 되려면 리더에 대해 알아야 한다.

크게 보면 어떤 조직이든 가장 높은 자리의 한 사람을 제외하면 모두 참모다. 그런 점에서 참모의 시대, 참모가 리더십을 발휘해야 하는 시대다. 참모가 리더를 리드lead하려면 리드read하는 것이 필수다. 이 책에서 소개하는 최고의 참모들이 자신의 리더, 자신이 살고 있는 시대의 코드를 어떻게 읽었는지read 살펴보면 소중한 참고가 될 것이다. 어떻게 읽을까? 역지사지易地思之가 답이다.

설득!

좋은 참모는 좋은 아이디어를 찾아내고, 계발하는 데 많은 시간을 쓰지만 그것을 어떻게 리더에게 이해시킬 것인지에 대해서도 그만큼의 시간을 써야 한다. 좋은 머리로 어떤 방안이나 아이디어를 만들어내더라도 결정권을 가진 리더에 의해 수용되지 않으면 무용지물이다. 당 태종이 정관지치의 태평성대를 열 때 참모 위징은 자기 생각을 주저 없이 밝혔지만 태종을 설득하는 데에도 남다른 능력을 발휘했다. 리더를 설득하기 위해서는 머리로만 안 된다. 마음이 중요하다. 좋은 참모는 차가운 지성과 따뜻한 감성을 모두 가져야 한다.

존중!

삼국지의 주인공 제갈공명은 만기친람하다 수명을 단축했다. 결국 천하제패의 꿈도 접어야 했다. 그때보다 수천, 수만 배 복잡한 시대에 만기친람의 '깨알 리더십'은 금물이다. 초한지의 주인공 장량은 날건달 유방보다 훨씬 지혜로운 인물이다. 그러나 그는 멍청한 유방을 존중하고 사랑했다. 자신이 더 낫다고 생각하는 '건방 마인드'는 참모의 독이다. 서로 존중하는 한편 각자의 역할에 충실하면서 긴장도 마다하지 않아야 좋은 리더·참모의 관계다.

참모들의 성공을 배우려면 결과론적인 찬사보다는 과정과 맥락을 파악해야 한다. 과거의 사례 혹은 타인의 경험을 알고자 할 때, 자주 직면하는 문제가 있다. 결론엔 익숙한데, 그러한 결론이 나오게 된 동기나 과정을 잘 모른다는 점이다. 예컨대 이순신이나 세종대왕이 훌륭한 인물이라는 결론은 귀가 따갑도록 듣는다. 나라를 구한 성웅이요, 태평성대를 구가한 현군이라는 결론 말이다. 헌데 정작 어떤 상황에서 어떤 결정을 내려 어떤 업적을 남겼는지에 대해서는 무지하다.

이 책에서 필자는 동서양의 전설적인 참모들이 중대 고비에서 어떠한 선택을 했고, 그것이 왜 성공으로 귀결됐는지를 체계적으로 보여주려고 노력했다. 또한 주관과 객관이 어떻게 부딪쳐 파열음을 내고 어떻게 절묘한 성공을 이루어냈는지 조망하고자 했으며, 기존의 결론에 구애받지 않고 자유롭게 그리고 뒤집어보려고 시도했다.

이제 리더의 시대는 지나갔다. 나라도, 회사도, 단체도 좋은 참모가 있

  1인자를 만든 참모들

어야 성공한다. 좋은 리더라면 참모가 리더십을 발휘할 수 있도록 해줘야
한다. 지금은 참모의 시대다. 최고의 참모들이 펼친 드라마를 통해 나의
성공 스토리를 시작하는 건 어떨까.

2013년 8월, 이철희

참모 십계명

1 무릇 모든 사람은 참모다. 참모가 리더십을 발휘해야 조직이 산다. 내 안에 잠자고 있는 참모 리더십을 깨우라. 주저하지 말고 마음껏 설치라.

2 참모는 종복從僕이 아니다. 알랑거리는 졸개가 아니다. 명심하라, 보스와 참모는 대등한 파트너다. 절대로 굽실거리지 말라. 추하다.

3 성패와 흥망은 참모의 몫이다. 자부심을 가지라. 미친 듯이 일하고, 후회 없이 승부하라. 그러나 진인사盡人事할 뿐 결과는 하늘에 맡기라.

4 노No라고 말하는 데 행여 머뭇거리거나 잠시 망설이지도 말라. 참모의 예스Yes는 때깔 고운 독약이다. 교언巧言과 영색令色은 잊으라.

5 보스보다 한 발 먼저 보고, 한 뼘 넓게 보고, 한 치 깊게 보라. 시킨 일만 하면 로봇이지 참모가 아니다.

6 권모술수, 변칙, 기책奇策보다는 기본과 정도正道에 충실하라. 그러나 상식과 통념에 무조건 따르지는 말라. '왜?' 라고 묻고, 뒤집어 보라.

7 항상 지피知彼보다 지기知己에 더 유념하라. 남은 관대하게 대하고 넉넉하게 평가하라. 나는 차갑게 대하고 야박하게 사정査定하라.

8 권력이나 자리에 연연하지 말라. 일을 욕심내라. 업적을 탐하라. 권력은 50% 이상 쓰지 말라. 자리는 조금 낮게 취하라.

9 들 때와 날 때, 오고 갈 경우를 잘 분별하라. 좋은 일에는 한발 늦게 나서고, 나쁜 일에는 한발 늦게 물러서라. 양보하고, 희생하라.

10 매사 뜻대로, 매양 마음대로, 줄곧 계획대로 되는 것은 없다. 그것은 피할 수 없는 인간사의 한계다. 과정을 즐기라.

1 누구나 리더고, 누구나 참모다. 잘나서 리더, 못나서 참모라는 생각은 착각이다. 역할의 차이일 뿐이다.

2 리더의 성패는 곁에 어떤 참모를 두느냐에 달렸다. 참모는 부하가 아니라 성공의 파트너다. 참모를 심우心友로 공경하라.

3 리더는 듣는 사람이다. 많이 들으라. 경청, 그것은 지혜를 얻는 마법이다. 눌변은 개성이나, 난청은 질병이다.

4 노No라고 말하는 참모를 무조건 곁에 두라. 참모의 반대를 즐기라. 나의 생각을 벼리고 다듬는 계기로 여기라.

5 스태프 마인드staff mind를 가지라. 내가 참모라면 어떻게 할지를 계속 자문하고, 자답하라. 그래야 참모의 장난에 휘둘리지 않는다.

6 약간 과하게 보상하라. 행한 만큼 보상하면 고마움이 없다. 예상한 것보다 넘칠 때 감동이 따르기 마련이다. 마음을 얻게 된다.

7 충성은 배려에서 나온다. 받으려고만 하지 말라. 먼저 베풀라. 조직이든 연배年輩든 충성을 강요할 그 어떤 다른 명분은 없다.

8 나누라. 권한을 주고, 역할을 던지라. 독점은 기형을 낳고, 편향을 기르고, 실패를 초래한다. 나눔으로써 더 많이 얻고, 훨씬 좋아진다.

9 자만 바이러스에 감염되지 말라. 혼자 할 수 있다는 생각을 버리라. 오만과 아집은 패배와 망조의 전령이다.

10 리더는 멍청해야 한다. 똑똑하기만 하면 참모밖에 못한다. 누군가 채워주고 싶은 공백, 누군가에게 위로가 되는 여백이 있어야 리더다.

차례

01 정도전 & 이성계
500년 조선 왕조를 디자인한 민족사 최강의 경세가

정도전의 참모 멘토링mentoring

정도전 & 이성계

조선왕조 창업의 주역은 이성계인가? 아니다. 정도전이다. 그가 새 왕조를 기획하고, 건설했다. 그는 이성계의 아들 이방원에게 피살됐다. 정도전의 죽음과 함께 천 년의 꿈이던 북벌도 물거품이 됐다. 정도전은 실패했는가? 아니다. 그는 혼자서 조선왕조의 국가 운영 시스템을 마련했다. 그는 비명에 죽었으나, 그가 짜놓은 프레임 덕분에 조선왕조는 5백 년이나 이어졌다.

01

어떤 이가 말을 타고 출근하려 했다.

지켜보던 종이 말했다.

"신발이 짝짝이입니다."

그러나 이 사람은 태연하게 말했다.

"한쪽 신을 본 사람은 반대편 신을 볼 수 없을 것이니, 걱정 마라."

그이가 바로 정도전鄭道傳이다. 그는 사소한 데 신경 쓰지 않고 뚜벅뚜벅 제 갈 길을 가는 성격이었다. 그의 삶도 그랬다. 어차피 훌쩍 왔다가 홀연히 떠나는 인생, 누구나 나그네길 아니던가. 뭘 주저하고, 왜 쭈뼛하랴. 정도전은 힐끔힐끔 기웃거리거나, 할금할금 굽실거리지 않았다. 소신대로 행동했다. 한 시대를 욱대겨 멋진 위업을 달성했다.

천하의 넓은 곳에 거하며

천하의 바른 지위에 서며

천하의 큰 도를 행한다.

뜻을 얻으면, 백성과 더불어 함께하고,

뜻을 얻지 못하면, 홀로 그 도를 행한다.

부귀도 그 뜻을 어지럽히지 못하고,

빈천도 그 절개를 변하게 하지 못하며,

위협과 무력도 그 뜻을 꺾지 못하는 사람

『맹자』에 나오는 대장부의 정의다. 정도전, 그는 딱 대장부였다. 또한 정
도전은 정을 나누고, 사랑을 즐기는 필부였다. 술 있으니 스스로 잔 기울
일 때면 마음의 벗을 그리워했다. 야인 시절의 그는 유유자적했다. 일찍
자고 늦게 일어나며, 산골짜기를 오르다 피곤하면 휴식하고, 흥이 나면
걷고, 경치가 아름다운 곳을 만나면 이리저리 구경하며 휘파람을 불고
시를 읊느라 돌아갈 줄 모르는 '배 나온' 한량이었다. 역사를 주도할 땐
개혁과 창업을 위해 노도처럼 밀어붙인 불굴의 투사였다.

5백 년 동안 입에 담지 못한 이름, 정도전

정도전!

정도전은 조선왕조 5백 년 동안 배척당한, '불령선인不逞鮮人'의 원조였
다. 고려왕조를 허물고, 조선왕조를 창업했으나 정작 본인은 이름을 잃어
버렸다. 조선으로부터 철저하게 외면당했다. 태종이 그를 죽이고 등극했
던 사정이 첫 번째 이유였다. 그러나 그들이 진정으로 두려워한 것은 역
사가 아니라 철학과 사상이었다. 태종 이하 역대 왕들은 정도전과 같은
걸출한 신하의 출현을 두려워했다. 백성이 사직에 앞선다는 그의 철학,
재상이 정치의 중심이라는 그의 사상이 갖는 위험성을 경계했기 때문이
었다. 왕위에 등극한 후 이방원이 한 말이다.

"내가 정도전을 죄주는 것은 … 천하 만세의 계책을 위함이다. 태조가 그

　　　　　　　　　　　　　　　　　　　　　　1인자를 만든 참모들

렇게 강하고 현명한 임금이었는데도 정도전과 같은 신하가 나왔다. 하물며 후세에 만일 용렬한 임금, 약한 임금이 있을 때 어떤 신하가 정도전을 본받게 되면 아마 못하는 일이 없을 것이다."

삼봉 정도전의 초상

하지만 그 '강하고 현명한 임금' 태조 이성계는 이방원과 다르게 정도전을 평가했다. "학문은 경서와 역사의 문제까지 파고들어갔고, 지식은 고금의 변천을 꿰뚫고 있으며, 공정한 의견은 모두 성인들의 말에서 출발하고, 명확한 평가는 언제나 충실한 것과 간사한 것을 갈라놓은" 인물이라고 했다. 한 사람에 대한 평가가 부자간에 이렇게 다를 수 있나. 역시 말은 방편方便이다. 이성계는 그 때문에 권좌에 올랐고, 이방원은 그 때문에 권좌에 오르는 데 애를 먹었다. 말의 이면에 있는 진실은 이것이다.

정도전이란 이름을 5백 년 조선 역사에서 지운 또 하나의 세력은 사림이다. 사림은 훈구 세력을 비판하면서 등장한 개혁 세력이다. 이들의 뿌리는 여말선초麗末鮮初, 개혁을 주창한 신흥 사대부 중에서 패배한 세력이었다. 정몽주-길재-김숙자-김종직-김굉필-조광조로 이어지는 이들은 조선 건국 후 80~90년 동안 재야에 머물며 절치부심했다. 이들은 정도전의 정적 정몽주를 조종祖宗으로 하는 폐쇄적 '통統이론'으로 똘똘 뭉쳤다. 당연히 정도전은 입에 담아서는 안 될 이름이 될 수밖에 없었다. 사림 역사상 가장 강하게 통統과 예禮를 주장한 송시열이 정도전을 지칭할 때 항상 '간신'으로 표현한 것은 이들의 일반적 정서를 대변하는 것이었다.

입만 열면 무슨 통統을 찾고, 기회만 되면 백성을 주절대던 사림파가 사실 민생을 위해 한 것은 별로 없다. 조선은 1392년부터 1910년까지 518년 동안 이어진 왕조다. 사림은 성종 시절인 1470년대 후반부터 등장하기 시작했다. 조선이 개국하고 채 100년이 되지 않아 등장했고, 선조 때 집권 세력이 됐다. 선조가 1567년에 재위에 올랐으니, 그때부터 그들은 약 300년간 나라를 다스렸다. 그러나 그들은 무기력했다. 임진왜란과 병자호란 등 숱한 참화를 초래했다. 파를 나눠 욕하고, 싸우고, 죽이다가 마침내는 세도정치로 치달았다. 그 다음엔 나라를 잃는 망국에까지 이르렀다. 한마디로 무능하고, 편 가르고, 부패한 정치 집단이 사림이었다.

하지만 정도전의 역사의 파트너 이성계는 정도전을 '유학의 종사儒宗'라고 했다. 정도전의 배불排佛 운동을 보고 당시 유학자들은 그를 '유일한 동방의 진유眞儒'라고 극찬했다. 개혁을 꿈꾼『홍길동전』의 저자 허균은 평생 정도전을 흠모했다. 개혁 군주인 영조와 정조는 그를 재평가했고, 조선조 마지막 개혁의 주인공 대원군은 그를 복권시켰다. 누구의 생각이 옳은 것일까?

삼봉三峰 정도전은 1342년에 태어났다.

청백리의 장남으로 태어난 삼봉은 어릴 적부터 총명했다. 타고난 재질이 총명한데다 부지런했다. 어려서부터 공부하기를 좋아해 많은 책을 읽었다. 아버지를 따라 서울로 올라와 당대의 석학 이색李穡 문하에 들어갔다. 이색은 13세에 성균관 시험에 합격했다. 그 후 원나라 유학을 다녀왔고, 여러 벼슬을 지냈다. 그의 문하에는 젊은 신진 사류士類들이 모여들었다. 정도전, 정몽주, 이숭인, 권근, 이존오, 김구용, 김제안, 박의중, 윤소종 등 여말선초의 과도기를 주름잡은 주역들이 모두 이색의 문하생이었다.

　　　　　　　　　　　　　　　　　　1인자를 만든 참모들

현대의 1970~1980년대로 치면, 육사와 서울대를 합친 것과 같을 정도로 압도적인 독점 학맥이었다.

성成하면 쇠衰하고, 흥한 뒤에 망하기 마련이다. 창업한 지 4백 년을 넘기면서 고려 왕조는 극도의 피로감을 노정露呈하기 시작했다. 무인 시대, 몽고의 내정간섭기期를 거치면서 고려는 가쁜 숨을 몰아쉬고 있었다. 관리는 부패했고, 백성은 피폐했다. 불교도 타락했다. 이색이 전하는 성리학은 주자朱子의 이론이었다. 송나라는 여진족의 금나라에 떠밀려 남으로 쫓겨나 남송으로 전락했다. 그 남송의 열혈 지식인 주자가 조국의 현실과 불교를 개탄하며 체계화한 이론이다. 개혁을 갈망하던 당시의 지식인에게는 더할 나위 없이 입에 맞는 이론이었다. 이렇듯 대개 이론은 시대가 자신과 불화不和한 인물에게 수태시켜 낳은 자식이다. 이색 문하에서 정도전은 발군이었다. 스승인 이색도 삼봉을 수제자 정몽주에 필적한다고 평할 정도였다. 정도전은 스무 살 되던 해 진사시進士試에 합격해 벼슬길에 올랐다.

1366년 부모가 세상을 떠나자, 고향 영주에서 3년 동안 여묘盧墓했다. 거상居喪하는 동안 삼봉은 고전을 깊이 탐독하며 이론을 가다듬었다. 특히 정몽주가 보내준 『맹자』는 하루에 한 장 혹은 반 장씩 천천히 정독하며 그 뜻을 살피고 가다듬었다. 한 대목에 이르러서는 차마 책장을 넘길 수 없었다. 며칠을 궁리하며, 음미하고 또 음미했다. 손때가 새카맣게 묻은 그 장에는 너무도 유명한 역성혁명론易姓革命論이 적혀 있었다.

"인애를 파괴한 자를 적賊이라고 부르고, 도의를 파괴한 자를 잔殘이라고 부른다. 잔적殘賊한 자를 독부獨夫라고 부른다. 나는 주周의 무왕武王이 독부인 주紂를 죽였다는 말은 들었으나 신하가 임금을 죽였다는 말은 듣지 못했다."

1370년 공민왕이 유교 진흥에 나섰다. 성균관을 개혁하고 유학자들을 모았다. 정도전도 합류했다. 이색이 성균관의 수장을 맡고 있던 터라 자연스러운 선택이었다. 이색의 문하생들이 대거 성균관에 포진했다. 성균관에서 동료들과 토론하고 독서하며 정도전의 성리학은 그 깊이를 더해 갔다.

동심우同心友! 정도전과 정몽주의 각별한 우정을 나타내는 말이다. 삼봉이 처음 정몽주를 만난 것은 1360년경이었다. 정몽주가 과거에 3년 연속 급제해 그 명성을 드높이고 있을 때였다. 둘은 이색의 학당에서 만났다. 정몽주는 이색의 수제자였다. "학문에서 어느 누구보다 부지런했고, 가장 뛰어났으며, 논설은 어떤 말이든지 이치에 맞지 않는 것이 없었다." 정몽주에 대한 이색의 평가다. 삼봉도 다섯 살 위의 정몽주에 대해 "하늘이 그를 내리신 것은 참으로 우리의 복"이라고 극찬했다. 그를 많이 흠모하고 아주 좋아했다. 두 사람의 우정은 성균관에서 더욱 각별해졌다. 이후 둘은, 정도전의 표현대로 '마음을 같이 하는 벗同心友'이 됐다. 이런 친구가 세월이 흐른 뒤에는 사생결단의 정적이 될 줄이야. 해찰스런 신의 지독한 희롱인지, 속 좁은 인간들의 서글픈 자학인지….

1371년 공민왕이 태도를 바꿨다. 제 손으로 발탁했던 신돈을 처형해 버렸다. 갑작스런 표변이라 신돈 처형의 사유를 종묘에 고하기로 했다. 정도전이 그 제의를 주관하게 됐다. 지식이 넓고 아는 것이 많은 것을 박식博識이라고 한다. 박식을 넘어 단아함까지 갖춘 것을 박아博雅라고 한다. 박아한 정도전이 행사를 매끄럽게 치러냈다. 그것이 공민왕의 눈에 띄었다. 일약 총애하는 신하로 부상했다. 하지만 역사가 부여한 삼봉의 역할은 따로 있었던 것일까. 삼봉의 '반짝 성세'도 여기까지였다. 1374년 공민왕이 시해되고 만 것이었다.

1인자를 만든 참모들

장부가 한 번 죽지 두 번 죽나!

1374년, 아홉 살의 우왕이 등극하자 정세는 급변했다. 우왕을 세운 이인임, 경복흥 등 권문세족들은 권력을 독차지했다. 그들은 집권하자마자 친원반명親元反明의 외교정책을 추진했다. 100년 넘게 조정을 지배해온 친원 세력으로서는 당연한 노선이었다. 하지만 그것은 주원장朱元璋의 명나라가 대륙을 제패해가던 때란 점을 고려하면 대단히 위험한 시도였다. 정도전과 정몽주가 맞섰으나 당랑거철螳螂拒轍이었다.

원나라와의 국교가 재개되고, 원나라 사신이 오기로 했다. 이에 친원 집권 세력은 왕명을 빌어 정도전에게 사신 영접을 명했다. 정도전을 벼랑 끝으로 모는 회심의 한 수였다. 소신대로 하자니 왕명을 거역해야 하고, 왕명을 따르자니 소신을 굽혀야 하는 상황이었다.

그러나 정도전은 앉아서 거부하지도, 나아가서 타협하지도 않았다. 그는 권신權臣 경복흥의 집에 쳐들어가 벼락같이 내질렀다. "내가 가서 원나라 사신의 목을 베거나, 아니면 체포해 명나라에 보내버리겠다." 통쾌한 일갈이었다. 정도전의 운명은 이 한마디로 급전직하 몰락했다. 당연히 수구 세력은 대로했고, 삼봉은 전라도 나주로 귀양 보내졌다. 1375년, 정도전이 33세 때의 일이다. 그러나 정도전의 이 말은 실언이 아니었다. 대장부다운 자존의 선언이었다. 출세에 연연해 구차하게 살지 않겠다는 결기였다. 가끔 짧은 말 하나가 인생을 바꿔놓기도 한다. 정도전의 사자후가 그랬다. 또 한 사람의 삶이 달라짐으로써 역사가 전혀 다른 길로 나아가기도 한다. 정도전의 삶이 그랬다.

정몽주 등 신진 개혁파 대부분이 정도전의 뒤를 이었다. 정도전은 유배 생활을 흔쾌히 받아들였다. "예부터 한 번 죽음 뉘나 있으니, 구차한 삶은 처할 바가 아니지 않은가自古有一死 偸生非所安." 정도전의 성정은 이 일화에서 극명하게 드러난다. 장부라면 모름지기 버젓하게 살아야지 좌고左顧하고 우면右眄하며 살기는 싫었다.『맹자』에 나오는 말 그대로, 법도에 따라 행동하고 결과는 운명에 맡기는 스타일이었다.

누구에게나 어려운 순간, 힘든 시간은 닥쳐온다. 인생은 그때를 어떻게 보내느냐에 따라 달라진다. 대부분은 속병이 들어 술로 지새운다. 더러는 재기하려고 갖은 재간을 다 부리며 노심초사한다. 낯 뜨거운 가사歌辭를 지어 아부함으로써 다시 살아난 정철이 그 대표적인 예다. 극히 소수는 풍운을 예비하고 시대를 만들어갈 경륜을 단련한다. 정도전이 그랬다. 그에게 귀양살이는 책상물림의 무기력을 벗고 개혁 경세가로 거듭나는 환골탈태의 시간이었다. 그는 아픈 만큼 성숙했고, 힘든 만큼 강해졌다.

귀양살이 3년, 삼봉의 눈에 들어온 조국의 현실은 참으로 심각했다.

당시 100년이 넘게 지속돼온 이슈는 토지 문제였다. 권문세가들은 막대한 토지를 차지해 농장을 만들었다. 산천위표山川爲標, 산과 내를 토지 소유의 경계 표시로 삼을 정도로 그들의 농장은 거대했다. 그들은 농민의 땅뿐만 아니라 왕실의 땅도 잠식했다. 그리하여 농민들은 송곳 꽂을 땅도 없었다. 왕실 재정도 턱없이 부실해졌다. 정도전이 권력을 잡은 후 가장 먼저 토지개혁을 추진한 것도 이런 정황에서 비롯된 것이었다.

또 다른 문제는 왜구와 홍건적의 침탈이었다. 백성은 아래로는 왜구, 위로는 홍건적에 시달렸다. 홍건적에 쫓겨 임금이 도성을 버리고 멀리 안동까지 피난을 가야했던 적도 있었으니, 일반 백성의 고통은 말해 무엇하랴. 그야말로 전국의 방방坊坊이 신음하고, 곡곡曲曲이 통곡하고 있었다. 미루어 짐작컨대, 외적의 침탈이 주는 고통을 목도하게 되면서 정도전의 흉중에는 요동 정벌이란 대망이 꿈틀거리기 시작했을 것이다.

귀양 간 정도전의 배움은 책 읽는 공부가 아니었다. 보통 사람들과 어울리며 그들의 삶 속에서 배우는 것이었다. 체험 학습이었다. 겨울에 갖옷 한 벌, 여름에 갈옷 한 벌로 버텼다. 일찍 자고 늦게 일어나며, 기동起動이 자유로웠다. 음식도 가리지 않고 먹었다. 삼봉 스스로의 기록이다. 학자들과 강론하다가 산에 놀러 가기도 하고, 농사꾼이나 시골 늙은이를 만나 싸릿대를 깔고 앉아 친구처럼 도란도란 담소를 나눴다. 농부들은 순박하고, 겉치레가 없었다. 정도전을 따뜻하게 응대했다. 귀양 온 그에게 초사草舍를 지어주고, 술과 음식을 제공했다. 친구처럼 어울렸다.

지혜는 깨달음이다. 지식은 앎이다. 지혜는 통찰로 얻고, 지식은 노력으로 얻는다. 지혜가 돈오頓悟라면, 지식은 점수漸修다. 우열이 있는 것은 아니지만 선후는 있다. 지혜가 먼저다. 삼봉은 농민들의 지혜에 깜짝 놀라지 않을 수 없었다. 그들은 무식했다. 그러나 세태를 훤히 꿰뚫고 있었다. 김매던 농부가 정곡을 찔렀다.

"그렇다면 그대의 죄목을 알겠노라. 그 힘의 부족함을 헤아리지 않고 큰 소리를 좋아하고, 그 시기의 불가함을 알지 못하고 바른말을 좋아하며, 지금 세상에 나서 옛사람을 사모하고, 아래에 처하여 위를 거스른 것이 죄를 얻은 원인이로다."

이때 받은 감동은 그의 정치철학이 됐다. 민본주의, 민생주의가 그것이다. 그는 훗날 자신이 쓴 『조선경국전』에 이렇게 적고 있다.

"나라는 백성을 근본으로 삼고, 백성은 먹을 것을 하늘로 삼는다. … 민

심을 얻으면 민은 군주에게 복종하지만, 민심을 얻지 못하면 민은 군주를
버린다."

정도전, 최영이 아닌 이성계를 선택하다

때가 되었음인가. 드디어 정도전이 칩거蟄居를 털고 움직이기 시작했다.
1383년 야인 생활이 9년째 되던 해였다. 백아伯牙의 '거문고 소리를 알아
주는 사람知音'은 종자기鍾子期뿐이라고 했던가. 정도전이 자신의 지음을
스스로 찾아 나섰다. 누굴까? 정도전이 검토한 대상은 두 명이었다. 한
사람은 이성계, 또 한 사람은 최영이었다.

이성계는 존경받는 장군이었다. 그는 홍건적과 왜구를 격퇴함으로써
명성을 쌓았다. 1361년, 박의의 반란을 진압한 이성계는 함남 영흥에서
홍건적을 격퇴했다. 홍건적이 개경을 함락하자, 이성계는 2천 명의 사병
집단을 이끌고 진격했다. 동대문을 뚫고 개경에 입성했다. 가장 먼저 개
경을 탈환한 것이었다. 이때 맞은편 서대문을 통해 개경에 진입한 장수
가 최영이었다. 홍건적의 침입으로 왕이 몽진蒙塵할 때 그 곁을 끝까지 지
킨 사람은 예의 이색이었다.

최영은 중앙 귀족 출신이었다. 근왕 친위대에서 성장했다. 공민왕의 총
애를 한 몸에 받다가, 신돈에 의해 숙청되기도 했다. 신돈이 사라진 뒤 복
귀해 정계의 거벽巨擘으로 군림했다. 그는 친원파였다. 주원장과 싸우고
있는 원나라를 위해 중국까지 출병한 경력도 있었다. 청렴한 백전노장 최
영의 한계는 사서에 기록돼 있다. "종신토록 군사를 거느렸어도 면식 있
는 자는 10여 인에 지나지 않았다." 군중에서 병사들과 함께 호흡하며,
그들의 신망을 얻은 게 아니었다. 최영은 야전 무장이라기보다 정치인에

     1인자를 만든 참모들

가까웠다. 1316년생이니 낡은 왕
조를 일대 쇄신하기에 나이가 너무
많았다. 정도전은 붓으로 최영이란
이름 위에 살쳤다.

태조 이성계 어진

정도전은 파트너로 이성계를 선
택했다. 무엇보다 이성계가 중앙 정
계, 권문세가와 별다른 인연이 없
는 게 마음에 들었다. 이성계는 사
병을 거느리는 등 독자적인 기반을
가진 북쪽 변방의 호족이었다. 이
성계의 리더십 스타일도 매력적이
었다. 부하들과 혼연일체를 이루
고, 겸손하고, 사귐성도 좋고, 의리도 있는 인물이었다. 친구 정몽주도 그
에 대해 칭찬을 아끼지 않았다. 이처럼 이성계는 정도전이 필요로 하는
것을 갖추고 있었다. 보스와 참모의 사이는 소통이 생명이고, 우애가 명
줄이다. 실제 호칭이야 어떻든 내용적으로 어른과 아이 관계보다는 형
동생 사이가 좋다. 호형호제하면 소통도 쉽고, 왈형왈제曰兄曰弟하면 우애
도 도타워진다. 이성계는 삼봉보다 일곱 살 위였다. 보스와 참모로 맺어
지기에 적당한 나이 차였다.

문文과 무武의 만남!

난세에 문은 유약柔弱하고, 무는 몽매蒙昧하다. 서로 길항拮抗해야 상승
효과를 낸다. 조선왕조 5백 년의 시작이 되는 문무의 만남은 문이 무를
찾아감으로써 이루어졌다. 1383년 가을, 정도전은 칩거를 끝냈다. 새가
날 때는 뭔가 이유가 있고, 굼벵이가 곰작거리는 것은 뭔가 사연이 있기

마련이다. 정도전이 웅크림을 털고 일어선 것은 뭔가 단단히 작정했기 때문이었다. 그는 이성계를 만나러 갔다. 이성계의 인물됨을 직접 확인했다. 그가 거느린 군대를 두 눈으로 살펴봤다. "이런 군대면 무슨 일이든 못 하겠습니까!" 정도전은 만족스러웠다. 이때 정도전의 나이 41세, 이성계의 나이 48세였다. 생각이 같고, 취미가 비슷한 것이 기미상합氣味相合이다. 두 사람은 기미상합해 이듬해 봄까지 같이 지내며 많은 이야기를 나누었다. 이때 남긴 정도전의 시구다.

아득한 세월 한 그루의 소나무
몇만 겹의 청산에서 성장하였네
다른 해에 서로 만나볼 수 있을는지
인간은 살다보면 문득 지난 일이네

내가 앞장서서 뭔가 해보겠다는 것이 '리더 윌leader will'이다. 정도전은 변방의 무장에 불과한 이성계에게 이 리더 윌을 역설했을 것이다. 강렬한 역사의식과 개혁 마인드를 심어주었을 것이다. 이성계가 개혁의 중심으로 나서야 하는 소명 의식도 주입했을 것이다. 삼봉의 능란한 화술, 논리정연한 구상, 동서고금을 넘나드는 현란한 지식, 그리고 야인 생활을 통해 얻은 뜨거운 열정은 능히 이성계를 설득하고도 남았으리라. 정도전의 뛰어난 말재간에 대해서는 그를 가까이서 지켜본 권근權近의 기록이 있다.

"시서를 강의함에 있어서는 능히 알기 쉬운 말로써 지극한 이치를 형용하여 배우는 자가 한 번 들으면 바로 의를 깨달았으며, 이단을 물리침에

                                          1인자를 만든 참모들

있어서는 능히 그 글에 정통하여 먼저 그 연유를 자세히 설명하고서 마침내 그른 점을 지적하므로 듣는 자가 다 굴복하였다. 이 때문에 경서를 들고 배우러 오는 자도 어깨를 나란히 하여 늘어설 만큼 수가 많았고, 비록 무부武夫와 속사俗士라 할지라도 그 강설을 들으면 재미를 붙여 싫증을 내지 않았으며, 불교도까지도 교화된 자가 많았다."

사람과 사람이 친해지려면 잇속보다 뱃속이 맞아야 한다. 파스칼의 말대로, '마음의 논리는 이성으로 설명되지 않는다.' 무릇 인연의 계기는 논리가 아니라 감성이다. 정도전은 지식인이었지만, 말간 얼굴의 책상물림이 되고 싶지는 않았다. 평소 "첫눈이 내리는 겨울날 가죽옷에 준마를 타고, 누런 개와 푸른 매를 데리고 평원에서 사냥하는 것이 가장 즐거운 일"이라고 말하곤 했다. 정도전의 이런 호협한 기질은 무장 이성계의 배짱에 맞았다.

미래는 예측하는 것이 아니라 선택하는 것

'우정은 날개 없는 사랑의 신이다.' 시인 바이런의 말이다. 날개가 없으니…, 어디로 훌쩍 날아가 버리지 않는 사랑이 우정이다. '우정은 낭비가지만, 사랑은 구두쇠다.' 철학자 루소의 말이다. 우정은 베푸는 것이다. 친구 정몽주가 변함없는 사랑을 베풀었다. 그가 정계를 떠난 지 10년이 지난 정도전의 복귀를 주선한 것이다. 1384년의 일이다. 명 황제 주원장의 생일 축하 사절로 떠나는 정몽주가 정도전을 서장관書狀官으로 발탁했다. 우왕이 왕위에 오른 것을 승인받고, 시호 책봉을 요청하기 위한 걸음이었다. 둘은 성공리에 임무를 완수하고 돌아왔다. 그 공을 인정받아 삼봉은 지제교知製教에 임명됐다. 지제교는 왕의 교서를 짓는 요직이었다.

지위가 높은 벼슬아치를 징계해 지방 수령으로 좌천시키는 제도가 보외補外다. 3년 뒤, 잘나가던 정도전이 돌연 그 보외를 자청하고 나섰다. 경기도 남양 부사로 나갔다. 낯선 일을 벌이는 것은 숨은 뜻이 있기 때문이다. 정도전의 갑작스런 행보에도 숨은 이유가 있었다. 헛헛증이 생겨 견딜 수가 없었기 때문이었다. 벼슬길이 순탄해도 가슴속에 품은 뜻, 개혁 열망을 접을 수는 없었기 때문이었다. 개혁을 짓누르는 구체제를 억지로 혁신하려면 물리적인 힘이 있어야 하는 법이다. 다시 말해, 이성계를 중앙 정계로 불러들여야 했다. 만난 지 3년이 넘어도 이성계는 움직이지 않고 있었다. 이런 이성계를 설득하기 위해 외직을 자청한 것이다. 먼발치에 있으면 감시의 눈을 피해 이성계와 연락하기가 쉬웠기 때문이었다.

느닷없다는 말이 있다. 느닷은 '늦'과 '닷'의 합성어다. 늦은 징조, 기미를 뜻한다. 닷은 까닭, 이유를 뜻한다. 느닷없이는 "전혀 기미를 알아차릴 수 없는, 어떤 까닭이나 원인을 갖지 않는 일이 갑작스럽게 일어난" 경우에 쓰이는 말이다. 어느 날 느닷없이 정치권에 대격변이 일어났다. 1388년 1월이었다. 주역은 이성계와 최영이었다. 변방에 웅크리고 있던 이성계가 최영과 손을 잡고 마침내 행동에 돌입한 것이었다. 나타난 행동만 보면 느닷없는 것이었지만, 사실 어떤 결과든 사전 노력이 있었기 때문에 생긴 것이다. 이성계의 갑작스런 행동도 삼봉이 외직에 나가 이성계를 설득하고, 압박한 결과였다. 이성계와 최영은 정계를 무력으로 개편하는 친위 쿠데타를 단행했다. 그들은 우왕에게 간해 수구 세력을 대거 숙청했다. 최영은 조정의 1인자, 이성계는 2인자가 되었다. 삼봉은 이성계의 추천으로 성균대사성成均大司成이 돼 중앙으로 돌아왔다. 이 쿠데타는 이성계와 정도전이 만난 지 5년 만에 거둔 첫 번째 성과였다.

　　　　　　　　　　　　　　　　1인자를 만든 참모들

질풍疾風, 휘몰아치는 바람이다. 노도怒濤, 성난 파도다. 1388년부터 10년간이 바로 질풍과 노도의 시기였다. 합법과 순리는 없었다. 난폭과 비정만이 횡행했다. 필요에 의해 난폭할 수밖에 없었고, 상황에 따라 비정할 수밖에 없었다. 이성계, 최영, 정도전, 이색 등 모두가 그랬다. 우정을 팽개쳐야 했다. 공존을 짓밟아야 했다. 태어날 시기를 스스로 선택하지 못하는 게 사람이다. 그냥 주어진 시대, 그 시대가 요구하는 삶의 모습에 충실히 따르는 것은 그 어떤 사람도 벗어날 수 없는, 일종의 원죄原罪다. 그러니 그들이 그렇게 거칠게 산 것은 난세에 태어난 그들로선 어쩔 수 없는 선택이 아닐는지….

정계 개편의 실질적 힘은 이성계의 군사력이었다. 보수파의 영수 최영에게는 그것이 못내 맘에 걸렸다. '이·최 연합'은 일종의 불안정한 동거 체제였던 셈이다. 때문에 어떻게 해서든 최崔로선 이李의 힘을 제어할 필요가 있었다. 때마침 명나라가 옛 원나라의 쌍성총관부에 대한 연고권을 요구해왔다. 최는 이를 이용하기로 했다. 요동을 침으로써 만주에 있는 원나라 잔존 세력과 함께 명나라를 협공할 계획을 마련했다. 이른바 '요동 정벌' 구상이었다.

최가 기획하고 우왕이 동조한 요동 정벌은 정치적 프로젝트였다. 치밀한 준비가 없었기 때문이다. 명나라가 연고권을 요구한 지 한 달 만에 이렇다 할 공론화의 과정도 없이 최가 독단적으로 결정했다. 일본의 도요토미 히데요시豊臣秀吉는 통일 후 무사들의 에너지가 두려워 그들의 칼끝을 한반도 침략으로 돌렸다. 최의 구상도 이와 다르지 않았다. 그는 이의 힘을 요동 정벌에 소진시키고자 했다. 다른 한편 요동 정벌로 친원 정권의 정체성을 분명히 하고자 했다. 요동 정벌이 최가 이의 무력을 견제하기 위한 행동이었다는 증거는 또 있다. 원정군을 편성하면서 이성계를 견철徹 한 것이다. 우왕의 장인뻘인 이인임, 인척 관계에 있던 조민수를 사령관으로 삼았다. 이는 부사령관이었다. 진정 요동 정벌을 원했다면 당연히 경험과 실력을 갖춘 이에게 맡겼어야 했다.

이성계는 4불가론四不可論을 펴며 반대했다. 이소역대以小逆大, 작은 나라가 큰 나라를 치는 것은 불가하다. 하월발병夏月發兵, 여름에 군사를 출병하는 것은 불가하다. 왜승기처倭乘其虛, 명과 싸우는 사이에 왜구가 침략할 것이다. 시방서우時方署雨, 지금은 장마철로 활이 약해지고 병사는 병든다. 정몽주도 반대했다. 4불가론의 첫째인 이소역대는 사실 자존심이 상하는 일이다. 작다고 못 이기란 법은 없다. 싸움은 해봐야 아는 것이다. 그러나 이때의 가·불가 논쟁은 요동을 칠 것이냐 말 것이냐 하는 것이 아니었다. 권력투쟁이었다. 따라서 요동 정벌론이나 4불가론 모두 짜맞춘 명분일 뿐이었다. 이성계와 정도전은 전쟁에 휘말리기 싫었다. 이성계가 서울을 비워야 하고, 국운을 건 전쟁 앞에서는 개혁을 접어야 했기 때문이었다. 그들은 최영의 속셈을 너무도 잘 알고 있었다. 이미 18년 전 원나라의 후퇴를 틈타 요동을 정벌한 전력이 있는 이성계였다. 그런 그였기에 요동 정벌 자체를 거부한 것은 아니었다. 이성계의 반대는 최영의 정치적 속셈에 대한 반발이었다. 역시 심략心略을 숨기고 거부하기 힘든 허울을 내세우는 게 정치인 모양이다.

4월 전국 동원령이 내려졌다. 이성계와 정도전도 이제 가부간 선택을 해야 했다. 문제는 어떻게든 편성될 원정군이었다. 이성계의 직계 사병은 1천~2천 명에 불과했다. 이런 판에 새로 편성되는 수만의 군대는 무서운 힘이었다. 출병을 거부하자니 왕명 거부는 고사하고라도 원정군의 존재가 두려웠다. 동참하자니 그들의 장단에 춤을 추는 꼴이었다.

미래는 예측하는 것이 아니라 선택하는 것이라 하지 않는가. 주춤증은

 1인자를 만든 참모들

백해무익하다. 그들도 마냥 반대만 하고, 상황을 예측하며 앉아 있을 수는 없었다. 고심 끝에 그들은 출병을 선택했다. '일단 출병하자. 그런 다음 기회를 엿보자.' 이런 요량이었다. 예나 지금이나 애국을 거역하고 후사를 도모하는 것은 불가능하다. 따라서 그들의 선택은 사실 불가피한 것이었다. 울며 겨자 먹기, 그것도 스리가 난 입으로 먹는 겨자였다. 얼마나 죽을 맛이었으랴.

출병한 이성계는 위화도에서 5만의 원정군을 멈추게 했다. 다시 최영에게 회군을 요청했다. 몇 번을 반복했다. 명분 쌓기였다. 최영으로서도 퇴로가 없기는 마찬가지였다. 한사코 회군을 거부했다. 이성계가 독단적으로 회군할 것을 예상 못했을까. 당연히 걱정했을 것이다. 그랬기 때문에 애당초 조민수를 붙여 옆에서 감시하도록 해놓았던 것이다. 최영은 그 조민수를 믿었다. 회군은 없을 것으로 믿었다. 그런데 그 조민수가 그만 이성계에게 설득당해버렸다. 알다가도 모를 게 사람 속이다. 당시 컷속이 뭔지는 알 길이 없다. 다만 처음부터 무리한 출병이었다는 점에 그가 수긍했기 때문일 것이다. 사정이 이렇게 돌아가도 최영은 감감소식이었다. 알았더라도 사실 속수무책이었다. 우왕의 애원 때문에 개경에 남아있던 최영으로선 대응할 만한 수단이 없었다.

5월 이성계가 전격적으로 회군했다. 개경으로 진격했다. 저항하는 최영을 제압했다. 72세의 노장군 최영은 귀양에 처해졌다. 이성계가 눈물을 흘리며 '잘 가시오, 부디 잘 가시오'라며 전송했지만, 이미 둘은 공존이 불가했다. 얼마 안 있어 최영은 처형당했다.

"필요에 의해 쫓겨서 한 대담하고도 과감한 행위는 깊은 사려에 의한 행위와 같다." 마키아벨리의 말이다. 위화도회군은 상황에 쫓긴 선택이었다. 요동 정벌이나 회군 모두 오랫동안 기획하고 검토한 것이 아니었다.

하지만 오랫동안 나라를 일대 혁신하기로 작정한 터였다. 그랬기에 결단할 때 주저는 없었을 것이다.

강경파와 온건 개혁파의 이중 권력

한 명의 주역이 퇴장하니, 곧바로 다른 한 명의 주역이 무대에 등장했다. 이색이었다. 이성계가 최영을 제거한 후, 이색은 이성계를 찾아가 담판을 시도했다. 이색의 요구는 간단했다. '과거 무인정권의 전철을 밟지 말라.' 이색의 행동은 신진 사대부의 생각을 대변하는 것이었다. 담판이 끝났다. 어떻게? 이성계가 군대를 대궐 밖으로 물렸다. 이색의 정치적 승리였다. 이색이 졸지에 정치 전면에 등장하게 된 것이다.

몇몇 도전에도 정국의 핵은 이성계였다. 6월, 정도전은 밀직부사密直副使에 발탁됐다. 이성계의 파트너였으니, 그는 자리에 상관없이 이미 정권의 실세였다. 개혁 프로그램의 기획자였다. 익숙해지면 느슨해지고 만만하게 보이기 마련이다. 정도전은 회군의 기세가 웅강雄强할 때 판을 뒤흔드는 게 좋다고 판단했다. 토지개혁부터 밀어붙였다. 반대파의 힘을 빼앗고, 개혁의 토대를 넓히기 위한 조치였다. 이름하여 계민수전計民受田, 전국의 토지를 국가가 몰수해 모든 농민에게 식구 수대로 나눠주는 것이었다. 전 국민을 자작농으로 만들려는 계획이었다. 개혁이든 혁명이든 백성의 동의를 얻어야 성공한다. 백성은 사는 게 나아져야 동의한다. 시작이 반이다. 첫인상이 전체 느낌을 결정한다. 그런 점에서 정도전이 첫 카드로 토지개혁을 선택한 것은 적절했다.

가진 걸 순순히 내놓을 사람이 어디 있으랴. 예상대로 전제田制 개혁에 대한 반발이 거세게 일어났다. 정치 현안을 둘러싼 대립도 거세졌다. 위

　　　　　　　　　　　　　　　1인자를 만든 참모들

화도회군 직후 우왕은 내시들을 동원해 이성계를 죽이려 했다. 실패했으니 폐위가 불가피했다. 조민수와 이색은 우왕의 아들을 옹립하려 했다. 정도전은 반대했다. 우왕이 신돈의 자식이라는 소문을 거론했다. 자식이 없던 공민왕에게 신돈이 자신의 여종을 바쳐 낳은 아이가 우왕이었다. 그랬기에 항간에는 친부를 둘러싼 소문이 무성했다. 정도전이 이 소문을 거론하며 반대한 것은 구각舊殼에 대한 거부였다. 일대 개혁을 추진할 그가 구각의 계승자를 수용할 수는 없었던 것이다. 정도전과 이색, 즉 사제 간의 대결이자 개혁 강·온파 간의 대립이었다. 승부는 온건파 이색의 승리로 끝났다. 우왕의 여덟 살 난 아들이 창왕으로 옹립됐다. 조정의 공론을 움직이는 다수가 여전히 구체제에 속해 있던 자들이었기 때문이었다.

정도전은 세勢 부족을 절감했다. 조민수와 이색을 떼어놓을 필요가 있었다. 동료 조준을 앞세워 조민수를 부패 혐의로 탄핵했다. 조민수는 유배됐다. 그러나 문하시중門下侍中 이색을 중심으로 한 온건파soft liner와 이성계·정도전을 중심으로 한 강경파hard liner의 이중 권력 상태는 지속됐다. 기다려야 할 땐 기다려야 한다. 정치는 일면 인내력 싸움이다. 1389년 11월 드디어 고대하던 계기가 주어졌다. 강화도로 쫓겨가 있던 우왕이 고맙게도 일을 저질러주었다. 최영의 조카 김저를 시켜 또다시 이성계 암살을 시도하다 발각된 것이었다. 때마침 '창왕은 왕씨 왕족이 아니니 고려의 임금으로 인정할 수 없다'는 명나라의 외교문서도 공개됐다. 과거 독재 정권이 정통성 부재를 미국의 지지로 메우려 했듯이, 이색도 명나라의 승인으로 정통성을 확보하려 했다. 한 해 전 이색이 직접 중국을 방문해 창왕에 대한 승인을 청했다. 그러나 명은 생딴전을 부렸다. 창왕을 인정할 수 없다고 못 박았다. 그런 내용을 담은 당시의 명나라 외교문서가 은폐되다 뒤늦게 공개된 것이었다.

정도전은 신속하게 움직였다. 바짓가랑이에 자개바람 일듯했다. 그는 이성계와 정몽주 등 9명을 흥국사에 모이게 했다. 이 자리에서 그는 반대자들을 겁박해 창왕 폐위 결의를 이끌어냈다. 창왕을 보위에서 끌어내리고 정창군定昌君 요瑤를 왕으로 추대했다. 고려의 마지막 임금이 되는 공양왕이다. 이색, 권근, 하륜 등 온건파의 주요 인사들도 정계에서 축출했다. 유배에서 풀려나 있던 조민수를 다시 귀양 보냈다. 우왕과 창왕을 죽여버렸다. 거침없는 쾌도난마快刀亂麻였다. 정도전은 삼사좌사三司左使에 임명돼 조정의 재정권을 장악했다.

1390년 5월 의미 있는 사건이 하나 등장했다. 이른바 '윤이尹彝·이초李初 사건'이었다. 온건파 대신들이 파평군 윤이와 중랑장 이초를 은밀히 명나라에 보냈다. '공양왕은 왕씨가 아니라 이성계의 외척이며, 이성계가 명나라를 공략하려 해 이색 등이 말리다가 유배당했다'고 쏘개질했다. 명나라 황제가 군사를 이끌고 출정해 이성계 무리를 토벌해달라고 요청했다. 이색 일파의 작품이었다.

이런 사실을 확인한 이상 정도전으로서도 외길 선택 밖에 없었다. 대대적인 숙청이 뒤따랐다. 이색 일파를 모조리 감옥에 가두었다. 하지만 정도전의 대숙청 계획을 누군가 물거품으로 만들어버렸다. 바로 동심우 정몽주였다. 6월에 청주 지방에 대홍수가 나자 정몽주가 재빠르게 기회를 틈탔다. '죄상이 똑똑지 않다'며 대사면을 주장했다. 공양왕은 가납嘉納했다. 온건파가 다시 힘을 얻었다. 11월에는 이성계를 우시중右侍中, 즉 수문하시중守門下侍中에서 밀어냈다. 정몽주가 그 자리를 차지했다. 수세守勢였다. 정도전과 이색·정몽주는 화해할 수 없는 정적이 되어가고 있었다. 정도전이 그나마 위안으로 삼은 것은 12월 이성계가 다시 좌시중左侍中, 즉 문하시중에 오른 것이었다.

 1인자를 만든 참모들

운명의 1391년이 열렸다.

운명의 신은 여신이다. 따라서 그녀에 대해 주도권을 쥐려면 아주 부드럽든지 혹은 난폭하게 다룰 필요가 있다고 한다. 정도전은 난폭을 선택했다. 개혁의 가속 페달을 힘껏 밟았다. 새해 벽두 군권 장악에 나섰다. 기존의 군사 체제인 5군을 혁파하고, 삼군도총제부三軍都摠制府를 설치한 것이다. 군부의 원로 장군들도 퇴출시켰다. 이성계는 신설된 삼군도총제부의 삼군도총제사가 됐다. 정도전은 우군총제사에 임명됐다. 군권을 틀어쥠으로써 드디어 두 사람은 만난 지 8년 만에 정권을 확실하게 장악했다.

새로운 군 체제는 무장들이 거느려온 사병私兵을 혁파해 중앙군에 통합시키려는 것이었다. 또한 지방에서 토호로 군림해온 한량관閑良官을 사실상 제거하려 했다. 한량관, 즉 현직이 없는 관리와 직역職域이 없는 사족士族 자제들을 개경으로 불러들여 수비병으로 근무하게 했다. 이들은 개혁의 저항 세력이었다. 이들이 끼치던 민폐를 일소하고, 국방력을 강화한다는 명분으로 밀어붙였다. 그런데 왕이 쭈뼛쭈뼛 눈치 보며 머뭇거렸다. 정도전이 다시 승부수를 던졌다. 사직을 청했다. 압박 수단이었다. 사병 혁파와 한량관의 군역 편입, 전제 개혁에 대한 온건파의 반발을 공론화하고, 국왕의 선택을 강요하려는 의도였다. 사직은 불허됐다. 하지만 그의 압박은 계속됐다. 그해 봄, 공양왕이 절에 행차해 자기 생일을 기념하는 예불 행사를 열었다. 이 자리에서 정도전은 앙칼지게 쏘아붙였다. "임금이 스스로 자기 복을 비는 것을 듣지 못했다." 그의 마음속에 왕은 이미 왕이 아니었다.

3월에는 이성계가 사직을 청했다. 국왕은 사직을 승인하지 않았다. 아니 할 수가 없었다. 사직 불허는 이성계의 존재에 대한 공개적 인정이었다. 이를 빌미로 정도전이 다시 인적 청산을 요구하고 나섰다. 이색과 우현보禹玄寶를 겨냥했다. 창왕 옹립의 죄를 물어 그들을 처형할 것을 주장한 것이다. 왕은 허락하지 않았다. 그냥 물러설 정도전인가. 그는 사보타주sabotage에 돌입했다. 국왕이 그를 불러 이색과 우현보 탄핵의 사유를 물었다. 이 자리에서 정도전은 더욱 거세게 왕을 몰아붙였다. 국왕은 결국 이색을 귀양 보내야 했다. 공양왕으로서는 참기 어려운 수모였다. 승기를 잡은 정도전은 전제 개혁에 대한 고삐도 바싹 죄었다. 비록 정도전의 원래 구상에는 훨씬 못 미쳤지만, 1월 새로운 토지대장이 반포됐다. 5월에는 과전법科田法이 제정됐다.

30년 지기 정몽주가 정도전의 목을 겨누다

스승의 처형을 주장한 정도전은 피도 눈물도 없는 냉혈한인가.
　어떤 이가 이런 말을 했다.

　"한 가지 일을 반드시 이루고자 생각하면 다른 일은 깨뜨리는 것을 마음 아파하지 말라. 남의 조소도 부끄러워하지 말라. 만사와 바꾸지 않고서는 한 가지의 큰일도 이루어지지 않는다."

　대분망천戴盆望天이란 말이 있다. 머리에 동이를 이고 하늘을 볼 수 없다는 말이다. 시대의 짐을 한 몸에 짊어진 그에게 살가운 정과 돈독한 우정은 사소한 문제였다. 살다 보면 심성이 착하디착한 사람이 되레 독한 짓을 저지르기도 한다. 착한 것은 개인적 인격이다. 독한 것은 사회적 인격이다. 시대가 정도전에게 비정한 사회적 인격을 요구하고 있었다. 사사

　　　　　　　　　　　　　　　1인자를 만든 참모들

로운 감정에 얽매일 일이 아니었다. 그
것이 싫으면 백이·숙제처럼 차라리 은
둔해야 할 일이었다.

　작용이 있으면 반작용이 있기 마련
이다. 온건파의 반격이 시작됐다. 과전
법으로 경제력을 잃고, 인적 청산에 몰
리고, 병권과 재정권도 잃었다. 보수파
에게 더 물러날 여지는 없었다. 절박함
은 두려움을 없애주고, 차이를 덮게 해

포은 정몽주의 초상

준다. 그들은 이런저런 이견을 접고 한목소리를 냈다. 이성계가 '딴마음
을 먹고 있다'고 주장하며 왕을 충동질했다. 이미 정도전의 공박에 자존
심이 상한 공양왕이었다. 그도 생각이야 꿀떡 같았지만, 명분이 필요했
다. 기다리면 주어진다. 탄핵을 학수鶴壽하던 보수파가 드디어 꼬투리를
잡았다.

　우현보의 아들 우홍득이 정3품 자리인 사헌부 집의執義가 되어 관청에
나갔다. 정도전과 가까웠던 종6품 규정糾正 박자량 등이 뜰에 나와 맞이
하지 않았다. 이에 대사헌이 박자량 등을 탄핵해 옥에 가두었다. 국문하
는 과정에서 꼬투리로 삼을 만한 게 드러났다. 대외비對外秘로 되어 있던
사헌부의 우현보 탄핵 사실을 정도전이 몇몇 측근에게 흘린 사실이 밝
혀진 것이다. 사실 사소한 것이다. 그러나 핑계거리를 찾던 온건파에게는
가뭄에 단비였다. 벌처럼 떼 지어 세차게 일어나는 게 봉기蜂起다. 온건파
는 봉기했다. 하나의 등잔에 심지를 두 개를 해 넣으면 훨씬 밝다. 그들은
눈에 쌍심지를 켜고 죽일 듯이 달려들었다.

　생사를 걸고 싸우는 마당에 인정은 사치다. 존망을 놓고 다투는 마당에 사정私情은 호사다. 이러쿵저러쿵하는 이판이나 요러쿵조러쿵하는 사판이나 매한가지다. 그들은 정도전의 핏줄 문제를 걸고넘어졌다. 눈에는 눈 이에는 이라, 정도전이 창왕의 핏줄을 거론한 것에 대한 카피캣 copycat이었다. "가풍이 바르지 못하고, 족보가 천하고 분명치 않다"라며 공격했다. 정도전의 외할머니를 두고 하는 말이었다. 정도전의 외할머니는 어떤 승려가 자기 종의 아내와 관계를 맺어 낳은 사람이라는 설이 있었다. 삼봉과 같은 고향 출신의 유학자인 우현보의 세 아들이 오래 전부터 이런 소문을 퍼트리고 다녔다. 은혜는 물에 새기고, 원한은 돌에 새긴다고 했다. 정도전으로선 뼈에 사무치는 원한을 품는 게 당연했다.

9월 13일, 이성계가 문하시중을 사직했다. 열흘 뒤에 정도전은 탄핵당해 유배를 떠났다. 10월 개혁파의 일원인 남은도 사직했다. 완벽한 전세 역전이었다. 연이어 온건파는 정도전을 극형에 처하자고 주장했다. 그러나 여의치 않았다. 대신 공신녹권功臣錄券을 박탈했다. 두 아들의 벼슬을 빼앗고, 서인으로 강등해 내쫓았다. 12월 이색과 우현보는 정계에 화려하게 복귀했다. 희비가 교차되는 순간이었다.

온건파라고 해서 언행이 온순하고 건전한 것은 아니다. 개혁하자는 정도가 온건할 뿐 그들의 행태behavior는 전혀 온건하지 않다. 오히려 더 지독하고, 얄망스럽다. 그때의 온건파도 집요하고 매섭게 공세를 펼쳤다. 그들은 이참에 아예 끝장을 보려 했다. 하늘이 거들고, 신령이 돕는 것인지 절호의 기회가 찾아왔다. 1392년 3월, 이성계가 해주에서 사냥을 하다가 낙마해 자리에 눕게 됐다. 온건파는 이 천우신조를 놓치지 않으려 했다. '정도전을 귀양지에서 처형하고, 조준과 남은을 유배시켜라.' 거칠게 국왕을 압박했다. 이 공세의 지휘자는 정몽주였다. 삼봉이 동심우라고 칭송한 정몽주는 갈 길이 서로 다른 '이로적異路敵'이 됐다.

조준과 남은 등 강경파는 거의 대부분 귀양 보내졌다. 정도전은 유배에서 풀려나 영주에서 지내다 예천 감옥으로 압송됐다. 온건파는 연일 정도전과 조준을 죽이라고 왕을 밀어붙였다. 왕이 대안을 제시했다. 먼저 남은 등을 국문하자. 그 말이 조준과 정도전에게 관련이 있음을 밝히자. 그런 다음 아울러 국문하자. 그러나 정몽주는 초조했다. 측근들에게 은밀히 지시했다. 정도전 등을 귀양지에서 국문하다가 고문을 가해서 죽여버리라고 했다. 긴박한 순간이었다.

자포自暴하고 자기自棄한 것일까. 이즈음 유배를 떠난 정도전은 한가롭게 노닐고 있었다. 앙앙불락怏怏不樂하지 않았다. 부글부글 속을 끓이지도 않았다. 맹자도 선을 행할 뿐 결과는 하늘에 맡겨야 한다고 하지 않았던가. 아등대지도 않고, 바둥거리지도 않았다. 그는 마음을 비우고, 자연의 눈부신 아름다움에 빠져들었다. 그가 지은 시다.

한 그루 배꽃은 눈부시게 밝은데
지저귀는 산새는 봄볕을 희롱하네
은둔자 홀로 앉아 무심하니
뜰에 제 스스로 돋아난 풀만 한가로이 바라보네

진인사대천명盡人事待天命이라는 말이 있다. 사람이 해야 할 일을 다한 뒤에는 하늘의 명을 기다려야 한다는 말이다. 노력은 사람의 일이고, 성패는 하늘이 결정할 일이라는 뜻이다. 사람이 할 일은 노력하고 애쓰는 것까지다. 그 다음은 인간이 주재할 영역이 아니다. 이런 점에서 베버가 말한 선택적 친화elective affinity란 개념이 매우 유용하다. 노력과 성공은 원인과 결과의 인과관계에 있는 것이 아니다. 둘은 조건이 맞으면 가까이 지내는 선택적 친화의 사이일 뿐이다. 결과에 너무 연연해 하면 좀팽이가 될 뿐이다. 이것이 생사기로의 순간에서도 정도전을 유유자적하게 만든 까닭이었다.

풍전등화, 정도전의 목숨은 바람 앞에 등불이었다. 폭우를 동반한 태풍이었다. 힘의 원천인 이성계는 움직이지 않았다. 나 몰라라 하는 식이었다. 가끔 지도자라는 위인도 이처럼 한심한 꼬락서니를 보이고, 덜떨어진 놈처럼 사리 분간을 못한다. 아들 이방원이 보다 못해 나섰다. 아버지를 찾아가 특단의 대책을 강구해야 한다고 역설했다. 절망하고 낙담한 탓인지 이성계는 거부했다. 하지만 이방원의 눈에는 자신들에게까지 화가 미칠 것이 자명했다.

4월 마침내 이방원이 혼자서 행동에 나섰다. 가장 간명한 방식, 즉 죽이는 수를 선택했다. 칼을 들고 정몽주를 찾아갔다. 〈하여가何如歌〉로 설득했으나, 〈단심가丹心歌〉로 거부했다. 이방원은 정몽주를 척살했다. 급반전. 이색 등 온건파는 축출되거나, 유배를 당하거나, 감옥에 갇혔다. 온건파는 궤멸됐다. 6월 정도전이 복귀했다.

사람이 정책·제도이자 사상이다

온건파의 반발과 저항, 국왕의 배신에 넌더리가 났다. 왕배덕배 잘잘못을 가리며 이전투구를 벌이는 데 진절머리가 났다. 고려왕조는 그 수명을 다해 개혁으로 목숨을 연장할 수 없었다. 정도전은 역성혁명으로 내달렸다. 합법적인 왕조 교체에 착수했다. 정계에 복귀한 지 한 달 만인 7월 12일 공양왕을 왕위에서 끌어내렸다. 이성계는 닷새를 버티다 승낙했다. 마침내 1392년 7월 17일, 조선왕조가 창업됐다. 고려는 34대 475년 만에

　　　　　　　1인자를 만든 참모들

천수를 다하고 사라졌다.

역성혁명a dynastic revolution, 정도전으로서는 이성계를 만난 지 9년 만에 이룬 대업이었다. 정도전의 목표는 민본民本 개혁이었고, 조선왕조 창업은 그 수단이었다. 개혁이 내용이었고, 창업은 형식이었다. 새 왕조가 창업되자 정도전은 더욱 바빠졌다. 그는 한마디로 왕조의 설계자였다. 왕조의 틀을 마련하고, 체제의 뼈대를 채비했다. 정책, 인사, 재정, 군사, 왕의 교육과 교서 작성, 역사 편찬 등 국가 운영에 필요한 부분을 거의 망라했다. 새 왕조 출범 11일째 되는 날, 정도전은 국가 운영의 청사진을 발표했다. 17조로 된 『편민사목便民事目』이란 포고령에서, 국가의 통치 이념으로 민본주의와 민생 정치를 분명하게 제시했다.

> "하늘이 백성을 내면서 통치자를 세우는 것은 백성으로 하여금 잘 살도록 보살펴주고 편안하게 다스리라는 것이다. 그러므로 임금의 도리를 잘하고 못하는 데 따라 인심이 따르기도 하고 배반하기도 하는 것으로, 하늘의 뜻이 오고 가는 것도 다 여기에 달렸다."

민생 대책을 펼쳤다. 홀아비, 과부, 고아, 자식 없는 노인 등을 해당 고을에서 가장 먼저 돌보도록 했다. 백성의 등골을 뽑는 호포를 면제해주도록 했다. 논 1결당 생산량을 쌀 2석으로 보고, 그 1/10인 30두 이상을 세금으로 거두지 못하도록 했다.

정도전은 국가 시스템을 새롭게 세팅했다. 그는 민본·위민 사상을 근간으로 삼았다. 인정仁政과 덕치德治를 통치 수단으로 활용했다. 백성의 물질 생활 안정을 뜻하는 안민安民을 목표로 정했다. 능력 있는 관리에 의한 중앙집권 체제를 구축했다. 국가가 고등교육기관을 운영해 참된 선비를 양성하고, 시험을 통해 능력 위주로 관리를 선발하도록 했다. 왕권을 제한했다. 재상에게 통치의 실권을 부여하고자 했다. 정책 결정 과정에 여론이 개입할 수 있도록 언로를 개방했다. 부정부패를 방지하고자 했으며, 이를 위해 간관諫官과 사헌(어사)의 기능을 강화했다.

신하와 일반 백성의 여론이 국정에 흘러들어 가는 통로를 제도화했다. 경연經筵 제도와 구언진서求言進書 제도가 그것이었다. 경연은 관료들이 국왕에게 유교 경전을 교육시키면서 정책의 자문에 응하는 제도였다. 구언진서는 국왕이 일반 백성의 의견을 물으면 일반 백성이 정치에 관한 의견을 글로 써서 바치는 제도였다. 지방행정을 위해 지방 수령들에게 힘을 실어주면서, 감사(관찰사)를 파견해 견제하도록 했다.

농업 생산력 강화를 위해 적전籍田 제도를 시행했다. 권농관 제도를 두고, 수리 시설 확충에 힘을 기울였다. 적전 제도는 왕이 몸소 농사의 시범을 보임으로써 국민의 중농 의식을 고취해 농업 생산력을 진흥하는 것이었다. 지방 행정구역과 호적 제도를 정비했다. 세제를 합리화했다. 빈민을 위한 복지 정책으로 빈민에게 종자와 식량을 대여해주는 의창 제도, 약물藥物을 염가로 제공하는 혜민전약국 제도를 도입했다.

사람이 제도요, 정책이요, 사상이다. 결국 무슨 일이든 사람을 바꾸지 않으면 안 된다. 정도전은 건국하자마자 '전 왕조의 마지막 시기에 당파를 만들어 변란을 꾸며 화근의 시초를 만들었던' 반대파 56명을 제거하려 했다. 이성계가 반대해 처벌 수위가 낮춰졌다. 이색과 우현보 등은 먼 바닷가로 귀양 갔다. 다른 사람들은 곤장을 맞고 유배를 떠났다. 이 와중에 한 가지 문제가 발생했다. 곤장을 맞던 8명이 죽어버린 것이었다. 이들 중에는 우현보의 세 아들과 이숭인도 포함돼 있었다. 우현보의 세 아들은 정도전의 핏줄 문제를 거론한 자들이었다. 이숭인은 정도전이 '꿈에

　　　　　　　　　　　　　　　　　　　　1인자를 만든 참모들

보고 눈물을 흘렸다'고 한 동문수학의 막역지우였다. 아량이 없어지고, 배려가 사라진 여말선초의 비정극·잔혹사였다.

1392년 8월, 세자 책봉 문제가 대두됐다. 정도전은 '나이도 많고 공로도 있는 아들'을 세자로 세워야 한다고 주장했다. 그것은 이방원을 뜻하는 것이었다. 하지만 총비 신덕왕후 강씨의 베갯머리송사에 넘어간 이성계가 완강하게 고집을 피웠다. 이방원을 지지하는 세력이 크지 않았는지, 완강하게 그를 세자로 옹립해야 한다는 목소리도 거의 없었다. 이성계의 속을 아는 정도전도 더 이상 다른 말을 하지 않았다. 강씨의 소생 방석이 열한 살에 세자가 됐다.

세자 책봉 과정에서 정도전과 이방원은 서로 다른 길로 접어들었다. 세자 책봉 건에서 정도전은 비록 마지못하기는 했지만 어쨌든 이성계의 생각을 따랐다. 재상 중심의 정치를 지향하는 정도전에게 왕위 계승 문제는 별로 중요하지 않았는지도 모른다. 또 성격이 강한 이방원이 왕위에 오르면 신권이 약화되고 왕권이 득세할 것이라고 우려했을 수도 있다. 어쨌든 정도전은 세자의 스승이 됨으로써 그의 후견인이 됐다. 이로써 정도전과 이방원은 상생 불가의 적이 된 셈이었다.

새 술은 새 부대에 담아야 한다. 이성계가 천도를 결심했다. 논란 끝에 한양을 새 도읍으로 정했다. 정도전은 한양의 도시계획을 지휘했다. 대궐과 중심가의 골격뿐 아니라 도성의 4대문과 4소문, 그리고 중심가의 동네 이름도 다 손수 지었다. 경복궁이란 이름은 『시경』의 「주아」편에 나오는 문구에서 따왔다. "이미 술로 취하고 덕으로 배불렀어라, 임금이여 만년토록 큰 복을 누리소서旣醉以酒飽以德, 君子萬年介爾慶福." 정도전은 근정전의 '근정勤政'과 같이 궁, 대문, 전각의 이름 하나하나에도 경계의 메시지를 담고자 했다.

정도전과 함께 스러진 북방 진출의 꿈

천년의 꿈이라고 해도 좋으리라. 압록강 넘어 만주로 진출하려는 북진정책은 고구려가 망한 이래 민족의 염원이었다. 역사적으로 만주는 주인이 여러 번 바뀌었다. 고구려, 발해가 만주의 전체 혹은 일부를 차지하기도 했다. 당나라, 요나라, 금나라, 원나라가 차지한 적도 있었다. 때문에 당시 사람들에게 요동이 넘봐서는 안 될 남의 땅인 것만은 아니었다. 조선이 건국될 무렵, 명나라가 원나라를 밀어내고 대륙의 주인이 되기는 했지만 요동은 여전히 무주공산으로 남아 있었다. 명나라가 만주를 장악한 것은 3대 황제 영락제(재위 1402~1424) 때로, 한참 뒤의 일이었다. 정도전은 임자 없이 버려진 광활한 대지 요동을 정벌하기로 작정했다.

정도전의 요동 정벌과 최영의 그것은 다른 것이었다. 최영의 요동 정벌은 준비가 없었다. 허장성세, 호왈백만號曰百萬이었다. 정도전의 그것은 5년 동안 치밀하게 준비한 것이었다. 명·원이 교체되는 과도기의 틈을 비집고 들어가 실속을 챙기려는 묘수였다. 결코 장나무에 낫 걸기가 아니었다. 그의 구상은 시도 때도 없이 외침에 시달리는 반도의 고립에서 탈피해 대륙으로 삶의 터를 넓히려는 국가적 프로젝트였다.

정도전이 요동 정벌을 최초로 공론화한 것은 1397년 6월이었다. 그런데 명나라는 초장부터 경계했다. 개국하자마자 벌써 조선의 요동 진출에 쐐기를 박으려 했다. 명은 "이제부터 영토를 잘 지키고, 간사한 짓을 하지 말아야 한다"는 국서를 조선에 보냈다. 9년 전의 요동 정벌을 위한 출병, 7년 전의 윤이·이초 사건 등에 의한 학습 효과였다.

이듬해 5월, 주원장은 한술 더 떴다. 조선의 스파이 행위와 여진족 회유정책을 경고했다. 전쟁 불사 의지를 천명한 공문을 보내왔다. 1393년

                                    1인자를 만든 참모들

경복궁의 정전正殿인 근정전勤政殿에는 '왕의 부지런한 자세가 정치의 으뜸'이라는 경계의 뜻이 담겼다.

12월, 경고의 수위가 더 높아졌다. 주원장이 사신을 보냈다. 조선 정벌 운운하며 변경에 말썽을 일으키지 않아야 조선의 임금 노릇이라도 할 수 있을 것이라고 했다. 이듬해 2월과 3월 압록강변에서 무력시위까지 벌였다.

정도전은 중국의 협박에 정면 대응을 피하면서도 준비를 계속해나갔다. 1393년 9월 국가재정을 담당하는 삼사판사로 자리를 옮겼다. 그 다음 삼군총제부를 의흥삼군부로 개편하고 그 수반이 됐다. 이로써 재정권과 군권을 동시에 장악했다. 그러나 군권이라고 해봐야 사실 보잘 것 없는 것이었다. 통제 가능한 관군은 극히 소수였기 때문이었다. 거의 대부분의 군사는 왕자들과 공신들에게 속한 사병이었다. 정도전은 사병을 혁파하고 강력한 관군을 건설하는 데 착수했다. 그것은 요동 정벌이나, 중앙집권 체제 완성을 위한 전제 조건이었다. 정도전은 직접 병서를 쓰고, 진법서를 만들었다. 그리고 자신의 진법에 따라 군사들을 훈련시켰다. 군기 확립에도 나섰다.

한편 이방원은 도저히 아버지 이성계의 후계 결정을 따를 수 없었다.

분하고 억울했다. 절치부심 세력을 키워갔다. 하륜을 끌어들였다. 조준·권근과 사돈 관계를 맺었다. 그냥 맥없이 굴복하지 않을 그였기에 정도전의 사병 혁파 움직임에 촉각을 곤두세웠다. 1394년 6월 이방원은 주원장을 설득하러 명나라에 사신으로 가게 됐다. 명나라의 강경한 분위기를 고려하면 이방원으로서는 정치적 승부수였던 셈이다. 뜻밖에도 명나라는 이방원을 '조선 세자'라고 부르며 환대했다. 이후 1395년까지 명나라는 전쟁 위협의 중단이라는 선물도 주었다. 이방원으로서는 정치적 쾌거였다.

이름을 드높인 이방원이 드디어 정도전 견제에 나섰다. 정도전의 권력 집중을 공격 소재로 삼았다. 양측 간의 대립이 불가피하게 본격화됐다. 그러나 이미 정도전과 한 배를 탄 이성계였다. 그가 정도전의 손을 들어주었다. 문제를 제기한 인사들의 배후를 의심하며, 이들을 귀양 보내버렸다.

1396년 2월, 소강상태가 깨졌다. 명나라가 표전문表箋文 사태를 일으킨 것이다. 이를 계기로 정세는 급변했다. 조선에서 명나라에 바친 표전문에 모욕적인 내용이 있으니 작성자를 압송하라고 요구했다. 정도전을 겨냥한 것이었다. 이성계는 정도전이 병중에 있을 뿐만 아니라 책임이 없다며 압송을 거부했다. 다른 한편으로는 정도전을 삼사판사 자리에서 물러나도록 함으로써 분위기를 진정시키려 했다.

1397년 3월, 표전문의 교정자로 명나라에 압송된 권근이 이방원의 사돈이라는 이유로 오히려 환대를 받고 귀국했다. 명나라 사자들은 조정 신료들에 대해서는 거만하게 대하면서도, 이방원에겐 집을 찾아가 인사할 정도로 존대했다. 하지만 정도전에 대해서는 모든 공세를 집중시켰다. 명나라가 조선의 사신을 억류하면서 이들이 '정도전의 팔다리'이기 때문임을 분명히 했다.

　이제 상황은 명확해졌다. 이성계와 정도전을 한편으로 하고, 주원장과 이방원을 다른 한편으로 하는 전선이 파국을 향해 치닫고 있었다. 요동 정벌과 사병 혁파는 동전의 양면이었다. 사병私兵을 혁파해야만 강력한 공병公兵을 건설할 수 있고, 강력한 군대가 있어야만 요동을 정벌할 수 있는 것이었다. 사병 혁파란 개혁과 요동 정벌이란 비전은 이처럼 불가분의 관계에 있었다. 이방원과 주원장이 내통하고, 동맹을 맺은 이유가 여기에 있었다. 이방원이 중국을 방문한 이후 명이 정도전을 '화의 근원禍源'으로 지목했다. 정도전을 제거하기 위해 이방원이 먼저 주원장에게 말질했을 수도 있다.

　1397년 6월, 정도전은 태조에게 정식으로 요동 정벌을 청했다. 역시 주위의 비판에 흔들리지 않는 정도전다운 행보였다. 10월 정도전은 패쪽 없이 군사를 동원하는 자를 엄격히 벌한다는 규칙을 공표했다. 사병을 거느린 반대 세력을 견제하기 위한 실질적 조치였다.

　운명의 여신에겐 절개가 없다. 그녀는 수시로 연인을 바꾸는 바람둥이다. 그녀는 정도전을 언제 봤냐는 듯이 외면했다. 거친 이방원에게 마음을 빼앗겼다. 정도전이 코너에 몰렸다. 세력을 키운 이방원과 주원장의 공세 앞에 이성계가 주춤거린 게 가장 큰 이유였다. 한 해 전 강씨가 죽자 사는 맛이 없어진 이성계였다. 이성계는 12월 정도전을 의흥삼군부 판사 자리에서 물러나게 했다. 군권은 이방원 세력의 조준에게 넘어갔다. 그 전해 7월 삼사판사 자리도 내어준 터였다. 정도전으로서는 사실상 실각이었다.

　정도전에게 마지막 기회가 왔다. 1398년 윤5월, 주원장이 죽었다. 연이어 명나라는 후계 체제를 둘러싸고 혼돈에 빠져들었다. 요동 정벌을 위한 천재일우의 타이밍이었다. 정도전은 이성계를 채근했다. 8월 1일, 이성계가 사헌부에 명을 내렸다. 왕자들과 공신, 대장군 등이 진도陣圖를 익히지 않는 이유를 추궁하라고 했다. 이성계는 진도를 익히지 않은 삼군절제사, 상장군, 대장군, 군관 등 292명을 탄핵하도록 했다. 임무 소홀의 책임을 물어 각 도의 진도 훈련관에게 곤장 100대씩을 쳤다.

이성계는 진법 훈련을 게을리한 왕자들과 공신들에게도 엄중한 경고의 메시지를 보냈다. 왕족과 공신의 수하들에게 태형 50대를 벌했다. 진도를 익히지 않는 절제사는 모두 장형에 처하라고 명했다. 그리고 사병을 해산하고, 병장기를 모두 불태워버리라는 사병 혁파령을 내렸다. 이방원으로선 기로였다. 백기 투항, 무장해제냐 아니면 비상수단을 강구해야 하느냐 하는 기로였다.

이방원은 부러질지언정 구부릴 위인이 아니었다. 실력 행사에 나섰다. 정몽주를 해치웠던 수법을 다시 구사했다. 이성계가 병으로 거동을 못하게 된 틈을 타 정도전을 급습했다. 그의 목을 베어버렸다. 형제들도 죽였다. 8월 26일에 일어난 이 사건을 역사는 무인정사戊寅靖社라고 부른다. 권력에 눈먼 자식이 아비를 상대로 일으킨 유혈 참사였다. 정도전은 희생양이었다. 5백 년 왕조의 설계자 정도전, 그는 비명에 갔다. 이방원은 정도전만 죽인 게 아니었다. 북방 진출이라는 민족 염원도 함께 사장했다. 정도전은 죽기 전 시를 한 수 남겼다.

양조에 한결같은 마음으로 공력을 다 기울여
서책에 담긴 성현의 참 교훈을 저버리지 않고 떳떳이 살아왔소
삼십 년 긴 세월 온갖 고난 다 겪으면서 쉬지 않고 이룩한 공업
송현방 정자에서 한잔 술 나누는 새 다 허사가 되었구나

　　　　　　　　　　　　　　　　　　　1인자를 만든 참모들

정도전은 왜 그렇게 허무하게 당했을까?

가장 일차적인 이유는 현직에서 물러나 있었다는 점이다. 특히 병권을 놓은 것은 결정적 패착이었다. 하지만 보다 근본적인 이유는 정도전의 스타일에 있다. 즉, 그는 이리 살피고, 저리 모색하는 백면서생이 아니었다. 그는 권력 때문에 소곤소곤 치근거리는 모사가 아니었다. 그는 함께 역사를 만들어나간 대등한 파트너였다. 그가 소인배였다면 당연히 이방원과 손잡거나 먼저 그를 제거하려 했을 것이다. 그러나 그는 한결같은 마음으로 떳떳하게 살았다. 간난과 고초를 겪으면서도 나라를 바로 세우는 데 매진했다. 민족의 운명을 바꿔놓고자 했다

정도전은 실패했는가? 아니다. 성공했다. 조선왕조를 창업하면서, 그는 거의 혼자서 국가 운영 시스템을 마련했다. 사법, 행정, 인사, 군사, 설계, 경제 등 거의 모든 분야, 거의 모든 문물과 제도에 그의 손때가 묻지 않은 것이 없다. 통치 이념과 세력을 교체했다. 귀족 중심의 지방 할거 체제를 관료·사대부 중심의 중앙집권 체제로 바꾸었다. 정도전이 세팅한 시스템 덕분에 조선왕조는 5백 년이나 이어졌다. 그것만큼 긴 역사의 찰나를 살아가는 인간으로서 갈망하는 성공이 또 있을까!

슈테판 츠바이크가 말했다.

"위대한 운명의 순간은 언제나 천재를 원한다."

정도전은 운명의 순간에 등장한 최고의 천재였다. 한 나라를 다스리는 것을 넘어 한 시대를 경영한 경세가였다. 정도전, 그는 한민족 역사상 필적할 만한 이가 없는 단연 최강의 경세가다.

mentoring

- 장삼도 단 한 번 살고, 이사도 꼭 한 번 사는 게 인생이다. 김지도 자기 삶을 살고, 이지도 자기 생을 산다. 장삼이사張三李四, 김지이지金的李的 모두 똑같다. 예측하면서 너울거리지 말고 주저 없이 선택해 거침없이 살다 가는 게 최고다.

- 순간의 패배에 굴하지 말라. 어렵다고 애초에 품은 뜻 슬그머니 접지 말라. 지금의 패배는 더 큰 승리를 위한 담금질일 뿐이다. 문제는 패배가 아니라 절망이다.

- 보스와 참모는 대등한 파트너다. 역할이 다르고 외형상 고하高下가 있기는 하지만 우열이나 귀천이 있는 것은 아니다. 맞아 죽어도 굴종하지 말라.

- 만사와 바꾸지 않고서는 한 가지 큰일을 해낼 수 없다. 이루고 싶은 한 가지가 있다면 다른 열 가지, 백 가지를 잃더라도 끝까지 그것을 고수하라. 어차피 아무리 발버둥 쳐도 내게 허락된 것은 극소수다. 하나둘이면 충분하다.

- 보스를 선도하라. 지시에 길들여지지 말고 꽁무니에 익숙해지지 말라. 따라다니기 바쁜 참모는 모래알처럼 많고, 나뭇잎처럼 흔하다. 보스보다 더 넓고, 더 크게 생각하라. 내 꿈을 감당하지 못할 그릇이면 아예 보스로 삼지 말라.

한명회 & 수양대군

그는 나름대로 소신을 가지고 역사를 기획했고, 왕조를 경영했다. 그러나 수많은 사람을 헤치면서 정변을 일으킨 이유가 합당한지는 여전히 의문이다. 12살 단종을 부정해놓고 적통이 아님에도 사위라는 이유로 13살 성종을 보위에 올린 것은 스스로 명분을 짓밟은 행위이다.

02

세 명의 제왕을 요리한 불세출의 책사, 한명회韓明澮

『대동기문』에 한명회에 관한 이야기가 있다. 송도계원 스토리다.

명절을 맞아 개성의 관료들이 만월대에 모여 유쾌하게 놀았다. 분위기가 무르익자 누군가가 말했다.

"우리들은 모두 한양에서 이곳 개성으로 와서 벼슬을 하게 된 고향 친구들이다. 오늘 계모임을 만들어 영원한 우의를 다지자!"

모두들 이 송도계를 환영했다.

"나도 끼워주쇼."

외로움을 느낀 한명회는 자신을 계모임에 넣어달라고 간곡하게 부탁했다. 하지만 모두들 흘깃흘깃 쳐다보기만 하고 허락해 주지 않았다. 경덕궁 문지기인 한명회의 벼슬을 얕본 까닭이었다.

"그때 사귀어둘 걸……."

이듬해 한명회가 정권의 일등공신이 되고, 소위 나는 새로 떨어뜨릴 만한 세도를 누릴 때 송도계원들이 내뱉은 말이다. 조그마한 세력을 믿고 남을 업신여기는 것을 일컫는 송도계원이라는 말이 여기서 생겨났다. 음지가 양지되고, 선인이 악인 되는 인간사 무상함을 모르는 좁은 소견을 탓해야겠지만, 한명회가 얼마나 드라마틱하게 입신양명했는지를 말해 주는 일화다.

살아서는 정승이요, 죽어서는 부관참시剖棺斬屍! 이 말에 한 시대를 풍미
하던 한명회의 인생이 고스란히 담겨져 있다. 한명회는 3명의 왕을 거치는
동안 영의정을 두 번 지냈고, 말년에는 원상의 자리에도 올랐다. 두 임금의
장인이기도 했다. 그는 누릴 수 있는 모든 것을 누리다 갔다. 하지만 죽은
지 17년 만에 누운 묏자리는 깨졌고, 구천의 영혼은 짓밟혀야 했다.

33년 동안 정치역정을 보낸 그는 단종애사와 사육신의 절개가 있게 한
장본인이다. '긴 파람 큰 소리에 거칠 것이 없어라'던 김종서를 베고, 살생
부로 정승 판서를 도륙했다. 보기에 따라서는 권력을 농단한 희대의 간
흉일 수도 있고, 오만방자한 권신들의 발호를 제압하고 왕권중심체제를
확고히 한 충신일 수도 있다.

사관의 기록은 칼보다 무섭고, 사관의 평가는 쇠심줄보다 질기다. 먼
저, 한명회가 죽은 뒤 사관이 춘추필법으로 정리한 평가를 보고 시작하
는 것이 좋을 듯싶다.

"한명회는 젊어서 유학을 업으로 삼아 '학문'을 이루지 못하고, 중순위
에 속하여서 뜻을 이루지 못하고 불우하게 지내다가 권남과 더불어 물경
지교를 맺고, 그를 통하여 세조가 잠저에 있을 때에 뜻 깊은 만남을 가진
뒤, 대책(세조 등극)을 찬성하고 그 공이 제일을 차지했으며, 10년 사이에
벼슬이 정승에 이르렀고, 마음속에 항상 국무를 잊지 아니하고, 품은 바
가 있으면 반드시 아뢰어 건설한 것 또한 많았다.

그러므로 권세가 매우 성하여 아부하는 자가 많았고, 빈객이 문에 가
득하였으나, 응접하기를 게을리 아니하여 일시에 재상들이 그의 문에서
많이 나왔으며, 조관으로서 채찍을 잡는 자가 있기에 이르렀다. 성격이
번잡한 것을 좋아하고, 과대하기를 기뻐하며, 재물을 탐하고 즐겨서 토
지와 노비 그리고 보화 등 뇌물이 잇따랐고, 집을 널리 점유하고 희첩을

많이 두어 그 호부함을 일시에 떨쳤다.

사신으로 여러 번 명나라의 서울에 갔는데, 늙은 내시 정동에게 아부하여 많이 가지고 간 뇌물을 사사로이 황제에게 바쳤으며, 부사가 이를 말리지 못하였다. 만년에 이르러 권세가 이미 떠나자 빈객이 이르지 않으니, 수심에 잠긴 얼굴로 적막한 탄식을 하곤 했다. 비록 여러 번 간관이 논박하는 바가 있었으나 다른 뜻은 없었기에 그 훈명을 보전할 수 있었다."

이 기록만 봐서는 그리 호감 가는 인물은 아닌 듯하다. 또 어린 단종에 대한 애절한 연민과 사육신의 강렬한 충절 때문에 한명회의 이미지가 손상되는 것도 적지 않다. 과연 한 시대를 농단하고, 권력을 탐한 모리배에 불과한가? 아니면 우국충정으로 혼조의 시대를 타개한 대장부인가?

한명회는 세종대왕의 태평성대가 막을 내리고 불안정한 시대로 접어들던 때에 활동했다. 세종이 남긴 몇 가지 유산은 당시 정세를 이해하는 데 필수적이다. 첫째, 세종은 재상들이 위상과 역할을 온전하게 발휘할 수 있는 체제를 남겼다. 즉 현군과 능신能臣이 절묘한 조화를 이룬 체제였다. 황희, 맹사성 등 조선사를 통틀어도 그 유례를 찾기 힘들 정도로 탁월한 재상들이 왕권과 적절한 조화를 이루며 능력을 한껏 발휘했다. 그러나 한 시대의 장점은 다른 시대의 단점이 되기도 한다. 현군이 없는 상황이 되자 능신이 왕권, 왕실을 짓누르는 존재가 된 것이다.

둘째, 집현전을 통하여 젊은 정치 엘리트들을 육성했다. 집현전은 국왕의 직속기관으로 한글을 창제한 지식인 집단이었을 뿐 아니라 현실 정치를 지탱하는 주춧돌이었다. 태조, 태종대의 정변으로부터 자유로운 최초의 관료집단이었으며, 성리학의 절의정신으로 무장한 국왕의 친위세력이었다. 일찍이 세종은 어린 원손(단종)을 안고 궁정을 산책하다가 집현전의 젊은 학자들을 모아놓고 "과인의 천추만세 후에 경 등이 이 아이를 보호하라"고 간곡히 부탁할 정도였다. 이들의 일부는 세종—문종의 유지를 받들어 어린 단종을 지키는 최후의 보루로서 세조에게 끝까지 저항했다.

셋째, 대간(간언)들의 목소리가 커졌다. 세종이 문민정치 강화를 위해 언관의 기능을 강화했지만, 그의 사후에는 왕실 종친들에 대한 상소와 탄핵이 잦아지는 결과를 낳았다. 마음 놓고 자기 목소리를 내던 언관들이 문제 삼을 만한 사건들은 불안정한 후계체제에서 많아질 수밖에 없었다. 왕실 종친들은 이를 왕실 폄하와 신권 득세로 받아들였다.

이러한 세 가지 조건이 어린 임금과 강한 대군들이 병존하는 상황과 맞닥뜨리면서 역사의 수레바퀴는 거친 파열음을 내기 시작했다. 고요히 흐르던 물이 계곡을 만나 굽이치고, 급기야 폭포에 이르러 소용돌이치듯이 그 세월은 그렇게 난세로 접어들었다.

천하경영의 뜻을 품고 백수생활을 견뎌내다

칠삭둥이 한명회. 그는 1415년 어머니 뱃속에 있은 지 일곱 달 만에 세상에 나왔다. 태어나긴 했으나 하도 허약하여 집안 식솔들이 내다버리라고 할 정도였다. 다행히도 늙은 노복이 거두어 솜뭉치에 싸서 돌본 덕에 사람의 형체를 갖추었다고 한다. 그의 조부는 청주 한문에서도 명망이 자자한 한상질이다. 한상질은 조선왕조가 창업되자 태조 이성계의 주문사가 되어 명나라를 방문, '조선'이라는 국호를 확정지어 온 인물이다. 그런데 부친 한기의 벼슬이 고작 감찰에 이르렀던 것을 보면, 한명회의 집안은 아버지 대에 이르러 한미해진 것 같다.

그는 일찍 부모를 여의었으나 글을 열심히 읽었다고 한다. 영특했으나, 얼굴은 영락없는 당나귀 상이었다. 역삼각형의 얼굴에 코와 입이 유난히

1인자를 만든 참모들

컸다. 하지만 눈빛만은 영롱했다. 본격적으로 공부를 시작한 것은 당대의 석학 유방선의 문하여 들면서부터였다. 유방선은 세종이 사람을 보내 자문을 구할 정도로 이름이 높았으나, 벼슬길을 마다하고 재야에 머물렀다.

유방선의 문하에서 한명회는 두각을 나타냈다. 유방선은 이렇게 평했다.

"내 문하에서 크게 될 인물은 한명회, 권남, 서거정이다."

평생을 같이한 친구 권남權擥과는 유방선 문하에서 동문수학한 사이였다. 혈연관계도 있었다. 권남의 여동생이 한명회의 동생과 결혼했기 때문이었다. 권남이 한 살 어렸으나 둘의 사이는 흔히 '망형우忘形友'라고 불렸다. 용모나 지위 등 겉모양을 떠나 마음과 마음을 주고받는 벗이란 뜻이다. 정도전이 정몽주를 '동심우'라고 표현한 것과 비슷하다. 또 다른 파트너 신숙주申叔舟도 한명회의 어릴 적 친구였다. 신숙주가 2살 아래였으니, 둘은 소년시절 함께 뛰어 놀면서 더불어 책을 읽었다. 세조와 성종 시대의 주역 3인방이 어릴 적 죽마고우이던 셈이다.

한명회는 여러 번 과거에 응시했으나 합격하지 못했다. 대석학이 총애하는 제자로서는 의외다. 실력 때문인지 별다른 의욕이 없어 건성으로 본 탓인지 모르지만, 좌우간 그에게 과거 운은 없던 것 같다. 그는 권남과 더불어 아름다운 산이나 수려한 물을 찾아 전국을 두루 돌아다니며 풍류를 즐겼다. 이때 두 사람은 '문장은 권남이요, 경륜은 한명회다'하는 포부와 격려도 주고받았다. 권남도 출사가 늦었다. 35살에야 과거에 급제했다.

과거에 실패하고, 산천을 유람하는 가운데 한명회의 중요한 성격 personality이 형성되었다. 술 심어 정자랴, 출세를 꿈꾸기는 어려워 보였다. 이쯤 되면 관리가 되는 것을 포기하고 초야에서 학문을 갈고 닦아 이름을 높이는 길을 모색할 수도 있었으나 그의 취향은 아니었다. 정치는 해야겠는데, 길은 막혀 있다. 그렇다면 판을 바꾸는 방법 밖에 없었다. 정상正常에서의 배척, 이것이 한명회를 정변을 통한 입신양명으로 내몬 하나의 원인이었다.

한명회는 천하를 주유하면서 기존 틀에 얽매이지 않는 유연한 사고방식을 가지게 되었다. 일상인에게 자연이 주는 힘은 찌든 기운을 몰아내고 청량한 정기를 마심으로써 심신을 재충전하는 데 있다. 하지만 일상에서 소외된 한명회에게 주는 자연의 힘은 남들이 익숙한 중론의 함정에 빠져들지 않게 하고, 세태의 급한 호흡에 얽매이지 않게 해준다는 데에 있다. 또 하나가 있다. 즉 현실과의 불화가 깊어지다 보면 자연스레 자기 자신의 생각에 대해 과도한 집착과 확신을 하게 된다는 점이다. '내가 아니면 아무도 못 하리非我莫能爲.' 집착은 또 열정을 낳는다. 그리고 때로 열정은 변혁의 동력이 되기도 한다. 한명회가 그랬다.

1452년 세종의 뒤를 이은 문종이 단명하고 12살의 어린 왕자가 보위를 이었다. 단종이다. 20세 미만인지라 왕대비나 대왕대비가 수렴청정하는 것이 법도였다. 하지만 생후 3일 만에 생모를 잃은 단종은 세종의 후궁인 혜빈 양씨의 품에서 자랐다. 혜빈 양씨에게는 수렴청정 권한이 없었다. 어린 임금 곁에서 정사를 대리할 인물이 왕실에 없다 보니, 왕실로서는 조정을 견제할 수단이 막혀 있는 셈이었다.

사정이 이렇다 보니 자연스럽게 조정에 힘이 쏠렸다. 특히 문종의 고명顧命을 황보인, 김종서 등 원로대신들이 받음으로써 정통성까지 주어졌다. 정사의 결재권은 당연히 이들에게 집중되었다. 세종의 형인 양녕대군, 문종의 형제들인 수양대군이나 안평대군을 비롯한 왕실종친들은 이게 불만이었다. 태종이 피를 통해 얻은 '강력한 왕권' 체제가 위기에 처해 있다고 생각했다. 하지만 세종조에 길러진 신하들은 단종을 둘러싸고 대군들을 견제하는 것이 성군의 은혜에 보답하는 길이라고 여겼다. 특히

 1인자를 만든 참모들

문종으로부터 '내가 이 아이(단종)를 경들에게 부탁한다'는 말을 들은 성삼문 등 집현전 학자들은 단종을 수호하는 근위대였다.

수양대군에게 전한 한명회의 메시지

한명회는 38세에 '문음'으로 관직에 진출했다. 관직이라고 해봐야 어디 가서 말하기도 뭐한 한직이었다. 이성계가 왕위에 오르기 전에 살던 사저인 개경의 경덕궁을 지키는 문지기였다. 이즈음 한명회는 친구 권남을 통해 수양대군에게 접근하는 것을 시도하고 있었다. 하지만 형편이 아쉽다고 유월부터 감 장수를 할 수는 없는 일이라, 수양이 부를 때까지 기다릴 수밖에 없었다. 단종이 즉위하는 등 정세가 급박해지자, 그는 개경으로 떠나기 전 권남에게 채근하는 메시지를 남겼다. 메시지는 구도가 단순해야 하고, 이해가 명쾌해야 하며, 감정이 끓어오르게 해야 한다. 한명회는 수양대군의 귀에 들어가라고 이렇게 말했다.

"지금 임금(단종)이 어리고 나라가 위태로운데, 간사한 무리들이 권세를 함부로 부리고, 또 안평대군이 마음속으로 다른 뜻을 품고 대신들과 친밀하게 교류하며 여러 소인들을 불러 모으니 상황이 매우 급박하오. 수양대군은 활달하기가 한나라의 고조와 같고, 영민하고 용맹스럽기가 당나라의 태종과 같다고 하니, 진실로 난세를 평정할 재목이오. 그대가 수양대군을 모신 지가 오래인데 어찌 은밀한 말로 그 뜻을 펴 보지 아니하였소."

단종이 즉위할 무렵, 왕실의 실력자라고 할 만한 이는 수양대군과 안평대군이었다. 안평대군은 천성이 총명하고 배우기를 좋아하여 20세 전후에 벌써 유가 경전을 모두 꿰뚫었다고 한다. 시문서화는 물론 거문고

와 바둑까지도 일가를 이루게 되니 쌍삼절雙三絶의 풍류 왕자로 국내외에 명성을 떨쳤다. 세종도 그의 능력을 인정하여 '비해당匪懈堂'이란 당호를 하사했다. 비해란 '게으르지 않다'는 뜻으로 『시경』에 나오는 글귀에서 따온 것이었다. 그는 예원藝苑의 중심으로 자부하여 문예에 종사하는 풍류문사들과 교류를 넓혀가니 비슷한 또래의 집현전 학사들인 성삼문, 박팽년, 신숙주, 하위지, 이개, 이현로 등과 특히 친교가 깊었다.

특히 성삼문은 안평대군의 양모인 성씨 부인이 재당고모라서 어려서부터 함께 놀며 자란 사이라 친형제처럼 가깝게 지냈다. 1418년 생 갑장甲長인 안평과 성삼문은 '매죽헌梅竹軒'이란 호를 같이 쓸 정도였다. 성삼문과 막역한 신숙주도 그의 소개로 안평과 가까이 지냈다. 박팽년도 안평을 그림자처럼 따랐다. 이현로는 안평의 책사였다. 안평에게는 혜빈 양씨도 원군이었다. 혜빈 소생의 아들이 안평의 둘째 처남인 정자제의 사위였다. 혜빈 소생의 다른 아들도 박팽년의 사위였다.

안평에게는 한마디로 사람이 많았다. 김종서 등 고명대신들과도 가까웠다. 한명회로서는 비집고 들어갈 틈이 없었다. 하물며 한명회의 꿈이 권력자에 줄 대어 한 자리 차지하는 것에 있지 않은 바에야 더더욱 그랬다. 안평의 부드러운 캐릭터도 그의 꿈을 실현하기엔 부족해 보였다. 한명회는 안평을 떠올리며 고개를 저었다.

수양대군은 1417년 세종의 차남으로 태어났다. 태종을 닮아 강인한 무인 기질이 있었으며 열네 살에 기방을 출입할 정도로 호방한 성격이었다. 기개가 늠름하고, 활쏘기와 말달리기에 능했다. 게다가 하고자 하는 일이 있으면 거침없이 해내고 마는 직선적 성품의 소유자였다. 문종의 바로 아래 동생이라 왕실에서 발언권도 강했다. 양녕대군 등 왕실 어른들도 수양을 밀었다.

   1인자를 만든 참모들

수양은 집현전 엘리트와도 적지 않은 연고가 있었다. 세종이 한글을 창제할 때 집현전 학자들과 동고도락하며 머리를 맞댄 적도 있었고, 『석보상절』을 번역할 때 집현전 학자들의 도움을 받기도 했다. 그러나 안평처럼 깊은 교류는 아니었다. 강한 성정 탓에 사람이 모이지 않고, 대신들의 견제를 받는 것이 단점이었다.

한명회에게 수양은 안성맞춤이었다. 단점이 오히려 장점이었다. 수양 주위에는 마땅히 사람이 없으니 둥지를 틀 공간이 넉넉했고, 시원시원한 성격이라 자신의 조언을 잘 받아들일 것이 분명했다. 친구 권남이 그 곁을 지키고 있는 것도 제격이었다. 원로 재상들과 사이가 매끄럽지 못한 것도 그의 뜻을 펼치기에는 더 좋은 조건이었다. 어차피 한명회가 그리는 구도 속에 재상들과 수양 간에 공존은 없기 때문이었다.

'그대가 나의 자방이다.'

수양대군이 권남의 천거를 받아들여 1452년 한명회를 처음 만나한 말이다. 한명회는 수양에게 국정운영에 관한 대책을 제시했다. 왕권이 신권에 의해 휘둘리는 상황을 개탄하면서 수양의 정서를 자극했다. 또 태종 이방원이 왕권 강화를 위해 피를 흘려야 했던 '시대의 고통'도 이야기했을 것이다. 안평이 먼저 움직일지 모른다며 수양의 신경도 툭툭 건드렸다. 장사 나면 용마 나고, 문장 나면 명필 난다고 하던가. 두 사람은 서로에게 필요한 사람이었다. 서로 고단한 처지에 사람을 그리워하던 터라 두 사람은 단번에 의리를 맹약했다.

한명회-수양, 하륜-이방원의 파트너십을 벤치마킹하다

당시의 정세는 어떠했는가. 신권이 상대적으로 강했다. 특히 문신이지만 군부에 기반을 갖고 있는 김종서에게 권력이 집중됐다. 그의 권력이 얼마나 강했는지 명나라 사신조차도 "그의 전횡과 독단이 너무 심하다"고 지적할 정도였다. 서슴없이 "언관들의 말은 미친 소리이니 개의치 않겠다"고 하거나, "언관들이 대신을 해치고자 하니 목을 베는 것이 옳다"고 내뱉을 만큼 거칠게 없었다. 김종서나 황보인이 조상의 묘에 제사를 지내기 위해 고향에 갈 때는 전송하는 자들이 구름처럼 모였다.

재상들은 인사권도 마음대로 행사했다. 이른바 황표정사黃標政事가 그걸 잘 말해 준다. 원래 새로 관직을 제수할 때에는 의정부에서 적임자의 3배수로 이름을 적어 올리게 되어 있다. 하지만 김종서 등은 자신들이 내심 결정한 이름 위에 황색표를 붙여서 임금에게 상신했다. 그러면 임금은 황색표가 붙은 이름에 낙점하는 것으로 결재권을 행사했다. 말이 국왕의 친재親裁이지 그야말로 허수아비나 다름없었다. 그것이 수양대군의 눈에는 왕권 농단으로 보이는 것도 그럴 만했다.

특지特旨라는 제도도 악용됐다. 왕이 관직을 제수할 때 '특지'라고 쓰면 신하 중 그 누구도 시비를 논할 수 없었다. 세종조에 대간들의 공론을 일부 제한하여 국왕의 인사권을 보장하려는 취지에서 만들어졌다. 김종서, 황보인은 이 제도를 악용했다. 자신들의 친인척이나 측근들을 발탁하는 수단으로 활용한 것이었다. 예컨대 황보인은 자신의 아들을 1년 동안 다섯 품계나 승진시키면서 '특지'를 앞세웠다. 이 문제에 대한 당시의 기록이 있다.

"정승들이 아들, 사위에게 벼슬을 제수하면서 물의를 일으킬 것이 두려워 특지라고 써서 대간들의 논쟁을 사전에 봉쇄하려 했다."

단종이 즉위한 뒤 그는 왕족 대표 두 사람에게 자신을 보필해 주도록 부탁했다. 수양대군과 금성대군이었다. 때문에 신료들의 눈에 비친 수양

　　　　　　　　　　　1인자를 만든 참모들

의 위세는 대단했다. 견제할 필요가 있었다. 왕의 숙부에게 큰 힘이 있어

좋을 이유가 없기 때문이었다. 대간들은 왕실 종친들의 손발을 묶는 조

치를 제안했다 분경奔競 금지였다.

분경이란 종친이나 조정 중심들을 찾아다니며 사사로운 일의 처결을

부탁하는 것이다. 일종의 합법적인 청탁 문화라고 할 수도 있지만, 정작

중요한 것은 이 제도가 '사랑방 정치'를 인정하는 데에 있었다. 왕실 종친

이 조정의 공식 직책을 맡아 정치 표면에 나설 수는 없었기에, 그들은 찾

아오는 대소 신료들과 사랑방에서 정사를 논하면서 자신의 의견을 피력

할 수 있었다. 정치 참여의 통로였던 셈이다. 이런 분경을 금지시켰으니

수양대군 등은 정치활동 규제로 받아들일 수밖에 없었다. 국왕이 교지

를 내렸으나, 왕실 종친들은 발끈했다. 의정부를 압박하자 조정도 한발

물러섰다. 대군들에 대한 분경 금지는 없었던 일이 되고 말았다.

수양대군을 만난 한명회는 물고기가 물을 만난 듯 활기차게 움직였다.

수시로 수양을 마난 의논했고, 거사를 대비한 포석을 깔기 시작했다. 그

의 머릿속에는 이미 준비된 액션플랜action plan이 들어 있었다. 그의 계획

은 이방원과 하륜을 철저하게 벤치마킹한 것이었다.

태종 이방원은 항상 물리력을 순식간에 동원해 위기국면을 정면으로

돌파했다. 이른바 '이방원 해법'이다. 정몽주를 죽였고, 정도전을 죽였고,

형제들을 죽였다. 하륜도 조선왕조 창업에 공을 세운 형편이 아니라 찬

밥을 먹고 있던 차에 이방원을 선택해 자신의 경륜을 펼치고자 했다. 이

방원의 장인인 민제를 찾아가 이방원과 만나게 해줄 것을 부탁했다. 하

륜은 이방원의 브레인이 되었다. 누구와 흡사하지 않은가. 그렇다. 출사하

지 못하고 어영부영하던 한명회가 친구를 통해 수양대군을 만난 것부터

하륜의 인생경영을 그대로 모방한 것이었다. 왕자이긴 했으나 미래가 그

리 밝지 않은 대군에게 자신의 인생을 의탁했다는 것도 같다.

하륜은 이방원을 도와 사병을 혁파하고 왕권강화에 앞장섰다. 의정부 권한이 대폭 축소되고 행정실무가 6조로 이관되는 6조 직계체제를 도입했다. 정승이 장악하고 있던 인사권을 이조와 병조로 이관했다. 의정부를 거치지 않고 왕이 직접 6조를 관할했다. 왕권이 신권을 압도했다. 인생경영부터 하륜을 좇은 한명회는 하륜의 왕권중심주의도 당연히 수용했다. 하륜의 관점에서 정도전이 왕권을 우롱하는 자이듯이, 한명회의 관점에서는 김종서가 그랬다. 그것이 그들의 시국인식이요, 행동의 명분이었다.

수양대군·한명회·권남 vs 안평대군·김종서·혜빈 양씨

정도전과 한창 대립하던 시절에도 먼저 선수의 묘를 살리라고 권한 것은 하륜이었다. 하륜의 조언에 따랐기에 이방원은 대세를 장악할 수 있었다. 세자책봉에서 밀려나고, 세력도 없던 대군을 왕위에 올린 하륜이야말로 한명회에겐 꿈에도 그리던 최고의 참모상이었다.

벤치마킹을 해보니, 문제는 물리력이었다. 사사로이 움직일 수 있는 병사가 있어야 이방원 해법을 성사시킬 수 있었다. 이방원에게는 관례에 따라 인정되던 사병이 있었으나, 창업 60년이 지난 지금에는 관병만 있을 뿐 사병이 있을 수 없었다. 있다면 안평대군이 무계정사에 무술 하는 장정들을 모아놓고 있는 것이 고작이었다. 허나 그것도 개인 호위병 수준이지 사병이라고 하기에는 무리가 있었다.

한명회는 무장력 준비에 나섰다. 홍윤성, 양정, 홍달손 등을 중심으로 30여 명의 무사들을 은밀히 모았다. 소수의 정예사병을 만들기 시작한

1인자를 만든 참모들

것이다. 사병의 일부를 관군으로 들여보냈고, 관군의 요직 인사들을 포섭했다. 다음으로 정보네트워크를 가동했다. 조정의 돌아가는 사정을 가장 정확하게 파악하고 있는 것은 내시들이었다. 세종에게 총애를 받던 내시 엄자치와 전균을 포섭했다. 내명부 상궁들도 끌어들었다.

수양대군-한명회-권남의 매치업match up은 안평대군-김종서-혜빈 양씨였다. 안평대군 쪽이 훨씬 강했다. 조정을 장악한 김종서는 그렇다손 치더라도 단종의 곁을 지키고 있는 혜빈 양씨의 존재는 저울추를 더욱 한쪽으로 기울게 하는 요인이었다. 한명회로서는 좌시할 수 없는 일이었다.

물꼬는 터주어야 하고, 물길을 열어주어야 한다. 흐르는 물을 인위적으로 막으면 둑을 허물고 넘치기 마련이다. 김종서나 한명회는 각기 다른 사안이었지만 물꼬를 어디로 낼 것인지 고민했다. 김종서는 왕실 종친의 목소리를 원천봉쇄하는 것이 어렵다고 판단했다. 이미 분경 금지 시도가 하루아침에 백지화될 만큼 왕실의 반발은 무시 못 할 수준이었다. 명분과 제도를 앞세워 누르기만 하다 보면 자칫 그들의 반사적 행동을 자극할 우려가 있었다. 왕실의 강경파가 만에 하나 실력 행사할 명분도 없애고, 종친세력의 이간을 부추길 수 있는 효과도 노릴 수 있는 일이 필요했다. 때문에 물꼬를 터줄 필요가 있었다. 김종서는 안평대군을 선택했다. 이방원과 흡사한 수양대군을 선택하기에는 개국 초기의 참혹한 피비린내가 못내 두려웠다.

김종서는 안평대군에게 이런 편지를 보냈다. 시후 조작이라는 주장도 있지만, 김종서가 정국을 관장하는 노회한 정치가란 사실을 고려하면 그렇게만 볼 일은 아닌 듯하다.

큰 하늘이 본시 적요하니

현묘한 조화를 누구에게 물으랴

사람의 일이 진실로 어그러지지 아니하고

비 오고 볕 나는 것이 이를 좇음으로 말미암으니

바람을 따라 도리桃李에 부딪치면

작작하게 화신을 재촉하고

축축이 적시는 것이 보리밭에 미치면

모든 땅이 고루 윤택해지리라

　　김종서는 안평을 종친의 대표로 설정하여 그에게 일정한 정치적 역할 혹은 더 나아가 섭정을 맡기고자 했을 수도 있다. 김종서는 안평을 통해 왕실이 제한적으로 정치에 참여할 수 있도록 물꼬를 터주는 것이 정국안정에 도움이 된다고 판단했을 것이다. 안평으로서는 불감청이언정 고소원이었다. 일종의 연합이 성립됐다. 그러나 배제된 수양대군으로서는 기분이 상할 수밖에 없었다. 가장 원초적 감정이 기분이다. 기분은 판단을 선제하고, 행동을 재촉한다. 수양의 발걸음이 빨라지기 시작했다.

　　한명회도 다른 사건에서 물꼬를 터주는 수법을 사용했다. 혜빈 양씨를 단종 곁에서 떼어놓기 위해서였다. 혜빈 양씨를 견제하기 위해 그는 귀인 홍씨를 활용했다. 귀인 홍씨는 문종의 후궁인데, 그녀를 빈으로 승차시켜 혜빈과 맞서게 하자는 계책이었다. 중전도 없고, 대비도 없는 상황이라 내명부의 기강이 해이해져 있었기에 명분은 충분했다. 혜빈은 전전 임금인 세종의 후궁이라는 태생적 한계가 있었다. 홍귀인은 숙빈으로 봉해졌다. 숙빈은 문종의 국상이 끝나면 궐 밖으로 나가 살아야 할 처지에 있던 터라 수양에게 충성을 맹세했다. 행색은 볼품없고 언뜻 봐서는 베돌이가 틀림없는데, 과연 한명회는 꾀보智囊였다.

1452년 9월, 한명회의 꾀에 한 대 얻어맞은 김종서는 사직의 카드를 뽑아들었다. 김종서가 누구인가. 세종의 총애를 한 몸에 받았고, 황희 정승이 후일을 위해 혹독하게 훈련시킨 바 있었다. 출장입상出將入相이라고 하던가. 문자 그대로 김종서는 나가서는 장군이요, 들어와서는 재상이었다. 그는 명실공히 단종체제를 떠받치는 대들보였다. 그건 자타가 공인하는 사실이었기에 조정은 온통 술렁거렸다. 익히 예상되기는 했지만 단종은 불허했다.

김종서의 사직 카드는 국왕의 신임과 자신의 위상을 내외에 과시하는 메시지를 던지려는 것이었다. 실제로 그 의도는 성공했다. 수양도 김종서의 사직을 만류하는 제스처를 취할 수밖에 없었다. 김종서는 자신의 공고한 입지를 드러냄으로써 수양의 경거망동을 견제했다. 이처럼 양측 간에는 살얼음판의 일진일퇴가 거듭되고 있었다.

수양이 다시 일진一進의 수를 찾아냈다. 그 계기는 김종서가 제공했다. 김종서의 사직원에는 중요한 사실이 하나 기재되어 있었다. 사직의 이유로 임금이 바뀌었으니 명나라에 사은을 가야 하는데, 나이가 많아 못 간다는 점을 들었다. 수양은 이 사실을 재빠르게 포착했다. 고명 사은사를 자청했다. 이미 태종 이방원이 과거에 그랬듯이, 고명 사은사로 명나라를 다녀오는 것은 정치적 이득이 자못 컸다. 밖으로는 명나라에 기반을 다지고, 안으로는 명성을 드높일 수 있는 최고의 이벤트였다.

다만, 석 달 동안이나 도성을 비워야 한다는 허점이 있었다. 수양이 자리를 비운 사이 안평이 섭정의 자리에 오를 수 있는 위험이었다. 여기서 다시 한명회의 번뜩이는 기지가 묘수를 찾아냈다. 그는 수양의 수행원을 거명하면서 신숙주를 서장관으로, 종사관으로 김승규와 황보석을 추천했다. 신숙주는 안평대군과 가까운 사이였으나 외국어에 능통한 외교통이었기에 누가 봐도 적임자였다. 특히 신진 엘리트의 리더 중 하나인 그를 사은사로 동행하면서 끌어안을 수 있는 기회를 만드는 의미도 있었다. 여기까지는 조금만 생각하면 떠올릴 수 있는 아이디어였다. 그런데 왜 묘수일까? 핵심은 김승규와 황보석에게 있었다. 이들은 각각 김종서와 황보인의 자제들이었다. 한명회의 구상은 김종서와 황보인이 딴 짓을 하지 못하도록 그들의 자식들을 인질로 데리고 가겠다는 뜻이었다.

세계는 오직 극단적인 것을 통해서만 가치를 지닌다

수양이 사은사로 결정됐다. 헌데 수양이 부사로 임명한 병조판서 민신이 병을 핑계로 사양하고 나섰다. 대신 우참찬 허후를 지명했으나, 그마저도 거부했다. 수양으로로선 자존심은 고사하고 정치적 데미지가 걱정이었다. 수양은 어렵게 부사를 이조판서 이사철로 정했다. 하지만 민신을 그냥 두는 것은 체면이 안서는 일이었다. 응징해야 할 때 어물어물 물러서면 권위는 금방 무너져버린다.

다시 한명회가 아이디어를 냈다. 돌 하나만 치우더라도 물꼬가 트이기 마련이다. 먼저 사은사를 핑계로 이사철을 이판에서 빼어 한직으로 옮기도록 한다. 그러면 자연스레 이판 자리가 빌 것이고, 여기에 민신을 앉힌다. 이조가 서열에서 앞서니 민신이 거부할 이유가 없었다. 마지막으로 민신이 떠난 병판 자리에 김종서나 황보인 측근이 아닌 사람을 배치한다. 한명회의 아이디어는 물 흐르듯 부드러웠으나 거기에는 매서운 노림수가 있었다.

한명회는 병조판서를 정인지를 천거했다. 정인지는 김종서에 비해 대

 1인자를 만든 참모들

여섯 살 밖에 차이 나지 않았는데, 그로부터 어린애 취급을 받아 감정이 불편했다. 또 김종서 등이 단종의 거처를 새로 마련한다는 명분으로 창덕궁 중수 공사를 일으킬 때 백성의 폐해가 크다며 중지할 것을 주장하여 그들과 대립한 적도 있었다. 게다가 경력도 충분하기에 누가 봐도 적임자였다. 김종서로부터 병권을 빼앗는 실리도 얻고, 수양의 체면도 살리는 방안이었다. 10월에 거행된 인사는 한명회의 구도대로 실현됐고, 수양은 명나라로 떠났다. 김종서와 황보인도 어쩔 수 없이 자식들을 수양에게 딸려 보내야 했다.

그러나 묵은 생강이 맵다고 하지 않는가. 김종서, 황보인도 그리 녹록한 사람들은 아니었다. 수양이 사신으로 떠난 사이 병판을 교체해 버렸다. 김종서는 우의정에서 좌의정으로 승진했다. 한명회의 구도를 일거에 뒤집어버린 것이었다. 1453년 2월 수양대군이 귀경했다. 성공적인 사행이었다. 신숙주의 마음을 얻었고, 명나라 조정에 그 이름을 남겼다.

사은사로 정치적 위상을 과시한 터라 수양은 조정의 힘을 꺾을 필요를 느꼈다. 자신이 자리를 비운 사이 인사를 뒤집어놓은 그들이 괘씸했을 것이고, 왕실을 강하게 할 필요성도 절감했다. 돌아오자마자 수양은 국상임에도 불구하고 중전간택을 주장했다. 조정은 반발했고, 그에 따라 단종도 불허했다. 왕실의 모든 종친이 뜻을 모아 다시 주청했는데도 결과는 마찬가지였다. 수양의 패배였다. 왕의 있으되 실권을 행사하지 못하는 꼴을 더 이상 두고 볼 수 없다는 결의만 굳어져 갔다.

마침내 10월 정변이 시작되었다. 정변 당일의 순간순간이야 급박했겠지만, 크게 보면 계유정난의 플롯plot은 사실 간단했다. 수양이 직접 김종서의 집으로 찾아가 면대하는 사이 수하들이 그를 철퇴로 내리쳤다. 1390년생 호랑이 김종서는 64세의 일기로 세상을 떴다. 홍달손이 궁궐의 감순을 맡은 날이라 8대문을 봉쇄했다. 궐 밖 영양위 정종의 집에 가 있는 단종을 감금한 뒤, 황보인 등을 불러들여 척살했다. 관군이 동원될 틈을 주지 않도록 최대한 신속하게 진행했다. 그러고 나서 왕명을 빌어 군사들을 동원, 정적들은 모조리 처단했다. 피의 숙청이었다. 일개 경덕 궁지기 한명회가 작성한 살생부에 따라 조정 대소 신료의 생과 사가 결정되었다. 안평도 사약을 받고 죽은지라, 성삼문은 이래저래 피눈물을 흘려야 했다.

폴 발레리는 "세계는 오직 극단적인 것을 통해서만 가치를 지닌다"고 했다. 한명회는 극단적인 행동으로 자신의 가치인 왕권수호를 실현하고 자 했다. 그 결과 반대편에 서 있던 김종서는 그들의 의해 한 순간에 역적 으로 낙인찍혔다. "역사는 너무 서둘러서 공평하지 못하게 오직 성공 쪽 에만 봉사한다"는 츠바이크의 독설이 생각난다.

수양대군은 정권을 장악하고 영의정에 올랐다. 다음 수순은 뻔한 것이 었다. 이미 정도전과 하륜이 선례를 보여주지 않았는가. 어차피 호랑이를 타고 달리는 기세였다. 대군이 정권을 장악하는 것으로 종결될 성질의 것이 아니었다. 당연히 단종의 선위와 수양의 등극으로 이어질 수밖에 없었다.

계유정난 후 한명회는 1등 공신에 책봉됐다. 하지만 자청하여 군기녹 사를 거쳐 사복시 소윤의 벼슬에 머문 것은 확실히 의외였다. 녹사는 종 6품의 임시직이었다. 사복소윤 자리는 말과 목장의 일을 살펴보는 종4품 이었다. 품계는 둘째 치고 속된 말로 말똥이나 치우는 자리였다. 왜 그랬 을까. 한명회에게 계유정난은 끝이 아니었다. 계유정난은 단지 수양이 왕 위에 올라야만 마무리되는 프로세스의 단지 일부일 뿐이었다. 때문에 공 직이 사무에 시간을 빼앗기지 않고, 적당한 거리에서 사태를 조망하는

　　　　　　　　　　　　　　　　　1인자를 만든 참모들

스탠스를 잃지 않으려고 한 것이었다. 그만큼 그는 용의주도했다. 다른 측면으로는 자승지벽自勝之癖의 역표출일 수 있고, 자리를 탐하지 않는 모습을 통해 수양의 신임을 높이려고 했을 수도 있다.

무리한 정변이기에 반발이 따르지 않을 수 없었다. 김종서가 총애하던 오른팔 이징옥이 난을 일으켰다. 함경도 도절제사 이징옥을 제거하기 위해 김종서의 주살 사실을 숨기고 박호문을 대신 도절제사로 보내면서 이징옥을 도성으로 불러들이려고 했다. 그러나 낌새를 눈치챈 이징옥이 박호문을 죽이고, 군사를 이끌고 도성으로 진격했다. 김종서가 북방을 개척할 당시 동고동락했던 군대라 한 차례의 홍역은 불가피했다. 그런데 이징옥이 갑자기 이상한 방향으로 흘렀다. 부하들의 꾀에 빠져 대금국 황제를 칭하고, 두만강 너머로 북진하고자 했다. 그러다 허무하게 부하들에게 목이 잘리고 말았다.

미스터리다. 김종서의 복수를 외치며 거병한 인물이 전혀 엉뚱한 길로 새어 버린 것은 도대체 이해하기 어렵다. 한명회의 계책이 드러나지 않게 움직인 것은 아닐는지. 남진하던 이징옥을 엉뚱한 길로 인도한 것은 종성 판관 정종이었다. 일차로 시치미 뚝 떼고 이징옥을 불러들이는 계책이나, 이차로 도성으로 향하는 길목 종성을 지키던 정종이 반란군의 말머리를 북쪽으로 향하게 한 것은 계책에 밝은 자가 아니면 생각해 내기가 쉽지 않다. 따라서 한명회가 이런 계책을 펼친 것으로 추론해 볼 수도 있겠다.

문신의 우유부단 때문에 실패한 반反수양 진영의 반격

어쨌든 생각보다 쉽게 고비를 넘긴 한명회는 단종 고립화에 착수했다. 단종 곁을 지키는 혜빈 양씨를 궐 밖으로 내쳤다. 당시의 풍속은 왕이 세상을 뜨면 망자의 성은을 입은 여인들은 궐 밖으로 나가서 머리를 깎고 중이 되는 것이었다. 이를 빌미로 혜빈을 정업원이란 승방으로 내보내 단종을 격리시켰다. 고립무원의 단종에게는 숙빈을 통해 단종이 양위하려고 한다는 항간의 소문을 전달함으로써 단종이 자발적으로 선위禪位할 것을 유도해 나갔다.

물론 장애가 없던 것은 아니었다. 집현전과 금성대군이 완강하게 버텼다. 집현전의 정치 엘리트들은 단종을 겹겹이 둘러싸고 수양의 역할을 견제했다. 성삼문 등은 내시인 엄자치와 전균에게 군호를 내린 것은 부당하다는 상소를 올렸고, 수양의 중전 간택에 대해서도 제동을 걸었다. 이에 한명회는 개각을 건의했다. 신숙주, 홍달손, 권남, 양정 등을 주요 요직에 발탁함으로써 집현전 출신 엘리트들을 견제하도록 했다. 또 수양은 정인지와 사돈을 맺는 등 집현전 세력에 대한 포섭에 나섰다.

금성대군은 혜빈 양씨와 결탁하여 일부 종친세력과 거사를 도모했다. 한명회는 이들의 거사 움직임을 예의 주시했다. 타초경사의 우를 범하지 않으려고 했다. 그러나 엉뚱한 데서 거사 계획이 탄로 나 발본색원하려던 한명회의 뜻은 무산되고 말았다. 대신 단종을 겁박하는 카드로 활용했다. 한명회는 금성을 지켜보면서 2년을 더 기다렸다. 마침내 수양이 왕위에 오른 뒤인 1457년 9월 금성의 모반을 끌어내 저항세력을 일망타진했다. 과연 냉혹한 책략가의 전형이라 할 만하다.

이제 세팅은 끝났다. 남은 것은 수양의 결단을 촉구하는 일이었다. 한명회는 계유정난 공신 43명을 결집시켜 놓고 수양을 압박했다. 수양의 사돈 한확을 앞세워 설득하기도 했다. 단종의 자발적 선위도 획책했다. 금성대준의 죄를 논하면서 극형을 주장하여 단종이 양위를 조건으로 처벌 완화를 요구할 수밖에 없도록 몰아갔다. 금성은 유배를 떠났고, 단종

   1인자를 만든 참모들

은 물러났다. 1455년 마침내 수양은 왕위에 올랐다. 1456년 6월 세조 1년, 또 한 편의 드라마가 펼쳐졌다. 집현전 강경파의 마지막 시도였다. 명나라 사신이 오자 세조는 대소신료들과 더불어 연회를 베풀기로 했다. 연회는 창덕궁 광연전에서 열릴 예정이었다. 왕과 세자, 그리고 상왕으로 물러나 있던 단종도 참석하게 되어 있었다. 이런 외교행사에는 임금을 호위하는 별운검을 세우는 것이 관례였다. 별운검으로는 성삼문의 아버지 성승, 활 솜씨가 뛰어난 무장 유응부 등이 선정되었다. 하늘이 준 기회였다. 성삼 문 등은 그들 나름대로의 쿠데타 계획을 세웠다. 연회장에서 세조 부자 와 한명회 등을 처단하고 단종을 복위시키기로 모의한 것이었다.

무더운 날이었다. 한명회는 왠지 모르게 불안한 느낌이 들었다. 섬뜩한 예감이 목덜미를 타고 올라와 뇌리를 찰나지간에 스치고 지나갔다. 일련 의 사태를 주관하는 자만이 느낄 수 있는 동물적 육감이었다. 뭔가 느낌 이 안 좋을 때는 무심코 넘기기보다 매사를 다시 한 번 짚어보는 것이 필 요하다. 특히 예정된 형식과 배열을 약간 바꿔놓는 것이 좋다. 사실 그게 유일한 대응이다.

한명회는 일찍 입궐하여 세조를 배알했다. 그 자리에서 세자가 연회에 참석하지 않는 것이 좋겠다고 진언했다. 연회장이 좁고, 지존과 세자가 한꺼번에 같은 자리에 앉는 것이 금기라는 논리였다. 세조는 마지못해 세자가 경복궁에 남아 있도록 허락했다. 그래도 마음이 놓이지 않았을 까. 한명회는 행사의 주관을 자신의 책임으로 해달라고 해서 어렵게 윤 허를 얻어냈다. 본시 외교행사는 예조의 소관이었으나, 그는 돌발사태에 대한 순발력 있는 대처가 중요하다는 것을 이유로 내세웠다.

한명회는 대의를 품고 연회장에 입장하려는 3명의 별운검을 제지했다. 광연전이 협소하다는 이유였다. 당시에는 본인도 몰랐지만 한명회는 세조를 구한 것이었다. 마치 하륜이 이성계로부터 이방원의 목숨을 구했듯이, 그도 수양의 목숨을 구해냈다. 좋아하다 보면 인생도 닮는 모양이다.

막비천운莫非天運! 이성계가 이방원을 죽이려다 실패하고 뱉은 말이다. "하늘이 정한 운수는 어쩔 수 없구나." 함흥차사의 고사를 만들며 완강하게 이방원의 정통성을 거부하던 이성계는 무학대사의 설득으로 궁궐을 돌아오고 있었다. 태종 이방원은 '얼싸 좋다'며 마중 나갔다. 아무리 생각해도 수상쩍은 하륜은 행사장의 천막 기둥으로 아름드리 굵은 나무를 사용하게 했다. 아니라 다를까 이성계가 이방원을 보고 화살을 날리자 이방원은 기둥 뒤에 숨어 화를 면했다. 그것이 이성계에게는 하늘이 정한 운명으로 받아들여졌다.

막비천수莫非天壽! 역시 이성계가 이방원을 죽이지 못하고 혼자 한 말이다. "하늘이 정한 수명 또한 어쩔 수가 없구나." 화살로 이방원을 죽이지 못한 이성계는 이방원이 술을 따르는 기회에 철퇴를 내리치려고 했다. 하지만 하륜이 다시 낌새를 챘다. 임금이 직접 잔을 올리는 것은 예법에 어긋난다며 술을 따르기만 하고 올리는 것은 내관이 대신하도록 했다. 이방원이 가까이 오지 않자 소매 속에 있던 철퇴를 꺼내며 한탄할 수밖에 없었다.

근접 자체가 봉쇄당하자, 일부는 계획대로 연회장을 쳐들어가 일을 결판 지으려 했다. 성삼문이 만류했다. "운검을 들이지 말라는 것은 하늘의 뜻이다. 만약 일을 일으킨다 하더라도 세자가 경복궁에서 군사를 일으킨다면 성패를 알 수 없으니, 다른 날 왕과 세자가 함께 있을 때 하느니만 못 하다."

이에 유응부가 다시 반박했다.

"군사 행동은 신속함을 귀하게 여기는데, 다른 날을 기약한다면 일은

1인자를 만든 참모들

반드시 누설될 것이다. 세자가 본궁에 있다 해도 모신적자가 모두 여기에 모여 있다. 오늘 이 무리들을 모두 베어 죽이고, 상왕의 호령을 회복하여 무사로 하여금 한 부대의 군병을 이끌고 경복궁으로 들어가게 한다면 세자가 어디로 달아나겠는가."

백 번 생각해도 유응부의 말이 옳다. 계획대로 한치의 빈틈도 없이 진행되는 거사란 애당초 불가능하다. 인간이 하는 일에 100% 계획대로 진행되는 일은 없다. 임기臨機에는 응변應辯이 불가피하다. 일단 시작하고 나면 현장에 몸을 던지고 있는 자의 통찰과 판단에 따라야 한다. 무신이기에 유응부는 이런 인식을 할 수 있었을 것이다. 헤밍웨이가 "가능한 결과들을 무시하는 능력"이라고 정의한 것이 용기다. 모사에는 이것저것 따지는 예지가, 행동에는 과감하게 저지르는 용기가 핵심이다. 하지만 대개 논리에 길들여지고, 합리에 익숙해진 학자들은 용기가 부족하기 마련이다. 박팽년 등이 성삼문의 입장에 서자 거사는 유보되었다.

하지만 유응부가 예측한 그대로 정보가 샜다. 거사 모의에 동참하고 있던 김질이 그의 장인인 정창손에게 누설하고 말았다. 정창손은 자신의 조카딸이 문종의 후궁이었으나 단종보다는 일신의 안위가 급했다. 세조에게 고변했다. 체포된 성삼문, 이색의 손자 이개 등 6명은 목숨을 걸고 세조를 규탄했다. 사육신의 절개는 이렇게 탄생했다. 성삼문은 친구 신숙주를 질타하며, 동무 안평대군의 뒤를 따랐다.

북소리는 둥둥 목숨을 재촉하는데
서풍에 해는 뉘엿뉘엿 지려고 하네
황천에 주막 집 하나 없다 하니
오늘 저녁엔 뉘 집에서 잘꼬

차라리 허허로운 낭만이 느껴지는 성삼문의 절명시다. 국문장에서 유응부는 성삼문 등을 돌아보며 말했다.

"서생들과는 아무 일도 도모하지 못한다고 하더니 과연 그 말이 맞았도다. 지난번 내가 칼을 쓰려고 할 적에 너희들이 굳이 말렸기 때문에 일이 이 지경이 되었다."

성삼문, 박팽년 등은 정계에서 너무 곱게, 그리고 정상적으로 자랐다. 절의는 높고 기개는 당찼으나, 난세를 평정할 재능은 없었다. 치세에는 매끄러워야 하고, 난세에는 거칠어야 한다. 그런데 그들은 거칠지 못했다. 하지만 그렇게 허무하게 죽은들 어떠랴. 청사에 그 고결한 이름을 드높이 날리고 있지 않은가.

권력을 탐한 모사꾼, 안민치세의 경세가

꼭 그럴 수밖에 없었을까. 한명회의 계유정난, 단종폐위가 인정을 받으려면 그만한 이유가 있어야 한다. 그들이 내건 명분은 신권에 농락당하는 왕권의 수호였다. 과연 이씨 왕조가 누란의 위기에 처했는지 여부를 판단하는 문제는 관점에 따라 다를 수 있다. 대개 역사적 사건이나 인물에 대한 일차적 판단은 사실의 문제이기보다 가치의 문제다. 고려왕조의 무신정권이나 조선왕조의 세도정치를 떠올리면 왕권 능멸이란 왕실의 논리가 이해되는 측면도 있다. 반대로 김종서나 황보인이 딴 마음을 품지 않았기에 권력에 눈 먼 왕위찬탈에 불과하다는 논리도 수긍이 된다.

주공이 있다. 주공周公은 주 왕조를 세운 문왕의 아들이며 무왕의 동생이다. 그는 무왕을 도와 은나라를 멸하였고, 무왕의 아들 성왕을 도와 주 왕조의 기초를 확립했다. 무왕이 죽은 뒤, 나이 어린 성왕이 제위에

 1인자를 만든 참모들

오르자 섭정攝政이 되어 7년 동안 나라를 다스렸다. 그는 당시 은나라 잔존 세력과 자신의 동생 등이 결탁해 반란을 일으키자 3년에 걸쳐 진압했다. 황숙으로서 보위를 넘보지 않고 오직 나라를 안정시키는 데 기여했기에 공자로부터 성인으로 추앙받았다.

이런 점에서 보면, 수양이나 한명회는 주공의 길을 선택했더라도 왕권 강화라는 목표를 달성할 수 있었을 것이다. 하지만 그들은 그 길을 선택하지 않았다. 형제를 죽인 당 태종, 조카에게 왕위를 빼앗은 명나라 영락제의 길을 선택했다.

아쉬운 대목이 아닐 수 없다. 하지만 그들의 역사도 하나의 선택인 만큼 그것대로 평가할 일이다. 승자를 추종하는 것이나 배척하는 것은 둘 다 비겁한 자세다. 저울의 눈금은 결코 금과 납을 차별하지 않는다. 그들의 선택에 대해 옳고 그르냐만 논할 게 아니라 그들이 내건 명분대로 실천했는지도 함께 따져야 한다. 한명회가 권력을 탐한 모사꾼이었는지, 안민치세를 경영한 경세가였는지 평가하는 것도 마찬가지다.

사육신의 거사 실패로 정국의 불안요소는 어느 정도 해소되었다. 단종은 노산군으로 강등되어 영월에 유배됐다가 1457년 10월 사사되었다. 이제 남은 것은 국정운영을 통해 민심을 안정시키는 것이었다. 당시는 세종의 태평성대로 인해 백성들이 경제적으로 곤고하지 않았다. 하지만 정변의 탓으로 민심은 어지러웠다.

한명회가 가장 공을 들인 것은 민심안정이었다. 병조판서로서 황해, 평안, 함길, 강원 네 도의 도체찰사를 겸하여 민정을 살폈다. 백성들이 고통받거나 억울한 일이 있으면 그 즉시 지방 수령에게 명하여 이를 해소시켜 주기도 했고, 조금이라도 비행을 저지르거나 근무를 태만히 하는 관리가 있으면 가차 없이 징치했다. 좌의정에 오른 뒤에도 경상도 등 삼남

지방의 민정을 친히 살폈다.

한명회는 북벌에도 참여했다. 한동안 잠잠하던 북방의 야인족들이 준동했다. 인족들이 종성, 부령, 경성鏡城 등지에서 백성들을 노략질하는 것이 날로 심해졌다. 변방을 지키던 이징옥이 난을 일으킨 후 방비가 허술해진 탓이었다. 세조는 단호하게 대응했다. 신숙주를 도원수로 삼아 야인정벌에 나섰다. 이른바 경진북벌이다. 이때 한명회는 평안도에서 북벌을 지원했다.

한명회는 『경국대전』을 완성하는 데에도 힘을 보탰다. 태조 때부터 시작된 중앙집권화의 법적 정비, 법치의 기틀이 비로소 최종 마무리된 것이었다. 한명회는 학문을 진흥시키기 위한 방안을 제시하고, 서적이 부족한 성균관의 장서 확충을 위해 경사를 많이 인쇄하고, 각을 세워 보존하도록 했다. 이에 국가재정이 부족하자 사비를 털어 간행비를 충당하여 사림의 칭송을 얻었다.

한명회는 왕권강화라는 자신의 철학에 충실했다. 그는 소신대로 왕권강화에 앞장섰다. 세조가 의정부 서사제를 폐지하고 6조 직계제를 도입하도록 했다. 그들의 목표가 왕권강화였으니 당연한 수순이었다. 역시 왕권강화를 위해 집현전과 경연제도를 폐지했고, 대간들의 권한을 대폭 축소했다. 세종조에 꽃피웠으나, 유약한 임금 하에서는 왕권을 제약하는 제도가 된 데 따른 대응조치였다. 대신 승정원의 기능을 대폭 확대했다.

한명회가 행한 역할 중에서 가장 큰 것은 아무래도 정국 운영이었다. 세조 치세에는 그의 참모로서 국정운영 전반에 조언했고, 민심 안정을 통해 세조정권의 연착륙soft landing을 꾀했다. 세조 말에는 원상院相으로서 국왕을 대리하여 국정을 총괄했고, 후계구도를 관리했다. 예종이 세조의 뒤를 이었으나 19살의 나이에 건강이 좋지 못했기에 한명회는 역시

　　　　　　　　　　　　　1인자를 만든 참모들

원상이자 왕의 장인으로서 국사를 도맡아 처리했다. 예종은 재위 14개월 만에 단명했다.

한명회는 재빠르게 세조비 정희 왕후, 그녀의 죽은 장자인 의경세자의 부인 소혜 왕후와 결탁하여 그녀의 둘째 아들을 왕위에 올렸다.

원상이 되었다. 성종이 친정하기 전까지 7년 동안 원상, 영의정 등의 벼슬을 지내며 국정을 무난하게 관리했다. 성종의 태평성대로 가는 길을 닦았던 셈이다. 그는 그 후로도 8년이나 더 재상으로 봉사했다. 한명회는 공신이라는 기반과 혼맥, 그리고 치밀한 두뇌로 국정을 원만하게 관리하는 운영자였던 셈이다.

1487년 11월. 한명회는 73세의 나이로 세상을 떠났다. 망형우 권남도 보내고, 세조도 보내고, 신숙주도 보내고, 두 딸도 보내고, 그리고 그도 갔다. 1504년, 갑자사화 때 윤비 사사賜死 사건에 관련되었다 하여 연산군에 의해 부관참시되었다가 후에 다시 신원되었다.

『조선왕조실록』에는 한명회의 성품은 너그럽고 컸으며, 도량이 침착하여 소절에 구애받지 아니하고 항상 지론을 화평에 두고, 일을 결단할 때는 강령을 들어서 행하였다고 기록하고 있다. 죽은 뒤 그에게 충성이란 시호가 내려졌는데, 충忠은 임금을 섬기어 절개를 다한 것이고, 성成은 임금을 보좌하여 능히 잘 마친 것을 뜻한다.

한 시대를 열심히 살다간 역사인들에게 후세 사람들이 이분법의 도덕만을 고집해 그 업적을 평가하는 데 인색할 필요는 없다. 설사 한명회를 도덕적으로 좋게 보지 않더라도, 한명회가 한 일은 결코 적지 않다. 그는 그 나름대로 소신을 갖고 역사를 기획했고, 왕조를 경영했다. 하지만 과연 그것이 수많은 사람들의 목숨을 해치면서까지 단종을 부정해 놓고, 적통이 아님에도 사위라는 이유로 13살 성종을 보위에 올린 것은 스스로 명분을 짓밟은 행위이다. 결국 한명회는 일면 경세가의 면모를 가졌으나, 불세출의 책사로 보는 것이 합당할 것 같다.

중국의 정치가요 시인인 굴원은 군자는 일생 동안 줄기차게 해야 할 근심終身之憂을 가지고 있어야 하는 것이지, 매일매일 일어나는 작은 일들에 대한 염려—朝之患를 가지고 있어서는 안 된다고 했다. 노년에 수심에 잠긴 얼굴로 뱉은 적막한 탄식은 '종신지우'일까, 아니면 '일조지환'일까.

김종서는 만고충신이요, 성삼문은 대쪽 선비였다. 신숙주는 세조의 위징이었고, 한명회는 불세출의 책사였다. 앞선 시대를 살다간 여러 삶의 다양한 모습들이 설사 서로 모순된다 하더라도 다 소중히 가슴에 품는 것도 좋지 않으랴. 좋은 것은 배우고, 나쁜 것은 경계하면 된다. 어차피 그게 역사 아니던가.

m e n t o r i n g

● 기존 틀에 얽매이지 않는 유연한 사고방식을 가지고 자기 소신을 확립하라.

● 모든 것에는 때가 있다. 때를 기다리며 치밀하게 준비하라.

● 자기와 잘 맞는, 자기의 조언을 받아들일 역량이 있는 보스를 선택해서 섬기라.

● 소탐대실을 경계하라. 바다로 나가기 위해 잠시 거치는 시냇물에서 만족하지 말라.

● 미래를 예측하는 예지와 계획대로 일이 진행되지 않을 때 임기응변으로 대처하는 융통성을 함께 기르라.

•

순욱 & 조조

『삼국지』는 걸출한 참모들이 한바탕 지혜를 겨룬 드라마다. 제갈량이 있고, 주유가 있고, 가후가 있었다. 소설『삼국지』의 주인공은 누가 봐도 제갈공명이다. 그러나 실제 제갈공명은 전세를 뒤집지도, 역사의 물꼬를 바꾸지도 못했다. 명과 실이 일치하지 않는다. 그렇다면『삼국지』에서 대세를 결정한 이는 누군가? 순욱과 가후다. 그중에서도 순욱의 삶은 공명 못지않게 아름답다.

03

『삼국지』 최고의 전략가는 순욱

삼고초려!

조조가 간절히 현사를 찾고 있었다. 태산의 노승이 조조에게 비단 주머니를 하나 주면서 말했다.

"누구든 당신을 지목해 욕을 하는 사람이 있거든, 이 비단 주머니를 열어본 뒤 그를 찾아가십시오."

조조가 허현에 도착했다. 동생 조인이 매일 병사를 거느리고 나가서 도적질을 하며 백성을 괴롭혔다. 사흘이 지나자, 네 대문에 방문榜文이 나붙었다. 그 내용은 이러했다.

"조조가 허현에 이르렀으니, 백성은 재앙을 만났구나."

그 아래에는 이름이 적혀 있었다. '허현 순욱筍彧'. 조조는 이 사실을 알고 화가 치밀었지만 이를 악물고 참았다. 그도 처음에는 곧바로 순욱을 붙잡아오려 했다. 그런데 갑자기 노승의 말이 생각나서 비단 주머니를 열어봤다. 안에는 한 행의 문장이 적혀 있었다.

"허현에 살고 있는 순욱은, 재주가 장자방을 능가하네."

조조는 크게 기뻐하며 조인에게 그를 청해 오라고 명했다. 원래 순욱은 조조가 재주 있는 사람이라는 소문을 듣고 의탁하려는 뜻을 가지고 있었다. 그래서 먼저 넌지시 방문을 한 장 써 붙여 그를 시험해본 것이었다.

순욱은 조인이 자신을 데리러 온 것을 알고 일부러 문을 열지 않았다. 조인이 돌아가 경과를 보고했다. 조조는 친히 나서야 한다는 사실을 깨달았다. 때는 동짓달, 큰 눈이 내렸다. 이를 무릅쓰고 조조가 순욱의 집으로 찾아갔다. 허나 대문에는 자물쇠가 채워져 있었고, 사람이 보이지 않았다.

그다음 날 또 찾아갔다. 집사가 주인은 사냥을 갔다고 했다. 세 번째로 찾아가니 이번에는 순욱이 조상의 묘에 벌초를 하러 갔다고 했다. 조조가 그 묘에까지 예를 갖춰 찾아갔다.

묘지에 도착했다. 스물 몇 살쯤 되어 보이는 한 청년이 한창 『손자병법』을 읽고 있는 모습이 보였다. 조조가 슬며시 그 옆으로 가 섰다. 하지만 순욱은 고개 한 번 들지 않았다. 갑자기 한차례 바람이 불더니, 순욱의 손에 있던 책이 바람에 날려 땅바닥으로 떨어졌다. 조조가 급히 몸을 굽혀 주워 올린 뒤, 공손하게 바치며 말했다.

"순공, 조조가 문안 여쭙니다."

순욱이 말했다.

"저는 보통 백성인데, 선생께서 어찌 문안을 여쭙니까?"

조조가 다시 말했다.

"순공은 자방의 재주와 자아子牙의 지모를 갖추고 있으니, 제가 함께 대사를 도모하려고 모시러 왔습니다."

"당신은 제가 당신을 욕하는 것이 두렵지 않습니까?"

조조가 웃음을 띠며 말했다.

"욕하는 데에 일리가 있다면 많이 욕할수록 좋지요."

    1인자를 만든 참모들

순욱은 사양을 하며 발이 아파서 걸을 수가 없다고 했다. 조조가 곧장 앞으로 가서 순욱을 부축해 말에 오르게 했다. 이때부터 순욱은 조조의 모사가 되어 수많은 책략을 내놓았다.

정사正史에는 나오지 않는 이야기다. 민간에 전승되는 설화 중 하나다. 유비와 제갈량의 삼고초려에 비해 전혀 손색이 없다. 오히려 더 멋있다. 이 이야기는 조조(155~220)와 순욱(163~212)의 관계가 유비와 공명의 그것에 비견된다는 것을 말하고 있다. 좋은 참모를 만나려는 조조의 노력 또한 유비를 능가한다. 보스가 될지도 모를 사람을 감히 시험하는 순욱의 배짱도 제갈량을 넘어선다. 이 이야기에서 순욱은 장량(자방)과 강태공(자아)을 합쳐놓은 인물로 묘사돼 있다. 장량이나 강태공은 참모의 시조始祖 격인 사람들이다. 한 나라를 건설한 불세출의 참모들로 한 시대를 풍미한 일세지웅一世之雄이었다. 이 이야기는 순욱이 그런 인물이라는 메시지를 담고 있다.

『삼국지』 하면 떠오르는 이름은 제갈공명(181~234)이다. 적벽대전에서 그려지듯, 공명은 거의 하늘이 내린 신인神人이다. 그는 문자 그대로 호풍환우呼風喚雨, 신출귀몰한 계책으로 유비(161~223)를 도운 명참모다. 하지만 공명은 어쨌든 패자敗者다. 천하를 움켜쥐기에는 역량이 턱없이 모자란 유비를 선택했기에 지감知鑑에도 문제가 있다. 어떤 측면에서도 급이 안 되는 유비를 왕으로 옹립해 시도한 천하삼분지계天下三分之計도 사실 무리였다. 변방 오지에 나라를 세운들 뭘 어떻게 할 수 있었으랴. 결국 유비를 앞세운 천하 통일은 처음부터 억지공사, 초무시리였다. 잘되지 아니할 것을 억지로 하는 일이 억지공사다. 처음부터 이치에 맞지 않는다는 뜻으로 애당초 그럴 수가 없음을 이르는 말이 초무시리初無是理다.

승자만 대우하는 것은 분명 잘못이다. 승자만 역사를 만든 것은 아니다. 패자도 그에 못지않게 역사를 만든 원동력이었다. 그러나 승자에게 인색하고, 패자에게 너그러운 시각은 옳지 않다. 패자라고 홀대하지 말아야 하듯이, 승자라고 괜히 미워해서는 안 된다. 승자와 주류에 대한 대접은 정당해야 한다. 『삼국지』에서 승자는 누가 뭐래도 조조다. 누가 조조를 최후의 승자로 만들었나?

순욱은 조조로부터 '나의 자방이다'라는 소리를 들었다. 참모에게 장자방이란 소리만큼 영광된 것이 또 있으랴. 순욱의 사촌형 순유荀攸(157~214)도 조조의 군사軍師였다. 조조는 그에 대해 "내가 그와 더불어 일을 계획하면 천하에 무슨 근심이 있으리오!"라고 했다. 가후賈詡(147~223)는 『삼국지』의 시작에서부터 끝까지 출연하는 천재 전략가였다. 주군을 자주 바꿔 지조가 없다는 소리를 듣긴 하지만, 역량이 탁월했던 것만큼은 사실이다. 그러나 어쨌든 주군이 여러 명이었다는 것이 흠은 아니더라도 자랑도 아니다. 가후를 평가할 때 거슬리는 점이다.

순욱과 순유, 그리고 가후가 조조의 막하에서 가장 탁월했다. 정사 『삼국지』의 저자 진수陳壽도 이들을 한데 묶어 이렇게 평했다.

"순욱은 인품이 청아하고, 수려하며, 학식이 통달하고 아정雅正하여 왕을 보필할 수 있는 풍모를 지니고 있었다. 그는 기민하게 헤아리고 먼저 식별하는 능력은 있었으나, 그의 뜻을 충분히 살리지는 못했다. 순유와 가후는 거의 잘못된 계획을 세우는 적이 없었다. 이 두 사람은 권모에 빈틈이 없었고, 변화에 따르는 융통성이 있었다. 장량과 진평陳平에 버금간다고 할 수 있다."

곽가郭嘉(170~207)는 또 누구인가. 조조가 참모들에게 책사를 추천해달라고 했다. 이에 순욱이 곽가를 추천했다. 조조는 곽가를 높이 평가했다. "나로 하여금 큰일을 이룰 수 있게 할 사람은 바로 이 사람이구나." 조조는 오직 곽가만이 자신의 뜻을 정확하게 안다고 할 정도로 곽가는 발군이었다. 그러나 그는 37세의 나이에 요절했다. 그러다 보니 활동 기간이 너무 짧았다. 정욱程昱은 또 어떤가. 정욱도 순욱의 천거로 조조 휘하에 들어왔다. 정욱은 일찍이 유비의 가능성을 보고, 조조에게 죽이라고 간언하기도 했다. 유방을 죽이라는 범증의 권유를 듣지 않아 결국 항우가 패한 것으로 생각한 것일 게다. 허나 그 역시 40여 세에 요절해버렸다.

조조 진영의 참모들을 보면 가히 난형난제, 막상막하라 하지 않을 수 없다. 일본식 표현으로 기라성綺羅星이란 말이 있고, 영어로는 판테온 pantheon이 있다. 이들을 두고 하는 말이다. 이처럼 막강한 참모진을 품을 수 있는 조조의 그릇 크기도 대단한 것이다. 참모가 물이라면 지도자는 그릇이다. 그릇이 커야 많은 물을 담을 수 있다. 조조는 『삼국지』에서 가장 큰 그릇이었다.

한 명 한 명 둘째가라면 서러워할 참모진의 맏형이 순욱이었다. 그는 울멍줄멍 박신거리는 참모들을 잘 이끌었다. 사마광은 그를 어짊에서 관중보다 낫다고 했다. 소동파蘇東坡도 순욱의 도道가 백이와 비슷하다고 기렸다. 순유, 곽가, 정욱 등도 모두 순욱이 추천한 인사들이었다. 보스에게 능력 있는 사람을 천거하는 것이야말로 인격이 뒷받침되지 않으면 불가능한 일이다. 순욱은 총애를 독점하지도, 파당을 만들지도 않았다. 그에게는 덕이 있었다. 전투는 계책으로 하지만 전쟁은 경륜으로 한다. 장량처럼 전체 구도를 운영한 전략가는 순유, 가후가 아니라 순욱이었다. 그런 점에서 조조 휘하에서 가장 주목해야 할 인물은 순욱이다.

천하 패자의 조건은 세勢·법法·술術

순욱은 163년 예주 영천 땅의 영음에서 태어났다. 자는 문약文若이다. 영천 지역은 허현 바로 옆에 있는 곳이다. 낙양에 매우 가까웠다. 순욱은 명문가의 자손이었다. 그의 조부 순숙荀淑은 한나라 순제에서 환제 치세에 이르는 기간에 이름을 떨쳤다. 순숙은 자식이 여덟 명이었는데 팔룡八龍이라고 일컬어졌다. 그중에서도 둘째 곤緄과 여섯 째 상爽이 특히 뛰어났다. 곤은 봉국封國 제남의 행정 장관을 지냈다. 상은 삼공의 하나인 사공司空에까지 올랐다. 곤의 아들이 순욱이다.

순욱은 어려서부터 그 재주가 뛰어났다. 사람들은 그를 왕좌지재王佐之才라고 불렀다. 189년 효렴孝廉에 천거돼 수궁령의 벼슬을 지냈다. 이어 동탁이 그를 항보현의 수령으로 삼았다. 그러나 그는 동탁을 인정할 수 없었다. 벼슬을 버리고 고향으로 돌아갔다.

고향으로 돌아간 그는 마을 어른들을 모아놓고 이렇게 말했다.

"영천은 사방이 싸우기 좋은 땅입니다. 천하에 변란이 있으면 이곳은 항상 군대가 충돌하는 곳입니다. 따라서 이곳을 빨리 떠나는 것이 좋습니다. 오래 머물지 마십시오."

어떤 일이 일어나기 전에 미리 앞을 내다보고 아는 사람을 선견자先見者라고 한다. 순욱이 바로 그 선견자였다. 대소 정세를 꿰뚫고 있기에 가능한 선견지명이었다. 하지만 어디 고향을 떠나기가 쉬운 일인가. 대부분의 마을 사람들은 설마하며 움직이려 들지 않았다. 순욱 본인은 기주로 옮겨가려 했다. 기주목 한복은 순욱과 같은 군 출신이었다. 그가 기병대

    1인자를 만든 참모들

를 보내 그들을 영접하려 했다. 순욱이 자기 일족을 이끌고 기주에 당도했다. 하지만 이미 기주의 주인은 한복이 아니라 원소袁紹(?~202)로 바뀌어 있었다.

다행히 원소도 순욱의 이름을 들어 익히 알고 있던 터였다. 순욱을 상빈의 예로 맞아들였다. 순욱의 동생 순심荀諶 등도 모두 원소에게 발탁됐다. 헌데, 피난을 거부한 영천 사람들은 어떻게 됐을까. 그들은 고집부린 대가를 호되게 치러야 했다. 순욱 일가가 기주로 옮기고 오래지 않아 영천 땅은 동탁이 보낸 이각

순욱. 조조는 순욱을 '나의 자방'이라며 중용했다.

군에 의해 초토화됐다. 무자비한 노략질을 당해 많은 사람이 재물과 목숨을 잃었다.

헌 짚신도 짝이 있다고 했다. 남녀 간에 연분이 있듯이, 참모와 보스 간에도 인연이 따로 있다. 죽과 장이 맞아야 하는 것처럼 참모와 보스도 서로 맞아야 한다. 천생연분에 보리 개떡이라, 힘들어도 짝이 있어야 살 만한 것이다. 좋은 사람은 나를 이해해주는 사람이다. 김재진의 시, 〈너를 만나고 싶다〉가 이런 마음을 묘사하고 있다. 시인은 'see in'하는 사람이라는 엉뚱한 비유가 그리 틀린 것은 아닌 것 같다.

나를 이해하는 사람을 만나고 싶다.

사소한 습관이나 잦은 실수,

쉬 다치기 쉬운 내 자존심을 용납하는

그런 사람을 만나고 싶다.

직설적으로 내뱉고선 이내 후회하는

내 급한 성격을 받아들이는

그런 사람과 만나고 싶다.

스스로 그어둔 금 속에 고정된 채

시멘트처럼 굳었거나 대리석처럼 반들거리며

한 치도 물러서지 않는 사람들 헤치고

너를 만나고 싶다.

입꼬리 말려 올라가는 미소 하나로

모든 걸 녹여버리는

그런 사람.

가뭇한 기억 더듬어 너를 찾는다.

스치던 손가락의 감촉은 어디 갔나.

다친 시간을 어루만지는

밝고 따사롭던 그 햇살.

이제 너를 만나고 싶다.

막무가내의 고집과 시퍼런 질투,

때로 타오르는 증오에 불길처럼 이글거리는

내 못된 인간을 용납하는 사람,

덫에 치여 비틀거리거나

어린아이처럼 꺼이꺼이 울기도 하는

내 어리석음 그윽하게 바라보는

그런 사람을 만나고 싶다.

내 살아가는 방식을 송두리째 이해하는

너를 만나고 싶다.

순욱은 원소와 맞지 않았다. 원소의 잘난 척하는 꼬락서니가 싫었다. 1년 정도 지내면서 그의 인물됨을 헤아려봤지만 큰일을 도모할 기우氣宇도 아니었다. 아닌 건 아닌 것이다. 아닌데 뭐하러 뭉그적대나. 191년, 그의 나이 스물아홉일 때 제 발로 조조를 찾아갔다. 조조는 매우 기뻐했다. 순욱을 장량에 비유하며 맞아들였다. 그는 사마司馬가 됐다. 호위병을 통솔하며 궁문을 지키는 자리였다.

순욱이 조조를 도와 활약한 시절을 흔히 삼국시대라고 한다. 이 말은 반만 맞는 말이다. 시기를 정확하게 따져보면, 순욱이 주로 활동한 시기는 위·촉·오 삼국이 건국·정립하기 이전이었다. 소설『삼국지』의 역사 무대는 한나라 왕조가 힘을 잃으면서 난세에 빠지는 시점부터 삼국시대를 거쳐 진晉나라가 중국을 통일할 때까지의 약 100년간이다. 그 시작은 황건적이 난을 일으킨 184년이다. 그 끝은 진나라가 통일을 이루는 280년이다. 허나 소설『삼국지』는 제갈량이 죽은 234년에 사실상 끝난다. 순욱이 맹활약한 기간은 191년부터 조조가 사실상 천하를 제패하는 200년 관도官渡 대전을 거쳐 208년 조조가 승상에 오르는 시점까지다. 그는 삼국시대가 정식으로 열리기 전인 212년에 죽었다. 삼국시대는 220년 위, 221년 촉, 229년 오나라가 성립되면서 열려 263년 촉, 280년 오가 멸망함으로써 닫혔다.

조조는 원소와 싸운 관도 대전에서 승리하면서 사실상 천하의 패권을 장악했다. 그 이후의 세력 쟁패와 삼국정립은 엄밀히 말하면 천하의 주인을 가리는 싸움이 아니었다. 천하의 주인 조조에게 유비와 손권이 기를 쓰고 대드는 정도였다. 경합이나 각축이 아니라 도전이었다. 대항 세력은 한 번도 조조를 제대로 위협하지 못했다. 적벽대전도 중국의 통일을 지체시켰을 뿐 '조조 천하'를 깨뜨리지는 못했다. 삼국시대 개막 이전에 조조를 천하의 패자覇者로 만든 장본인이 순욱이다. 순욱이 세팅한 '조조 천하'는 이후 그 누구에 의해서도 근본적으로 흔들리지 않았다. 그렇다면 『삼국지』에서 순욱이 단연 최고 아닌가.

순욱이 조조를 만난 그 즈음엔 동탁이 정권을 장악하고 있었다. 동탁이 정권을 잡은 지 1년이 지나자 그의 독재에 항거하는 세력이 떨쳐 일어났다. 원소를 맹주로 하는 동탁 토벌군이 형성됐다. 토벌군 안에서 원소, 조조, 원술, 공손찬 등 군벌들이 서로 기반을 넓히느라 쟁탈했다. 원소는 기주목이 됐다. 조조는 동군東郡 태수가 됐다.

조조가 순욱에게 향후 행보에 대해 물었다.

"동탁의 포학함이 이토록 심하여 반드시 환란으로써 목숨을 잃을 것이니 그를 치기 위해 힘을 쓸 필요가 없습니다."

순욱의 예견대로 머지않아 동탁이 비명횡사했다. 사도 왕윤이 여포 등의 도움을 받아 동탁을 모살한 것이었다. 조조의 참모들은 당장 장안으로 쳐들어가자고 주장했다. 장안은 동탁이 새로 정한 수도였다. 겉으로는 조정 대신들이 대권을 되찾은 듯했으나, 실제로는 군사를 이끌고 있는 여포가 실세였다. 그냥 좌시하면 여포가 제2의 동탁이 될 것이라는 논리였다.

  1인자를 만든 참모들

하지만 순욱은 반대했다. 논리 정연한 그의 분석이다.

"주공께선 아직 움직이시면 아니 됩니다. 비록 여포가 시랑豺狼 같은 무리라고 하나 천자가 그 손안에 있습니다. 또 지금 대국을 주재하고 있는 것이 사도 왕윤인 이상 아직도 대의명분은 그쪽에 있습니다. 섣불리 건드렸다간 오히려 왕윤에 항거하는 역적으로 몰릴 염려가 있습니다. 거기다가 또 하나 미덥지 못한 것은 동탁의 잔당입니다. 동탁은 죽었으나, 그가 거느린 병마는 아직 고스란히 보존돼 있습니다. 반드시 뒤탈이 있을 것입니다. 더욱이 왕윤은 채옹을 죽이고, 동탁의 네 장수에게 끝까지 사면을 허락하지 않았습니다. 누가 칼을 손에 쥐고서 잡혀 죽기를 기다리겠습니까? 주공께서는 당분간 이곳에서 병마를 쉬게 하시면서 형세의 변화를 보아 거기에 대처하는 게 옳을 것입니다."

춘추전국시대 백가쟁명百家爭鳴한 모든 학파의 주장은 세勢, 법法, 술術로 요약할 수 있다고 한다. 한비자韓非子의 말이다. 세는 세력이요 권력이다. 법은 국법이고 명분이다. 술은 기술, 권모술수다. 세, 법, 술을 다 갖춰야만 명실공히 천하를 움켜쥔다고 한다. 때문에 참모라면 마땅히 세, 법, 술의 경우를 잘 따져야 한다.

순욱의 논리는 세, 법, 술의 측면에서 보더라도 날카롭기 그지없다. 순욱은 외견상 천자와 문신이 대권을 장악하고 있어 대의명분은 그쪽에 있다고 명쾌하게 지적했다. 법이다. 조조의 힘이 동탁의 잔당이나 여포를 확실하게 제압할 정도가 아니라고 판단했다. 세다. 술은 뭔가. 그들끼리 엉겨붙어 싸울 게 빤하므로 부산떨지 말고 지켜보자고 했다. 참는 것도 기술이요, 관망도 술수다.

순욱, 조조를 천하의 패자로 밀어 올리다

사태의 진전이 순욱의 말에 꼭 들어맞았다. 동탁의 잔당인 이각과 곽사가 10만 병력을 이끌고 장안으로 진격했다. 여포는 패해 도망갔다. 왕윤은 죽임을 당했다. 이·곽이 참모 가후의 진언에 따라 백성을 위무하는 정책을 펼치니 차츰 정권이 안정돼갔다. 일각一刻이 여삼추如三秋라 조조의 갑갑증은 반비례로 더해만 갔다. 이런 와중에 황건적이 청주를 휩쓸었다. 조조가 태수로 있는 동군과 청주는 3백 리 정도 떨어진 거리였다. 황건적의 일부와 동군의 변경 관병들이 자잘한 충돌을 벌이기 시작했다.

조조는 이·곽을 치든, 황건적을 치든 군사를 일으켜야 한다고 생각했다. 어느 쪽을 먼저 치는 게 좋을지 순욱에게 물었다. 순욱이 대답했다. "당연히 먼저 쳐야 할 대상은 황건적이나, 그조차도 아직은 때가 아닙니다." 좀 더 사태를 지켜보자는 권유였다. 이유를 제시했다. 우선 황건적의 무리가 떨쳐 일어난 지 얼마 되지 않아 자못 그 예기銳氣가 날카롭다는 점을 지적했다. 둘째로, 청주와 동군 사이에 있는 연주목 유대와 제북의 상 포신이 힘을 합쳐 길을 막고 있다는 점을 들었다. 이들이 먼저 황건적의 기세를 좀 무디게 한 뒤에 나서서 제압하자는 것이 요지였다. 이것이 병법 36계 중 4계 이일대로以逸待勞다. 아니나 다를까. 연주목 유대가 황건적과 싸우다가 패했다.

제북상 포신과 연주군의 관료들이 조조를 찾아왔다. 연주목을 맡아달라고 간청했다. 천하 13개 주州 가운데 하나인 연주兗州가 굴러들어온 것이었다. 조조는 자신을 연주목에 임명하는 황제의 조서도 청해 받아냈다. 그리고는 황건적의 토벌에 나섰다. 포신이 전사하는 등 어려움을 겪었지만 조조는 황건적을 격퇴했다. 황건의 무리는 대거 항복했다. 항복한

   1인자를 만든 참모들

자 중에서 젊고 날랜 자를 뽑아 군사로 육성했다. 이들이 이른바 청주병靑州兵으로 이후 조조의 정예군이 됐다. 192년의 일이다.

조조는 일약 천하를 다투는 주역major actor으로 부상했다. 그가 군벌다운 기반과 세력을 갖추게 된 것은 이처럼 순욱의 전략적 조언 덕택이었다. 엄벙덤 벙 서둘러 황건적과 맞붙었다면 신세만 옹색해졌을 것이다. 이제 필요한 것은 사람이었다. 순욱은 정욱과 곽가를 천거했다. 정욱 은 동군 동아현 사람으로, 자는

조조. 막강한 참모진을 거느렸던 그는 『삼국지』 최후 의 승자가 되었다.

중덕仲德이었다. 키가 여덟 자 세 치에 수염이 아름다웠다. 곽가는 영천군 양적현 출신으로, 자는 봉효奉孝다. 순욱과 같은 군 출신이다. 그도 처음 엔 원소 진영에 있었다. 그러나 원소의 인물됨에 실망해 그의 곁을 떠났 다. 떠나면서 그는 주위 사람들에게 이런 충고를 남겼다.

"무릇 지혜로운 자는 주인을 찾는 데 깊이 헤아려야 하니, 그래야만 틀 림없이 공명을 이룩할 수가 있소. 원소는 헛되이 주나라의 주공을 본받으 려 하나 아직 사람을 쓸 줄 모르는 것 같소. 일을 많이 벌이나 요령이 적 고, 지모를 좋아하나 결단성이 없소이다. 함께 천하의 큰 어지러움을 가라 앉히고 패왕의 업적을 이룩하기는 어려울 것 같소."

194년, 조조가 서주의 도겸 정벌에 나섰다. 연전에 식량 부족으로 철군한 바 있는 서주 평정이었다. 순욱은 남아서 본거지인 견성현을 지켰다. 이 기회를 틈타 장막과 진궁이 역심을 품고 몰래 여포를 맞아들이려 했다. 여포가 연주에 도착했다. 장막은 순욱에게 여포가 조조를 돕기 위해 왔다고 둘러댔다. 눈 가리고 아웅이라 견성 성내는 술렁거렸다. 위기였다. 순욱은 동군태수 하후돈에게 급보를 보냈다.

상황은 계속 안 좋게 흘러갔다. 연주의 여러 성이 여포에게 호응했다. 또 대부분의 병력은 조조를 따라 도겸을 공격하는 데 나선 터라 남은 병사가 너무 적었다. 더구나 병사를 감독하는 장수와 상급 관리들 상당수가 진궁과 내통하고 모략에 가담한 형편이었다. 긴박한 상황, 하후돈이 급하게 달려왔다. 하후돈은 그날 밤으로 견성 내에서 반란에 공모했던 수십 명을 처형했다. 견성에선 사태가 수습되고 평정이 회복됐다.

겨우 한숨 돌리는가 싶었는데, 새로운 사태가 발생했다. 예주목 곽공이 병사 수만 명을 이끌고 와 성 아래에서 순욱에게 면담을 요청했다. 이미 여포와 공모했다는 소문도 나돌던 그였다. 성내 사람들은 온통 두려움에 떨어야 했다. 순욱은 면담 요청에 응하려 했다. 하후돈은 위험하다고 말렸다. 순욱은 사태를 정확하게 추론하고 있었다.

"곽공이 본래부터 장막과 결탁한 것은 아닐 것이오. 지금 이렇게 빨리 왔다는 것은 그들이 아직 마음을 결정하지 못했기 때문이오. 지금 만나서 설득하면 그들을 우리 편으로 만들지는 못해도 적어도 중립은 지키게 할 수 있을 것이오. 처음부터 우리가 의심하는 기색을 보이면, 그들은 노해서 적의 편에 설 것이오."

　　　　　　　　　　　　　　　1인자를 만든 참모들

순욱이 곽공 앞에 나타났다. 곽공이 들은 귀 소문과 달리 평온한 얼굴이었다. 귀 소문보다야 눈 소문, 귀 장사보다 눈 장사 아니던가. 직접 눈으로 보고 나니 곽공은 오히려 긴가민가해졌다. 관청에 잡아놓은 촌닭처럼 어리둥절했다. 예상과 다른 모습을 보고 나면 불안감이 확 엄습하기 마련이다. 애당초 견성이 쉽게 공략할 수 있는 곳도 아니다. 또 공략 중에 조조가 돌아오면 큰일 아닌가. 이런 생각이 들자 그는 모험을 하기가 두려워졌다. 군대를 이끌고 떠났다. 이것으로 견성의 안전은 확보됐다. 하지만 연주의 위기는 그대로였다. 많은 성들이 여포에게 협조하고 있었기 때문이다. 남은 우리 편이라도 단단히 챙기는 게 급선무였다. 여포에게 아직 항복하지 않은 범현과 동아현의 민심 안정이 급했다. 순욱은 정욱을 파견했다. 그가 정욱에게 설명했다.

"지금 연주가 모반하려 하는데, 모반하지 않은 곳은 오직 견성현, 범현, 동아현뿐이오. 진궁 등이 중무장한 병사를 이끌고 이들 세 곳에 다다르려고 하고 있소. 이들 지역을 굳게 지키려는 의지를 다져놓지 않으면 민심은 반드시 동요할 것이오. 그대는 백성의 희망이오. 가서 그들을 설득해주시오."

정욱은 민심을 잘 추슬렀다. 순욱은 세 곳을 굳건히 지키면서 조조가 돌아올 때를 기다렸다. 마침내 조조가 서주에서 돌아와 여포를 공격했다. 여포는 동쪽으로 달아났다. 그냥 좋다거나, 막연히 잘 해나갈 것이라 생각하는 것은 신뢰가 아니다. 신뢰는 내가 없어도 어떤 어려움을 헤쳐나갈 수 있다고 믿는 것이다. 특히 지팡이를 짚었던 근거지를 맡긴다는 것은 보통의 신뢰로는 불가능하다. 저 자신만큼 믿어야 가능한 것이다.

조조가 순욱에게 그 일을 맡겼다. 순욱은 두둑한 배짱과 날카로운 판단력으로 위기를 극복해냈다. 조조는 신뢰했고, 순욱은 보답했다. 역시 무슨 일이든 사람을 믿는 데서 시작하고, 끝나는 것이다.

순욱, 천자 옹위론을 제시하다

195년 조조는 서주를 다시 공격하려 했다. 참모 순욱은 정면으로 반대했다. 정사 『삼국지』가 전하는 내용이다. 순욱의 예지가 얼마나 뛰어난지, 그의 시야가 얼마나 넓은지 잘 알 수 있다.

"옛날 고조(유방)께서는 어려움 가운데서도 관중을 지키셨고, 광무제께서는 하내를 근거지로 중히 여기셨습니다. 모두 뿌리를 깊이 하고 바탕을 굳건히 하셔서 거기 의지해 천하를 제패하기 위함이었습니다. 나아가면 적을 충분히 이기고, 물러나면 충분히 굳게 지킬 수 있었기 때문에 비록 곤란과 패배가 닥치더라도 마침내 대업을 이룰 수 있었습니다. 장군께서 근거로 삼으신 연주는 북으로 황하를 끼고 남으로는 제수가 흐르는 천하의 요지요, 지난날의 관중이나 하내와 같은 땅입니다.

우리는 지금 여포의 부대를 깨친 터라 그 기세를 몰아 동북에 버티고 있는 진궁을 공격해야 합니다. 그렇게 진궁을 묶어두고 그사이에 병사를 동원해서 보리를 베어들여 군량을 넉넉히 비축해놓으면 여포의 숨통을 끊는 것은 식은 죽 먹기입니다. 그다음 남으로 양주의 유요와 손을 잡고 원술을 치면 성공은 틀림없습니다.

이제 서주를 취하려 함에 있어 이곳에 군사를 많이 남기면 그곳에서 쓸 군사가 모자랄 것이요, 이곳에 군사를 적게 남기면 여포가 그 빈틈을 노려 쳐들어올 것이니 이는 연주를 모두 잃게 되는 걸 뜻합니다. 만약 장군께서 서주를 빼앗지 못하신다면 장차 어디로 돌아가시렵니까?

들기에 지금 서주는 도겸이 비록 죽었으나, 유비가 이어 굳게 지키고 있고, 또 백성은 이미 유비를 깊이 따라 죽도록 그를 위해 싸울 것이라 합니다. 지금 동쪽에서는 모두 보리 수확을 끝냈으므로 반드시 성벽을 견고하게 쌓고 들녘을 푸르게 하여 장군을 기다리고 있을 것입니다. 장군께서 성을 공격해도 함락시킬 수 없고, 약탈하려 해도 수확이 없으면 열흘도 못 돼 10만 명의 군대는 싸움도 하기 전에 곤경에 빠질 것입니다. 지난날 서주를 토벌할 때, 처벌당한 자들의 자제들은 부형의 치욕을 생각해 반드시 스스로 지키고, 투항할 마음이 없을 것입니다.

연주를 버리고 서주를 취하는 것은 큰 것을 버리고 작은 것을 취함이요, 줄기를 버리고 잔가지를 취함이며, 평안함과 위태로움을 바꾸는 격입니다. 바라건대 다시 한 번 깊이 헤아려 결정하십시오."

여리기도 하고 질기기도 한 것이 귀다. 여린 것은 남의 말에 전적으로 따르는 것이다. 질긴 것은 남의 말을 듣지 않는 것이다. 지도자라면 귀가 여려서도 안 되고, 질겨서도 안 된다. 귀를 기울여 듣고, 소신껏 판단해야 한다. 참모의 말이 맞다 싶을 때는 촌음寸陰의 지체도 없이 수용해야 한다. 조조는 순욱의 권고를 듣고 생각을 바꿨다. 병사들에게 명을 내려 보리를 충분히 수확하도록 했다. 그런 다음 여포와 다시 싸웠다. 여러 현을 평정했다. 여포는 패배해 서주로 도망갔다. 이로써 연주는 마침내 평정됐다.

천자天子!

나라의 지존이다. 이미 유명무실한 존재지만 4백 년 동안 백성의 뇌리에 각인된 천자의 무게는 여전히 가볍지 않았다. 때문에 누가 천자의 곁에 있느냐 하는 것은 인심을 얻는 데 중요한 변수다. 소위 천명天命이 누구에게 있느냐를 보여주는 유력한 징표가 되기 때문이다. 물론 동탁이 그랬던 것처럼 천자를 옆에 끼고 있는 것이 유리한 것만은 아니다. 단점도 있다. 잘못될 경우 천하의 간신, 만인의 공적公敵이 될 수도 있는 것이다.

195년 정권을 장악하고 있던 이각과 곽사 간에 갈등이 발생했다. 이·곽 연합 정권은 붕괴됐다. 그 틈을 타고 황제가 장안에서 낙양으로 탈출했다. 낙양으로 돌아갔으나, 그곳은 이미 폐허나 다름없었다. 황제의 심정은 참담했다. 천자를 보위할 세력도, 군사력을 갖춘 인물도 없었다. 혈혈단신에 고립무원孤立無援, 이즈음 황제의 처지였다.

어떻게 할 것인가? 장안에서 동란이 일어나자 각 진영마다 논의가 분분했다. 조조 진영에서도 갑론을박했고, 원소 진영에서도 콩팔칠팔했다. 원소의 모사 저수가 천자를 모셔오자는 제안을 냈다. 원소는 묵살했다. 원소는 천자를 끼고 있을 때의 위험성을 더 크게 봤다. 원소의 출신 배경도 작용했다. 원소는 4대째 한漢나라에서 정승 벼슬을 한 명문가 출신이었다. 익숙하면 다른 것을 선망하기 쉽다. 또 답습이나 계승은 그리 매력이 별로 없다. 원소는 감투 쓰고 하는 궁정 놀음보다 말 타고 내달리는 자수성가에 마음이 끌렸다. 천자 곁에서 실세가 되는 것은 영 내키지 않았다. 호기로 풍운을 일으키고, 말 위에서 천하를 평정하고 싶었다. 새 왕조를 창업하려는 야심이 천자 옹위擁衛를 싫어하게 만들었을 수도 있다. 실제로 원소는 기주를 거점으로 해서 청주, 유주, 병주에 이르는 광대한 지역을 하나하나 점령하면서 밖에서 안으로 치고 들어가는 길을 모색했다.

조조 진영의 분위기는 조금 달랐다. 순욱은 천자를 활용하는 것이 좋

1인자를 만든 참모들

겠다고 판단했다. 조조에게 천자를 끼고 정권을 장악하는 '천자 옹위론'을 강력하게 건의했다.

"이전에 진나라 문공이 주나라 양왕을 수도로 영접하자, 제후들은 사물에 그림자를 드리운 것 같이 따르고 복종했으며, 한나라 고조가 동쪽으로 항우를 정벌하러 가서 항우에 의해 살해된 의제를 위해 상복을 입자 천하의 인심이 모두 따르고 복종했습니다.

지금 천자의 수레는 낙양으로 돌아왔지만 잡초만 무성합니다. 정의로운 선비는 조정을 보존하려는 생각을 품고 있고, 백성은 옛것을 생각하면서 슬픔을 더해 갑니다. 진실로 이 기회를 이용해 천자를 받들어 백성의 희망에 따르는 것은 큰 순리입니다. 공정한 태도를 갖고 호걸들이 복종하도록 하는 것은 지략입니다. 대의를 갖고 영재와 준걸을 부르는 것은 큰 덕망입니다. 천하에는 반역의 무리가 있지만, 우리의 근심이 될 수 없음이 분명합니다. 만약 일찍 이 일을 꾀하지 아니하고 머뭇거리다가는 다른 사람이 나서게 될까 두렵습니다."

전가후옹前呵後擁이란 말이 있다. 앞에서 벽제벽辟除하고, 뒤에서 옹위한다는 말이다. 벽제는 지위가 높은 사람이 행차할 때, 하인들이 잡인의 통행을 금하는 것이다. 이때 '물렀어라' 따위를 외치는데 그것이 인갈引喝이다. 순욱의 말이 바로 천자를 끼고 전가후옹하자는 것이었다. 인갈로써 쉽게 길을 좀 터보자는 것이었다. 그는 천자 옹위에 따른 위험성이 별로 크지 않으며, 여론이 그걸 원한다고 판단했다. 원소에 비해 부족한 세를 이렇게 메우자는 생각도 했다. 그가 보기엔 명분도 있고, 실리도 충분했다. 애옥한 천자를 섬김으로써 여론에 호응하고, 선정으로 민심을 얻

자. 천자 보좌를 핑계로 인재를 끌어들이고, 왕명을 구실로 원소를 압박하자. 순욱의 주장이었다. 이 또한 공심위상攻心爲上의 병법 원리에 충실히 따른 것이었다. 대컨 전략은 수많은 변수를 유리하게 관리하는 것이고, 구도를 적절하게 운영하는 것이다. 천자란 변수를 활용해 조조 중심의 구도를 만드는 것이 순욱의 전략이었다. 순욱의 판단은 옳았다.

실제로 조조가 중원의 패자覇者로 등장하는 상승 계기가 된 것도 천자를 옹위하게 되면서부터였다.

조조의 천자 옹위가 효과를 발하다

조조의 심정은 어떠했을까. 조조의 집안도 명문이다. 아버지가 환관의 우두머리 조등에게 양자로 들어갔다. 아버지 조숭도 양부가 돈을 들인 덕에 태위 벼슬을 지냈다. 조조 또한 나이 20세에 효렴으로 벼슬자리에 나갈 수 있었다. 하지만 그에게 환관이란 딱지는 콤플렉스였다. 때문에 내시가 아니라 번듯한 대신으로 자기 위상을 확보하고 싶었다. 조조는 순욱의 조언에 귀가 솔깃했다.

196년 조조는 마침내 낙양으로 가 천자를 받들었다. 허현을 수도로 삼았다. 허현이 허도가 됐다. 이것은 조조가 대권을 장악한 것을 의미했다. 천자는 조조를 대장군으로 임명했다. 순욱을 한의 시중侍中으로 승진시켜 상서령尙書令을 대신하도록 했다. 시중은 황제의 측근 신하로 황제의 곁에서 하문에 응대하는 관직이었다. 상서령은 천자가 보살피는 각종 대사를 총괄하고, 왕명의 출납을 담당했다. 게다가 관할하지 않는 부서가 없었기 때문에 명실공히 중앙행정 각 부문의 최고 수반이었다. 순욱은 정권 2인자가 된 셈이었다. 하지만 순욱은 항상 치우침이 없도록 마

　　　　1인자를 만든 참모들

음을 바르게 하고, 엄정한 태도
를 견지했다. 비록 정벌로 밖에
있을 때에도 조조는 군사나 국
정에 관한 일을 언제나 그와 상
의했다.

천자를 모시는 구도는 금세 효
과를 발휘했다. 허현이 속한 예
주 일대는 당연히 조조의 세력
권에 편입됐다. 그러자 관중에
도사리고 형세를 관망하던 여러
장수들이 앞다퉈 조조 진영에
가담했다. 조정의 인사를 마무
리 짓고, 이각과 곽사를 패퇴시
켰다. 패권 장악을 위한 일보를
내디딘 셈이었다.

한편 원소는 이제 몸을 일으
킬 때가 됐다고 판단했다. 조조
의 상승세를 더 이상 방치하는

원소. 우세한 상황에서 참모들의 내분으로 조조에게
패하고 천하를 내주었다.

것은 부담스러웠다. 자신감도 넘쳤다. 이미 황하 이북 지역을 병합해 광
대한 지역을 차지하고 있었기 때문이다. 조조로선 분명 쉽게 감당할 수
없는 해일이 될 게 분명했다. 조조에게는 또 다른 근심이 있었다. 동쪽의
여포와 남쪽의 장수가 근심거리였다. 장수는 동탁의 부장 장제의 조카였
다. 이런 정세 때문에 원소는 기고만장했다. 바야흐로 전쟁의 먹구름이
짙게 드리우고 있었다.

조조는 먼저 군대를 일으켜 원소를 토벌하고 싶었다. 그러나 힘이 부족했다. 조조는 기운이 빠지고, 짜증이 났다. 주군이 의기소침할 때는 기력을 북돋아줘야 한다. 이것도 참모의 주요 임무다. 순욱이 나섰다.

"옛날 성공한 자와 실패한 자를 보면, 진실로 재능을 가지고 있는 인물이라면 설령 약한 것도 반드시 강하게 만듭니다. 정녕 부적당한 인물이라면 비록 강한 것도 쉽게 약한 것으로 바뀌게 됩니다. 이것은 유방이 살아남고, 항우가 패망한 경우를 보면 충분히 알 수 있습니다.

지금 공과 천하를 다투는 자는 오직 원소뿐입니다. 원소는 겉으로는 관대하나 안으로는 거리끼는 것이 있습니다. 사람을 임용하고서도 그의 마음이 충성스럽지 못한가 의심합니다. 하지만 공은 현명하고 활달해 다른 사람에게 구속되지 않고 오로지 재능에 따라 적당한 자리를 줍니다. 이는 도량에서 공이 앞선 것입니다.

원소는 일을 처리함에 있어서 지지부진하고, 생각이 분분합니다. 결단력이 부족해 행동이 늦고, 그럼으로써 기회를 잃어버립니다. 하지만 공은 큰일을 도모함에 있어 결단력이 있습니다. 변화에 대응해 고정된 전략만 따르지 않습니다. 이는 계략에서 공이 앞선 것입니다.

원소는 군대를 통솔함에 있어서 느슨하고 법령의 권위가 서 있지 않습니다. 병사의 숫자는 많지만 실제로 쓰기에는 어렵습니다. 하지만 공은 법령이 이미 명확하고, 상을 주고 벌을 내리는 것을 반드시 시행합니다. 병사의 수는 비록 적지만 죽음을 무릅쓰고 싸웁니다. 이는 무력에서 공이 앞선 것입니다.

원소는 조상의 자금에 의지해 얼굴빛을 부드럽게 가장하고 지혜를 꾸밈으로써 명예를 얻었습니다. 선비 중에서 능력은 부족한데 말하기를 즐

   1인자를 만든 참모들

기는 자들은 대부분 그에게 귀속돼 있습니다. 하지만 공은 지고한 인덕으로 사람을 대합니다. 성실한 태도를 잃지 않아 허황된 아름다움을 만들지 않습니다. 행동은 근검절약을 하고 있고, 공적이 있는 자에게는 아끼는 것이 없습니다. 그러므로 실질을 중요시하는 인사들이 모두 공에게 등용되기를 원하고 있습니다. 이는 덕에서 공이 앞선 것입니다.

대체로 이 네 가지의 앞선 조건을 가지고 천자를 보위하고, 정의를 가지고 반역자를 정벌하고 있습니다. 그런데 누가 감히 따르지 않겠습니까. 원소의 군대가 강대하다고 하나, 그 군사로 무엇을 할 수 있겠습니까."

범을 몰아 이리를 삼키게 하다

순욱의 논리에는 견강부회牽强附會나 과장이 없다. 차분한 분석으로 흔들리는 보스를 격려했다. 순욱은 조조에게 당분간 원소를 생각하지 말고 먼저 여포를 정벌하라고 권했다. 곁에 있음으로써 안심이 되고, 길을 제시함으로써 도움이 되는 참모만큼 유능한 참모가 또 있을까. 조조는 오랫동안 벼르고 별렀던 서주 평정으로 다시 눈을 돌렸다. 조조의 텃밭 옆에 웅크리고 있는 여포와 유비는 목에 가시였다.

순욱이 계책을 올렸다. 여포와 유비를 이간질하는 이호경식지계二虎競食之計였다. 두 호랑이가 한 먹이를 서로 다투게 하는 것이었다. 도겸이 유비에게 서주목 자리를 물려주었다. 그러나 아직 황제의 조명詔命을 받지 못하고 있었다. 따라서 유비를 정식 서주목에 임명한 뒤 여포를 죽이라고 명하자는 논리였다. 그러나 이 계책은 유비가 움직이지 않아 결국 실패로 끝났다.

순욱이 다른 계책을 올렸다. 범을 몰아 이리를 삼키게 하는 구호탄랑

지계驅虎呑狼之計였다. 원술과 유비를 싸움 붙이는 전략이었다. 유비가 원술의 땅인 남군을 치려고 천자에게 표를 올렸다는 말을 원술에게 흘렸다. 유비에게는 황제의 이름으로 원술을 치라고 명령했다. 유비는 원술과 싸움을 벌였다. 그 틈을 타 여포가 서주를 빼앗았다. 순욱이 원하던 대로 혼란이 조성됐다. 조조는 197년 군사를 일으켜 원술을 대파했다. 198년에는 여포를 사로잡아 죽이고 서주를 평정했다. 이듬해에는 장수의 항복도 받아냈다.

경쟁자 원소도 놀고 있지 않았다. 날로 세력이 번창했다. 198년부터 조조와 원술의 숙명적 대결은 직접적 대치로 비화됐다. 천하쟁패를 가르는 관도 대전의 말발굽 소리가 들리고, 흙바람이 일기 직전이었다. 싸움을 실제 붙어보기 전에는 전력을 대충 가늠해볼 수밖에 없다. 넓은 땅을 지배하는 원소였다. 당연히 겉모습으로는 원소의 군대가 워낙 막강해 보였다. 상대적으로 약해 보이는 조조 진영에선 불안감이 조성되기 시작했다. 패배주의, 회의감은 도사리와 같다. 끈질긴 생명력, 왕성한 번식력을 자랑한다. 그대로 방치하면 온통 풀로 뒤덮이고 만다. 순욱이 이 패배주의를 좌시할 리 없었다.

"원소의 군대는 비록 많지만 군벌이 정비돼 있지 못합니다. 참모 전풍은 강인하나 윗사람을 쉽게 거스릅니다. 참모 허유는 탐욕스러워 자신을 다스리지 못합니다. 참모 심배는 독단적이고 계획성이 없습니다. 참모 봉기는 과단성이 있지만 자기 판단만 고집합니다. 때문에 이 두 사람이 원소를 위해 기주에 남아서 뒷일을 관리한다면, 핑계를 대 허유의 가족들을 겁박할 것입니다. 그렇게 되면 허유는 반드시 반역할 것입니다. 장수 안량과 문추는 필부의 용맹이 있을 뿐입니다. 한번 싸움으로 사로잡을 수 있습니다."

　　　　　　　　　　　　　　　1인자를 만든 참모들

　전풍, 허유, 심배, 봉기 등은 원소가 자랑하는 책사들이다. 안량과 문추
는 원소의 대표적인 맹장들이다. 순욱이 두 가지에 주목했다. 먼저 원소
참모들의 내부 갈등이었다. 안에서 알력이 생기면 밖으로 아무리 화려해
도 외화내빈外華內貧일 뿐이다. 속빈 강정이 딱 들어맞는 말이다. 서로 헐
뜯고 비방하는데 사태를 주시하며 지혜를 짜낼 겨를이 있으랴. 숱한 전
투에서 자멸이 패배를 불러왔다. 갈등이 내분으로 발전한다면 조조로서
는 이미 반은 이기고 들어가는 것이나 마찬가지였다. 순욱이 주목한 다
른 하나는 안량과 문추가 용맹할 뿐 머리가 없다는 점이었다. 지혜는 용
력에 의해 보호되고, 용력은 지혜에 의해 인도돼야 한다. 그래야 지혜든
용력이든 온전하게 힘을 발휘한다. 힘센 장수는 있으나 머리가 없다. 머
리 쓰는 모사들도 그 장수를 나 몰라라 하고 있다. 이 두 가지 요인 때문
에 크게 걱정할 필요가 없다는 것이 순욱의 분석이었다.

　원소가 군대를 일으켜 허도로 향했다. 200년, 드디어 관도 대전의 막
이 올랐다. 관도 대전은 원소의 수도인 업도와 조조의 허도 사이에 흐르
는 황하를 중심으로 조조군과 원소군이 치른 대大혈전이다. 조조와 원소
가 차지하고 있던 지역은 중국의 중심지로 이른바 중원에 해당하는 지역
이었다. 알짜배기 땅, 그야말로 '나라의 중심中國'이었다. 따라서 여기서 누
가 승자가 되느냐에 따라 천하의 주인이 결정되는 싸움이었다.

　형세는 조조에게 불리했다. 우선 군사력에서 원소가 조조를 압도했다.
약 다섯 배나 많았다. 원소의 명성도 화려했다. 명가의 자손으로서 군웅
이 동탁을 토벌하러 나섰을 때 그 맹주로 추대될 만큼 여러 군벌의 영수
였다. 차지하고 있는 지역도 광대했다. 이 지역이 경제의 중심지라 병장기
와 군량미도 넉넉했다. 원소에게 불리한 것이라고는 조조가 천자를 모시
고 있다는 대의명분뿐이었다.

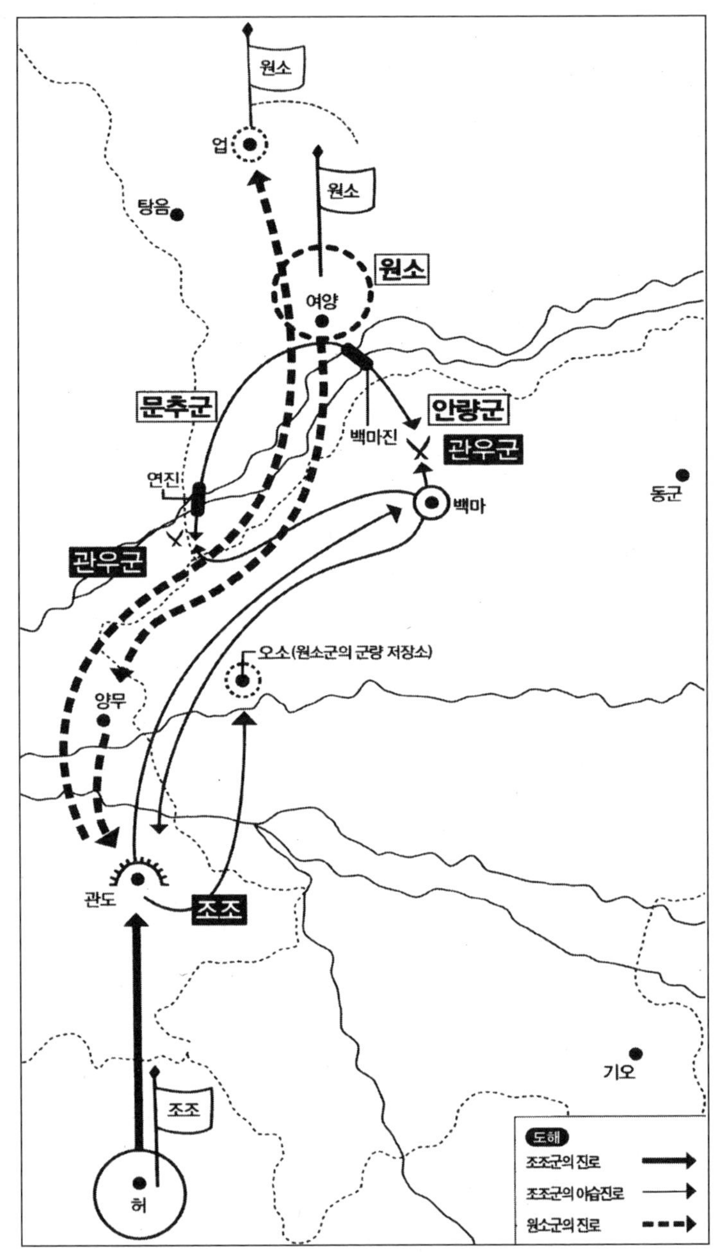

관도 대전 설명도(출전 : 심백준·담량소, 『삼국지 사전』, 범우사, 2000, 750쪽)

　　　　　　　　　　　　　1인자를 만든 참모들

4월 조조군은 기습으로 서전緖戰을 장식했다. 백마에서 적장 안량의 목을 베었다. 연진에서는 적장 문추의 목마저 베었다. 순욱이 예견한 그대로 안량과 문추는 단번에 무너졌다. 원소는 제대로 싸워보지도 못하고 야전군 사령관을 잃은 것이었다. 하지만 그래도 병력은 여전히 원소 쪽이 압도적 우세였다. 싸움은 지구전持久戰에 빠져들었다.

간언하는 참모, 가납하는 보스

전선이 교착상태에 빠져 있던 8월, 조조에겐 심각한 문제가 있었다. 군량미가 부족했던 것이다. 조조는 철군하려 했다. 그는 허도를 지키고 있던 순욱에게 편지를 보냈다. 허도로 돌아가 원소를 그쪽으로 유인하면 어떻겠느냐고 의논했다. 순욱은 답장을 보냈다.

"지금 군대에 식량은 비록 적지만, 항우와 유방이 형양과 성고에서 싸우던 때처럼 심각하지 않습니다. 그 당시 유방과 항우 중에서 그 누구도 먼저 물러서려고 하지 않았으니, 이는 먼저 물러서는 것이 세력의 굴복을 뜻하기 때문입니다. 공은 적의 십분의 일의 병력으로 경계를 설정하고, 그것을 지키면서 원소의 목을 조임으로써 전진하지 못하게 한 지 벌써 반년이 됐습니다. 정세를 살피니 원소의 세력이 고갈돼 반드시 급변하는 일이 생길 것이고, 이는 바로 뛰어난 계책을 사용할 수 있는 때이므로 놓쳐서는 안 됩니다."

조조가 순욱의 말을 듣고, 퇴각하려던 생각을 접었다. 과연 간언할 줄 알고, 가납嘉納할 줄 아는 참모와 보스였다. 어렵게 버티던 와중에 고대하던 사태가 벌어졌다. 소장지변蕭牆之變이란 말이 있다. 소장은 임금과 신하가 만나는 곳에 친 병풍이다. 소장지변은 병풍 사이의 변이다. 밖에서 남이 들어와 일으킨 것이 아니라 내부에서 일어난 변란을 뜻한다. 원소 진영에서 그 소장지변이 일어났다. 심배는 허유의 가족이 법률을 위반했다며 그의 처자식을 체포했다. 허유는 노해 원소를 배반했다. 전풍은 바른말로 따지다 원소에게 처형당했다. 투항한 허유가 정보를 주었다. 조조는 원소의 군량미가 저장돼 있는 오소를 급습했다. 원소로선 군량미 보급이 끊긴 것이었다. 자중지란自中之亂이 일어났는데, 어찌 이기랴. 결국 원소는 관도 대전에서 패했다. 자신의 근거지로 도망갔다. 이처럼 커뮤니티를 다스리지 못하는 리더는 아무리 강해도 성공할 수 없는 법이다.

산불을 꺼보면 알지만 어설픈 진화는 대단히 위험하다. 꺼진 듯하지만 잔불이 다시 큰불을 내기 때문이다. 진화할 때는 반드시 불씨를 제거해야 한다. 조조로서는 원소를 추격해 근거지를 없애야 했다. 하지만 조조는 예의 식량 부족을 이유로 방향을 바꾸려 했다. 형주의 유표를 공격하고자 했다. 당연히 순욱이 제지하고 나섰다.

"지금 원소는 패했고, 그의 무리는 떠날 마음이 있습니다. 마땅히 그가 곤궁해진 틈을 이용하여 그를 토벌해야 합니다. 그러나 공이 연주와 예주를 거스르고 멀리 장강까지 군대를 이끌고 갔을 때, 만약 원소가 남은 군대를 거둬서 빈틈을 이용해 공의 배후를 공략하면 공의 성공 기회는 사라져버립니다."

참모의 건의에 보스의 수용이 뒤따랐다. 순욱의 말을 들은 조조는 다시 황하 지역에 주둔했다. 202년 원소가 세상을 등졌다. 조조는 황하를

1인자를 만든 참모들

건너 원소의 아들 원담과 원상을 공격했다. 원소의 장군 고간 등이 황하의 동북 지역을 침략하자 이를 격파했다. 202년 조조는 업성을 함락시켰다. 기주목에 임명됐다. 이때 어떤 이가 조조의 귀에 속삭였다.

"고대의 제도를 부활해 아홉 주를 설치하시지요. 고대의 아홉 주 중에서 기주가 통치하는 곳이 가장 광대해질 것이고, 천하가 순순히 응할 것입니다."

귀가 솔깃한 아이디어는 반드시 다시 한 번 더 생각해봐야 한다. 우둔한 것이 범 잡는다는 말도 있지만, 들보기장사 애 말라 죽는다는 말도 있다. 마음이 왈칵 움직이더라도 과연 이성理性도 동의하는지 자문해봐야 한다. 그러나 조조는 그런 것 없이 덥석 받아들이려 했다. 순욱이 단호하게 반대하고 나섰다.

"만일 그렇게 한다면, 기주는 하동·풍익·부풍·서하 등 여러 군, 유주와 병주의 땅을 병탄해야 할 것입니다. 이는 공에게 토지를 빼앗긴 자들이 많아지게 되는 것을 의미합니다. 이전에 공이 원상을 격파하고, 심배를 사로잡자 온 천하가 진동하고 놀랐습니다. 사람마다 스스로 자신의 토지를 지키지 못하고 자신의 병사를 지킬 수 없을까 두려워하고 있습니다. 만일 지금 이 지방들을 기주에 귀속시키면 아마도 일제히 동요하는 마음이 생길 것입니다.

원컨대, 공은 급히 군대를 이끌고 먼저 하북을 평정해야 합니다. 그런 연후에 낙양을 수리해 부흥시키십시오. 남쪽으로 형주에 다다라서 유표가 조정에 공헌을 게을리한 죄를 문책해야 합니다. 이렇게 하면 천하 사람들은 나라를 위하는 공의 뜻을 모두 알게 되고, 안심할 것입니다."

사람의 마음을 얻어야 한다는 공심위상의 논리다. 백성을 불안하게 하지 말고, 빨리 난을 평정하자는 것이 순욱의 주장이었다. 적은 규모의 병사들을 거느린 장수들을 토지 때문에 동요케 하면, 이들이 이심전심 하나의 거대 세력으로 연대하는 등의 후유증이 따른다는 지적이었다. 가벼운 깃털도 쌓이면 배를 가라앉게 하고, 비난이 쌓이고 쌓이면 사람의 뼈까지도 삭게 한다積羽沈舟, 積毀鎖骨. 이겼다고 들까불면 어느새 천 길 낭떠러지 끝에 매달리는 신세가 되고 만다. 좀 나아졌다고 가들막거리면 시나브로 시난고난하게 된다. 조조는 구주 설치 논의를 철회했다.

조조는 순욱의 건의대로 하북을 평정하는 데 온 힘을 쏟았다. 병주를 병합했고, 요동을 정벌했다. 206~207년에 이르러 조조는 천하를 거의 평정했다. 중원의 패자가 된 것이다. 순욱은 조조의 딸을 며느리로 맞이했다. 208년 조조는 승상이 됐다. 순욱이 제시한 다음 목표인 형주를 정벌했다. 이제 동탁에서 시작된 천하 난세의 큰 줄기가 조조의 손에 의해 잡힌 것이었다.

재주에다 지조까지 갖춘 순욱, 죽음을 택하다

제갈량이 유비를 만난 것은 207년이다. 너무 늦은 만남이었다. 이미 천하는 조조에 의해 거의 평정된 상태였다. 그 조조 천하를 만든 주역은 순욱이었다. 공명이 이런저런 계책으로 발버둥을 치고, 안간힘을 쏟았지만 순욱이 구축한 구도를 깨뜨리지 못했다. 제갈량은 다섯 차례의 북벌로 대세 역전을 시도했지만 성공하지 못했다. 그는 234년 오장원에서 죽었

　　　　　　　　　　　　　　　1인자를 만든 참모들

다. 누가 진정 불세출不世出의 참모인가.

『삼국지』는 세 나라가 비등비등한 수준에서 천하의 주인이 되기 위해 싸운 이야기가 아니다. 절대 강자 조조에게 미련한 유비와 겁 많은 손권이 깐죽대다 실패한 이야기다. 216년 조조가 위왕魏王이 됐다. 221년 유비가 왕으로 자처했고, 229년 손권도 칭제稱帝했다. 삼국이 정립한 것이다. 그 후 263년 촉蜀이 망하고, 280년 오吳가 망함으로써 삼국시대는 끝나고, 천하 통일은 완전하게 이뤄졌다. 이때 이미 조조 천하의 건설자 순욱은 세상을 떠나고 없었다. 따라서 소설 『삼국지』를 삼국이 정립해서 싸운 시기의 이야기, 즉 '삼국지三國志'로 읽는다면 순욱은 주인공이 아니다. 허나 『삼국지』를 황건적의 난부터 시작되는 군웅할거의 이야기, 즉 '군웅지群雄志'로 읽는다면 순욱이 주인공이다. 조조를 최종 승자로 만들어낸 참모가 순욱이기 때문이다.

순욱은 겸허하고 검소했다. 봉록을 친지와 친구들에게 모두 나눠줘 평판과 신망을 두루 얻었다. 하지만 그에게도 대부분의 역사적 인물이 그렇듯이 비극이 찾아오고 있었다. 212년 일부 신하들이 조조를 위해 아이디어를 냈다. 국공國公이라는 봉작封爵과 구석九錫의 예물을 조조에게 수여하자는 생각이었다. 순욱에게도 조언을 구했다. 공公은 한漢 왕실의 일족이 아니면 오를 수 없는 지위다. 구석은 천자가 특별한 공로가 있는 사람에게 하사하는 아홉 가지 물품을 말한다. 그것을 받는 것은 곧 다른 신하와 구별됨을 뜻한다.

순욱이 생각하기에 그나마 국공의 작위는 수긍할 수 있었다. 조조가 세운 업적에 비할 때 충분히 가능한 것이었다. 하지만 문제는 구석이었다. 한나라를 일시적으로 무너뜨린 왕망이란 자도 왕위 찬탈에 앞서 그것을 받은 일이 있었기 때문이었다. 순욱은 조조에게 구석을 주는 것이 선양을 요구하는 의도로 비칠 수도 있음을 경계했다. 순욱은 정색하고 말했다.

"조공이 의병을 일으킨 것은 조정을 구하여 나라를 태평하게 하기 위함이었다. 그렇기 때문에 조공은 지금까지 천자에게 충성을 다하면서 겸허한 자세로 시종일관해온 것이다. 끝까지 덕을 존중해 자중하는 것이 군자의 도리이므로, 너무 지나친 처신은 삼가는 것이 좋을 듯하다."

순욱의 말을 전해 듣고 조조는 실망했다. 섭섭했다. 생사의 바다를 같이 건너온 사이에다 사돈지간인데 어떻게 그럴 수 있나. 도저히 순욱을 옛날처럼 대할 수 없었다. 꼴도 보기 싫었다. 죽이기로 했다. 조조다운 꾀를 냈다. 그에게 음식을 보냈다. 순욱이 그 뚜껑을 열어보니 빈 그릇이었다. 순욱은 조조의 뜻을 미루어 짐작했다. 독약을 마시고 죽었다. 깨끗한 처신이었다. 왕위에 오르는 것을 용납할 수는 없고, 그렇다고 조조와 맞설 수도 없다. 그렇다면 내가 사라져주자는 선택이었다. 212년이었다. 나이 50, 세상과 하직 인사를 나누기엔 이른 나이였다. 천수를 누린 죽음도 아니었다. 허나 그에겐 후회는 없었으리라. 미련도 없었으리라. 조조와 함께 21년 동고하고 동락했으나 죽음 앞에선 그 혼자였다. 그것만이 아쉬웠을 것이다. 이형기가 읊은 〈낙화〉의 심정이 그의 그것과 다르지 않았을 것이다.

가야 할 때가 언제인가를
분명히 알고 가는 이의
뒷모습은 얼마나 아름다운가.

　　　　　　　　　　　　　　　　　　　1인자를 만든 참모들

봄 한철
격정을 인내한
나의 사랑은 지고 있다.

분분한 낙화…
결별이 이룩하는 축복에 싸여
지금은 가야할 때,

무성한 녹음과 그리고
머지않아 열매 맺는
가을을 향하여
나의 청춘은 꽃답게 죽는다.

헤어지자
섬세한 손길을 흔들며
하롱하롱 꽃잎이 지는 어느 날

나의 사랑, 나의 결별,
샘터에 물 고이듯 성숙하는
내 영혼의 슬픈 눈.

순욱의 입장은 조조의 야심을 견제한 것으로 이해되고 있다. 훗날 조조가 왕에 오르고, 그 아들이 제위를 선양 받은 것에 비춰본 해석이다. 순욱이 주공周公을 조조의 롤모델role model로 설정했을 수도 있다. 그랬다면 당연히 조조가 황제로 오르는 것을 용납할 수 없었을 것이다. 과연 그랬을까?

순욱의 언행을 다르게 바라볼 수도 있다. 이미 건국한 지 4백 년이 넘고, 왕조 말기의 데카당스décadence가 만연한데 무엇 때문에 한漢왕조를 고집했으랴. 시기상조, 그는 아직 때가 아니라고 판단했다. 대세를 거의 장악하긴 했지만 천하를 완전히 평정한 것은 아니다. 왕위에 오르더라도 이를 마무리하고 해야 한다. 또 조조가 칭제하면 유비나 손권도 칭제할 것이다. 이렇게 되면 상황이 복잡해진다. 유비나 손권이 한 나라의 틀을 갖도록 유도할 게 아니라 지금 이 상태로 가서 고사枯死시켜야 한다. 이런 생각을 했을 것이다. 천하를 억지로 움켜쥐려 하면 점점 더 멀어지게 마련이다. 실제 역사의 진행도 그랬다. 삼국이 정립해 싸웠다. 순욱의 말대로 끝까지 덕을 존중하고 자중해 민심을 얻었다면 유비와 손권도 궤멸됐을 것이다.

아예 순욱이 조조를 도운 것 자체가 잘못된 것이라는 시각도 있다. 시인 두목杜牧이 말했다. "순욱이 조조를 도운 것을 잘못이라고 하지 않는다면, 도둑에게 담을 뚫거나 넘어 들어가 궤짝을 여는 방법을 가르쳐주기만 했기 때문에 같이 훔친 것은 아니라는 주장과 같다." 문사文士의 감상은 패배한 자, 죽은 자를 더 무겁게 여긴다고 했던가. 두목의 평가는 마음 여린 시인의 목가적 낭만일 뿐이다. 백성이 도탄에 빠지고 왕조는 허물어져 가는데 손 놓고 있어야 한다면, 조조가 도둑 나부랭이에 불과하다면, 그건 허망한 말질일 뿐이다.

순욱은 새로운 통일 왕조 건국이라는 시대 흐름을 거슬렀는가. 삼국시대가 진晉의 통일로 끝났으나 그 치세는 얼마가지 못했다. 진이 통일한 것은 280년이었다. 허나 불과 11년 뒤인 291년부터 15년 동안 지속한 8왕

    1인자를 만든 참모들

의 난으로 흔들렸다. 317년부터는 위진남북조魏晉南北朝 시대로 접어들었다. 그 이후 618년에 당唐이 통일하기까지 장장 434년 동안 혼란은 계속됐다. 이처럼 현실의 역사가 순욱의 생각을 옳다고 증명해주고 있다. 성급하게 왕위에 오른 것은 실책이었다.

순욱은 찬물에 돌 같은 존재였다. 순욱에게는 유능한 참모에게 찾기 어려운 지조가 있었다. 조지훈은 순결한 정신을 지키기 위한 불타는 신념이 지조志操라고 했다. 대체로 참모가 보스의 의사를 거역하기란 결코 쉬운 일이 아니다. 순욱의 지조는 낡은 왕조를 끌어안고 같이 죽는 것이 아니었다. 자신의 판단에 충실했다는 점에서 지조가 있었다는 말이다. 엉터리 유선劉禪을 끌어안고 분투한 공명의 지조가 아름답지만, 자신의 판단을 위해 목숨까지 던진 순욱의 지조도 정말 아름답다.

진수의 평가에 따르면, 순욱은 덕으로써 행동해 주위로부터 신임을 얻었다. 정도가 아니면 가질 않았고, 만인의 모범이 됐다. 참모란 직책의 성격을 고려하면, 덕을 갖추고 소신까지 있는 순욱의 품격은 존경할 만하다. 『자치통감資治通鑑』의 저자 사마광은 순욱을 경세가의 사표 관중에 비교하고 있다. 순욱이 조조를 섬긴 것은 도탄에 빠진 백성을 구하기 위함이었으며, 그는 난세를 치세로 바꾸었다고 평가했다. 천하의 열 가운데 여덟을 차지하게 했으니 관중을 능가하는 공적이라고 적고 있다.

좋은 새는 나무를 가려 깃들이고, 지혜로운 신하는 주인을 가려 섬긴다良禽擇木而棲, 賢臣擇主而事. 순욱은 조조를 만나 그 뜻을 펼쳤다. 웅대한 구상으로, 혀를 내두르는 묘책으로, 그리고 치밀한 정치로 난세를 평정했다. 결코 그 뜻을 충분히 살리지 못한 것이 아니었다. 그는 흠모의 정이 느껴지는 초일류의 참모였다. 역사를 읽다 보면 가끔 이런 인물이 그리워지는 것은 왜일까.

m e n t o r i n g

● 그저 상황이 어려울 것이라면 그냥 참으라. 그러나 보스가 성에 차지 않는다면 주저 없이 떠나라. 맞지 않는 건 붙잡고 있어봐야 헛일이다. 아옹하면서도 인내하는 것은 허망할 따름이다. 아니다 싶을 때는 일찌감치 떠나라.

● 위기일 때 더 마음을 가라앉히라. 두려움이 없는 사람은 없다. 누구나 두렵고, 누구나 무섭다. 하지만, 두려움을 이겨내는 것이 용기다. 용기는 참모의 필수 기술이다.

● 혼자일 때 사람은 한낱 짐승이다. 허허벌판에 쓰러진 상처 난 짐승일 뿐이다. 그러나 더불어서 함께할 때 사람은 신이다. 놀라운 성과를 만들어내고, 기적을 일으킬 수 있다. 어울리면서 베풀고 나누는 참모가 되라.

● 지조를 가지라. 참모를 눈알 굴리는 모사꾼이라고 생각하지 말라. 잔재주에 현혹되지 않아야 한다. 신념을 갖고 소신으로 승부하는 멋진 참모가 되라.

● 참모가 견지해야 할 첫째 원칙은 공심위상이다. 승리, 성공, 행복은 모두 마음에서 비롯된다. 내 마음, 그의 마음, 많은 이의 마음이 관건이다. 마음에서 시작하고, 마음에서 끝을 보라.

장량 & 유방

전투가 부분이라면 전쟁은 전체다. 전투에서 이기고도 전쟁에서 질 수 있다. 하나하나의 전투에 급급하기보다는 전쟁에서 이길 수 있도록 구도를 잘 관리해야 한다. 장량이 그랬다. 유방과 항우 간의 천하쟁패에서 유방은 연전연패했다. 그러나 항우가 전투에서 이기고 지는 것에 매몰되어 있을 때, 장량은 시대의 저류底流에 흐르는 민심을 얻으려 했다. 그것이 날건달 '형님' 유방을 중원의 지배자로 만든 비결이었다.

04

참모의 대명사, 장량

장량張良에게는 허름한 신화가 하나 따라다닌다. 『사기』에 나오는 이
야기다.

　어느 날, 장량은 산책을 나갔다. 다리 부근에 이르렀는데 남루한 옷의
노인이 다가와서, 일부러 신발을 벗어 다리 아래로 던졌다. 그리고는 턱으
로 다리 아래를 가리키며 장량에게 말했다.
　"이봐! 내려가서 저걸 좀 주워 와."
　장량은 화가 치밀었다. 하지만 숨어 사는 주제에 쓸데없이 소란을 일으
키는 것은 피하고 싶었다. 게다가 상대가 노인이었다. 뒤틀린 속내를 숨기
며 장량은 노인을 쳐다보았다. 비쩍 마른데다 표정이라고는 전혀 없었다.
뭔가 탈속脫俗의 분위기, 청량한 기운이 느껴졌다.
　장량은 다리 아래로 내려가 신발을 주워 노인에게 주었다. 장량이 몸을
틀려는 순간 노인이 말했다.
　"신겨라."
　노인이 한쪽 발을 내밀었다. 기왕에 내친걸음 아닌가. 장량은 자연스럽
게 몸을 굽혀 노인의 발에 신발을 신겼다.
　'어쭈. 이 녀석 보게. 제법이네.' 장량의 몸짓을 지켜보면서 보일 듯 말 듯

미소를 짓더니, 노인은 어기적어기적 천천히 사라졌다.

백여 발자국 남짓 걸어가던 노인이 이내 돌아와 장량을 불렀다.

"보아하니 장래성이 있는 놈이야. 닷새 후에 이 자리에 나오도록…"

"예."

엉겁결에 장량이 머리를 숙이자 노인은 만족스런 표정을 지었다.

장량이 노인의 말을 믿은 건 아니었으나 호기심이 일었다. 장량은 닷새 후 이른 아침 다리로 나갔다. 하지만 먼저 나와 있던 노인이 눈을 부라리며 냅다 호통을 쳤다.

"늙은이를 기다리게 하다니 무슨 버르장머리야!"

그리곤 휙 돌아서서 일갈했다.

"닷새 후에 다시 이 자리로 와."

다시 닷새 후 장량은 첫닭 우는 소리와 동시에 그곳에 나타났다. 그러나 이번에도 역시 노인이 먼저 와 있었다.

"또 늦었어! 닷새 후에 또 한 번 오라구."

이번에도 노인은 그냥 돌아가 버렸다. 다시 닷새가 지났다. 장량은 잠도 자지 않고 아예 밤부터 다리에서 기다렸다. 잠시 후 노인이 나타나 장량에게 책 한 권을 건네주었다. 책의 제목은 『태공병법太公兵法』이었다.

노인은 말했다.

"이 책을 공부하면 훗날에 남을 도와 제왕의 위업을 달성할 수 있을 것이네. 13년 후에 자네는 필경 세상을 뒤흔드는 인물이 돼 있을 터이니, 그때 우리 다시 만나세."

도대체 왜 사마천은 사실을 기록한 역사서 『사기』에 이런 허황된 에피소드를 실었을까? 이 짧은 에피소드가 주는 메시지가 결코 허술하지 않

                               1인자를 만든 참모들

기 때문이다. 우선 장량이 몸을 철저하게 낮추었다는 점이다. 이름 모를 노인이 느닷없이 신발을 던져놓고 주워 오라고 하고, 경우 없이 그 신발을 신기라고 하고, 약속 시간에 조금 늦었다고 종작없이 다시 나오라고 하는 등의 무리한 요구에도 장량은 참고, 또 참았다. 감정을 다스리는 것이 바로 극기다. 리더가 아니라 그림을 그리고 옵션을 따지는 참모라면 감정의 포로가 되는 건 금물이다. 이 에피소드가 주는 메시지도 마찬가지다. 감정을 컨트롤하고 불편함을 견뎌내는 냉정함, 이것을 가져야만 최고의 참모가 될 수 있다는 것이다. 소동파도 이때 다리 위의 노인이 가르친 것은 냉철함이라고 해석하고 있다.

다른 하나는 일면식도 없던 남루한 노인의 불합리한 지시에 장량이 순순히 응했다는 점이다. 치세治世도 가끔 그렇지만 난세에는 특히 예상치 못한 변수나 요인에 의해 대세가 좌우되기 마련이다. 전쟁학에서 말하는 이른바 '불확실한 전환 요인hinge factor'이다. 그러나 사실 어떤 일이든 예상대로 진행되는 경우란 극히 드물다. 따라서 이러한 돌발 변수의 출현 그 자체는 큰 문제가 아니다. 문제는 모른 척 외면하거나, 소홀히 다루는 것이다. 장량이 옷깃을 스친 인연조차 없는 사람으로부터 얼토당토 않은 명령을 받고서도 묵묵히 따랐다는 사실을 통해 무릇 참모라면 예상치 못한 변수가 발생하더라도 모른 체해서는 안 된다는 메시지를 담고 있다.

대개 참모들은 똑똑할수록 자신이 전체 국면을 제대로 읽고 있다는 자부심을 갖기 마련이다. 그러다 보면 그 자부심이 아집으로 변해 우연히 맞닥뜨리게 되는 돌발 변수나 어떤 기미, 징후를 하찮게 생각한다. 아무리 지성이 뛰어나고, 경험이 풍부하다고 하더라도 모든 요인이나 변수를 다 예측하거나 맘대로 통제할 수 없다. 착각이요, 헛된 생각이다. 아무리 탁월한 천재라고 할지라도 상황이, 인간이, 혹은 역사의 신이 뒤엉켜 만들어가는 불가측의 난상亂相을 인정하고 받아들여야 한다. 장량의 에피소드는 그것을 말하고 있다. "보고자 태어났고, 관찰하도록 운명 지어졌다." 괴테의 이 말도 같은 맥락이다.

장량이란 이름은 참모 중의 참모, 참모의 대명사이다. 그 이름은 고유명사가 아니라 불가일세不可一世의 참모를 뜻하는 일반명사가 됐다. 장량은 중국 역사의 거대한 물줄기를 바꾼 기획자요, 절대 열세의 판세를 뒤집은 최고의 전략가였다. "군정을 분석해 진중에서 계책을 꾸며 천 리 밖의 전투에서 승리를 거두는 데는 장량을 따르지 못한다." 장량에 대한 보스 유방의 평가다.

장량의 외모는 미모의 여자와 같았다고 한다. 몸은 화사하고 병약했다. 투명하게 보일 정도로 새하얀 볼은 여장을 하면 그냥 미모의 여성으로 변해버릴 정도로 고운 용모였다. 그의 마음도, 예지도 용모만큼이나 해맑았다.

장량이 놀던 무대는 위대한 폭군 시황제의 진秦 제국이 무너지는 시점, 이른바 초한쟁패의 시대였다. 유방과 항우가 격돌한 난세였다. 그는 건달 유방을 리더로 선택했고, 그를 황제로 옹립했다. 연전연패, 지는 데 이골이 난 유방을 한漢 왕조의 창업자로 만들었기에 최고의 명성은 당연하다.

그런데 장량이 과연 신출귀몰한 계책을 쏟아냈던 책사인가. 대체로 이렇게 이해되고 있지만, 사실은 아니다. 장량은 책략의 귀재이기는커녕 오히려 둔했다. 장량이 유방을 도와 승리로 이끈 전투는 극소수의 경우에 불과했다. 장량은 민심을 얻는 정치에 매진하고 전체 대국을 관리한 전략가로 보는 게 옳다.

　　　　　　　　　　　　　　　　1인자를 만든 참모들

최초로 중국 대륙을 통일한 진시황

장량.

자는 자방子房으로 전국시대 한韓나라의 귀족 출신이었다. 한나라는 전국시대 7웅의 하나였다. 그의 할아버지는 3명의 한왕韓王을 모신 재상이었고, 부친도 2명의 한왕을 보필한 재상이었다. 기원전 230년, 한나라가 진시황에 의해 이른바 7웅 중 제일 먼저 멸망할 당시 장량의 집안은 가솔이 3백 명에 이를 정도로 재산도 풍족했다. 장량은 조국 한나라를 다시 일으키고자 했다. 이를 위해 진시황을 암살하기로 작정하고, 많은 재산을 모두 처분해 자객을 모으기 시작했다.

마침내 기회가 찾아왔다. 시황제가 동방을 순행하던 참이었다. 시황제의 행렬이 박랑사에 다다랐을 때, 장량이 고용한 힘센 역사가 철퇴를 던졌으나 실패했다. 옆 수레를 맞힌 것이었다. 이때가 기원전 218년이었다. 격노한 시황제가 수배령을 내리자 하비下邳로 숨어들었다. 장량은 이때부터 부모가 물려준 희姬씨 성을 버리고 장張씨로 바꾸었다. 남루한 노인을 만난 것도 이 하비에서였다.

여조과목如鳥過目에 오비토주烏飛兎走라 세월이 발걸음을 재촉했다. 장량이 하비에서 노인과의 이상한 만남을 겪은 지 어언 10년이 지났다. 천하는 혼란으로 빠져들고 있었다. 기원전 210년, 사상 처음 대륙을 통일한 위대한 폭군 진시황이 죽었다. 시황제가 죽자 진승·오광이 가장 먼저 반란의 기치를 쳐들었다. 진승은 '왕후장상의 씨가 따로 있다더냐'고 외쳤다. 10년을 숨어 지내며 다시 복수의 기회를 엿보던 터라 장량도 하비 부근의 젊은이 백여 명을 끌고 진승의 반란군에 가담하기 위해 길을 떠났다. 하지만 도중에 자칭 황제라던 진승이 패했다는 소식을 듣게 됐다. 진승을 대체한 경구 밑으로 들어가기 위해 다시 이동하던 중 숙명처럼 유방을 만났다. 기원전 208년의 일이다. 유방劉邦은 패沛 지방에서 '패공'이라는 이름으로 수천 명의 소집단을 거느리고 있었다.

이들의 만남에 대해 사마천은 이렇게 적고 있다.

"모든 사람들이 장량의 말을 귀담아듣지 않았는데, 오직 유방만이 그를 높이 평가하고 따르자 장량이 '패공은 거의 하늘이 내린 인물이다'라고 했다."

둘은 배포가 맞았다. 식자와 한량이라, 서로 다른 부류였기에 그들은 더 상대에게 끌렸다. 유방은 장량의 조리 있는 설명과 구상에 매료됐다. 장량은 열심히 듣는 유방을 보면서 거대한 독에 물을 부어 채우는 듯한 쾌감을 느꼈다. 간과 쓸개가 상조하듯 통하는 사이가 됐다. 장량은 유방의 객으로 대접받았다. 하지만 유방과 장량이 함께 대륙을 질주하는 시대가 열리기 위해서는 좀 더 세월이 필요했다. 이즈음 난세의 주역은 항량과 항우였다. 장량과 유방은 아직 웅비라는 단어조차 떠올리기 힘들 정도로 구석의 이름 없는 필부에 불과했다.

건달 유방 vs 장군의 아들 항우

유방은 어떤 인물인가?

놈팡이 건달이다. 돈벌이도 할 줄 모르고, 그렇다고 학문을 하는 것도 아닌 진짜 날건달이었다. 재주라곤 '사람 끄는 힘', '너그러운 인격', 용안龍顏이란 말의 유래가 되는 '오똑한 콧날에 용을 닮은 얼굴'뿐이었다. 유방은 중원 문화의 영향이 거의 미치지 않는 벽지僻地 패현沛縣에 위치한 농촌 집안의 막내로 기원전 247년에 출생했다. 방邦이란 이름도 형 또는 언니를 부를 때 쓴 방언이다. 유방 즉 '유 형님'이란 말처럼 그의 정체성이나 인격을 잘 나타내주는 말도 없다. 유방은 재주도 없고, 가진 것도 없었으나 타고난 형님이었다. 태생이 미약하거나, 재주가 비천해도 리더가 될 수 있다. 풍채가 작거나, 못 생겨도 리더가 될 수 있다. 그러나 다른 사람을 품을 수 있는 그릇, 그들의 충성을 이끌어낼 수 있는 배포가 없으면 결코 리더가 될 수 없다. 유방이야말로 리더의 전형이다.

유방은 하는 일도 없이 개고기 장사꾼 번쾌, 마구간 잡역부 하후영, 장례식의 나팔수 주발, 비단 장수 관영 등을 몰고 다니면서 술이나 계집질로 소일했다. 그런데도 패현의 하급 관리였던 소하蕭何와 조참은 그런 유방을 열심히 따랐다. 술만 먹으면 '나는 용의 아들이다'라고 외치는 허풍쟁이에다가 빈털터리인 유방을 이처럼 사람들이 형님으로 모시는 것이

한고조 유방. 흔히 품격 넘치는 문인으로 그려지는 유방은 사실 '날건달' 이었다.

곧 유방이 가진 불가사의한 힘이었다. 진 제국의 법가 통치로 인해 숨 막혀 하는 세상이었기에, 사람들이 자못 그리워하는 하나의 인물상이 곧 규격이나 형식을 초탈하는 넉넉한 인물됨이었다. 이런 까닭에 무일푼 거나리 유방이 골목대장이 될 수 있었다.

유방은 서른 살에 관리로 채용됐다. 자리는 정장亭長이었다. 정장은 관리들의 숙박 시설인 정亭을 책임지고, 경비 업무도 맡아 보는 말단 관리였다. 유방이 40세의 나이에 거병해 열다섯 살 어린 항우와 천하를 놓고 쟁패하게 되는 것도 유방이 정장으로 있었기에 그 시작이 가능한 것이었

    1인자를 만든 참모들

초패왕 항우. '힘은 산을 뽑아내고 기세는 세상을 덮을 만' 했으나 단 한 번의 패배로 천하를 잃었다.

다. 유방은 정장으로서 여산에 시황제의 능묘를 만들기 위해 동원되는 죄수들을 인솔해 가게 되었다. 가혹한 세금에 시달리고, 이제는 노역까지 해야 하는 까닭에 인부들은 중간에 슬슬 도망을 가기 시작했다. 처음 출발할 때 5백 명이었으나 나흘 만에 절반으로 줄어들었다. 책임자로 처벌이 두려웠던 유방은 십여 명을 이끌고 도망쳐 패 지방의 늪지대에 숨어들었다.

진승과 오광이 일으킨 반란의 회오리바람은 패현에도 미쳤다. 광부의 소하, 조참과 내통하던 유방은 현령을 죽이고, 백여 명의 부하들을 이끌고 입성해 패공의 자리에 올랐다. 그리고는 패의 자제 2천여 명을 이끌고 난세에 뛰어들었다.

역발산기개세力拔山氣蓋世의 항우!

항우의 우羽는 자이며, 이름은 적籍이다. 항우는 스무 살 즈음에 키가 8척(약 184cm)이나 될 정도로 당당한 몸태를 가지고 있었다. 항우는 막내 숙부인 항량項梁의 손에 자랐다. 항량은 초나라의 장군 항연의 아들이다. 항연은 진이 강성해지고, 나머지 6국이 쇠약해졌을 때 초나라 군대를 지휘하면서 어렵게 나라를 지탱했다. 때문에 초나라 사람들에게 항연은 반진反秦 정서의 상징, 민족적 우상이었다. 진나라 2세 황제 원년 7월, 항량과 항우는 거병했다. 이때 항우의 나이 스물넷이었다.

그들은 강남 지역을 일통하고 내실을 다진 뒤 장강을 넘어 북진했다. 연전연승을 거듭하며 병력을 키운 그들에게 범증范增이 찾아와 책사를 자임했다. 70세의 노인 범증은 단 한 번도 벼슬을 하지 않은 재야인사로, 스스로 초나라의 유민遺民임을 자처했다. 초가 다시 일어서는 모습을 두 눈으로 보고 죽는 것이 그의 소망이었다. 범증은 항량을 만나 오랫동안 품어온 방략方略을 펼쳤다.

"일찍이 초나라의 예언자 남공南公이 '비록 초나라가 세 가구 정도밖에 남지 않을 정도로 쇠퇴한다고 할지라도 반드시 진나라를 쳐 없앨 것이다'라고 말한 것은 적개심에 가득 찬 초나라의 민심을 알고 있었기 때문입니다. 진승은 모처럼 반란의 선수를 잡았으면서도 초나라의 자손을 세우지 않고 스스로 왕이 되었기 때문에 실패한 것입니다.

당신이 군사를 일으키자 초나라 각지에서 일어선 사람들이 앞을 다투

          1인자를 만든 참모들

어 몰려왔습니다. 그것은 당신이 초나라 장군의 집안에서 태어난 사람인
데다가, 초나라를 재건시켜줄 것이라고 기대하기 때문입니다. 장군께서는
이 점을 잊지 않으셔야 합니다."

범증이 건의한 전략 구상은 초나라의 강력한 반진反秦 정서를 이용해
야 하며, 이를 위해서는 초나라 왕의 자손을 왕으로 세워야 한다는 논리
였다. 기원전 208년, 초나라 회왕이 세워졌다. 유방도 합류했다. 이때 장
량은 항량에게 한나라의 재건을 청했다.

"초왕의 후계자를 결정하셨으니, 이번에는 한왕韓王에 대해서도 배려가
있으시기를 바랍니다. 한나라 제후 가운데는 성成이 걸출한 인물입니다.
그분을 한왕으로 세우신다면 우리 세력은 보다 강화되리라고 믿습니다."

항량은 성을 한왕에 옹립한 후 장량을 재상에 임명했다. 장량은 한왕
성을 내세운 공으로 천여 명의 병사를 얻었다. 그는 유방을 떠나 직접 병
사를 움직여 한나라의 성 몇 개를 손에 넣었다. 병약하고, 가냘픈 몸매의
장량이 실전에 참여한 것은 그것이 처음이었다. 하지만 얼마 지나지 않
아 얻은 성도 금방 잃어버리고 말았다. 그러나 장량은 유격전으로 계속
버텼다.

유방과 항우가 진류성을 공략하던 중 항량이 전사했다. 항우는 팽성彭
城에 자리를 잡고, 우이에 있던 회왕을 불러들였다. 회왕은 모든 제후, 장
수들이 모인 자리에서 이렇게 말했다. "장수들은 역량을 발휘해 진과 싸
우라. 먼저 관중에 들어가는 장수를 관중왕으로 삼을 것이다." 관중은
진의 수도 함양이 위치한 땅이다. 진 제국 타도를 공개 천명해 이미 멸망

한 여섯 나라의 유민을 한데 모으려는 속셈이었다.

작전 회의를 열었다. 초나라의 주력부대는 북방 조나라의 거록으로 가 진나라의 주력부대와 일전을 벌이는 것에 모든 운명을 걸기로 했다. 상장 군은 회왕의 총신 송의朱義, 차장군은 항우가 맡았다. 그리고 별동대를 따로 편성해 서쪽으로 직진해 관중으로 밀고 들어가도록 했다. 이는 수 비가 허술한 관중의 허점을 찌르고 들어감으로써 거록에 주둔하고 있는 진나라의 주력군을 분산시키려는 계산 때문이었다. 별동대의 장군에는 유방이 임명됐다. 항우를 견제하려는 송의와 회왕의 속셈 덕분이었다. 이 제 유방은 골목대장이 아니라 어엿한 장수의 반열에 올라서게 됐다.

20만을 생매장하고 어찌 민심을 얻을 것인가

항우는 사람 간에 얽힌 인연의 사슬, 발목 잡는 명분의 허울을 생리적으 로 싫어했다. 그는 싸움 그 자체를 좋아하는 우직한 인물이었다. 그런 그 에게 모사꾼 송의는 눈엣가시였다. 송의는 사사건건 항우를 견제했다. 거 록으로 진격하던 중 송의가 제 아들을 제나라의 재상에 앉히기 위해 사 적으로 밀통했다. 항우가 이를 빌미로 송의를 처단하고 단숨에 대권을 장악했다. 거추장스런 떨거지들을 쓸어내고 명실공히 1인자가 됐다. 거 록을 향하는 항우의 군대는 7만, 거록을 지키고 있는 진나라 군대는 30 만 대군이었다. 그러나 파죽지세, 항우는 다른 제후들의 도움을 거의 받 지 않은 채 30만 대군을 일거에 무찔러버렸다. 진나라를 격파한 뒤 항우 는 제후의 대장들을 초청했다. 위세진천, 초군의 군문을 통과할 때 그들 은 모두 무릎걸음을 걸어야 했다. 기고만장, 아무도 그 앞에서 똑바로 고 개를 쳐들지 못했다.

　　　　　　　　　　　　　　　　　1인자를 만든 참모들

거록에서의 승리!

이것으로 항우는 천하를 거의 움켜쥔 것이나 다름없었다. 하지만 싸움만 알았지 정치를 몰랐던 항우는 여기서 어처구니없는 만행을 저지르고 말았다. 사로잡히거나 항복한 20만 진나라군이 초나라군의 행패에 반발하는 조짐을 보이자, 항우는 이들을 신안에서 계곡으로 밀어 넣어 생매장했다. 진나라군의 총수였던 장함, 장사흔, 동예만은 살려주고, 그 뒤에도 계속 중용했다. 무려 20만을 묻어버렸으니 세계사에 유례가 없는 대학살이었다. 이것으로 항우의 운명은 이미 정해진 것이나 다름없었다.

용병지도 공심위상用兵之道 攻心爲上이라고 했다.『삼국지』에 나오는 말이다. 그렇다. 사람의 마음을 공략하는 것이 곧 병법의 요체다. 20만을 죽이고서 어떻게 천하의 민심을 얻을 수 있겠는가. 이런 일을 막아야 할 참모 범증이 오히려 대학살에 적극 가담했다는 사실은 그가 시대의 소명을 감당할 기획자로서는 애당초 못 미치는 인물이었음을 보여준다. 중구삭금衆口金이란 말이 있다. 여러 사람의 말은 쇠도 녹인다는 뜻이다. 20만의 망자와 인연이 닿아 있는 수많은 가족, 친구, 친척, 지인들이 한입으로 떠드는데 항우가 무슨 재간으로 견뎌낼 수 있으리오.

항우가 거록에서 대승을 거둘 무렵 유방은 별동대를 이끌고 서진하고 있었다. 길목마다 진 제국의 성들이 즐비하게 늘어서 있는데, 불행하게도 유방의 군대는 잡군에 불과했다. 사기도 높지 않았고, 수적으로도 변변치 못했다. 때문에 유방은 북으로 갔다 남으로 갔다 하면서 흐느적거리며 기신기신 서쪽으로 나아가고 있었다. 유방이 환원轘轅에 이르렀을 때, 장량은 한나라 땅을 떠나 유방과 합류했다. 기원전 207년의 일이다. 이제는 '객'이 아니라 참모로서 작전에 깊숙이 관여하기 시작했다.

장량은 분위기 쇄신이 필요하다고 판단했다. 이를 위해서는 작은 전투에서라도 이겨보는 승리의 경험이 절실했다. 목표는 자신이 잘 아는 한나라 땅으로 정했다. 한나라의 작은 성들을 공략함으로써 적을 동요시키는 한편 유방군의 전력을 보강하고, 아군의 사기도 높일 수 있다는 계산이었다. 이처럼 장량은 기책奇策을 좋아하지 않았다. 수많은 변수들을 충분히 검토한 뒤, 얻을 수 있는 목표에 집중하는 등 지극히 합리적인 전략을 구사했다. 덕분에 유방은 한나라의 10여 개 성을 점령했다.

남들과 똑같이 생각하면 유능한 참모가 아니다. 남들이 못 보는 걸 봐야 하고, 남들보다 한발 앞서 봐야 한다. 다른 이들이 못 듣는 걸 들어야 하고, 작은 소리도 놓치지 않아야 한다. 또 전체에 대한 조망을 한시도 놓쳐서는 안 된다. 장량은 관중이 있는 서쪽으로 곧장 가는 직진 코스를 저지했다. 대신 남쪽으로 일단 내려가는 남하南下 코스를 제안했다. 세력을 좀 늘려서 관중으로 쳐들어가자는 논리였다. 그에 따라 유방은 계속 남하해 남양성에서 진 제국의 군대를 물리쳤다. 유방이 이 승리를 계기로 관중 진입을 위한 서진西進을 명하자 장량이 다시 제지했다. 장량은 더 남하해 완성을 공략해야 한다고 주장했다. 지금 당장 관중으로 들어서면 그 길목을 지키는 진 군대와 맞붙어야 한다. 그때 후방의 완성에 있는 진 군대가 뒤에서 협공하면 유방군이 험로에 갇히게 된다. 이런 점을 우려한 까닭이었다. 유방은 장량의 전략을 수용해 완성을 공격했다. 완성을 점령한 후에야 비로소 장량은 서진을 허락했다.

드디어 관중 땅에 들어섰다. 유방군은 저항하는 진군을 가차 없이 쳐부수고, 군사시설을 파괴했다. 참으로 냉혹했다. 진나라 군대가 항우군에 비해 유방군을 깔보는 고정관념을 바꿔놓으려는 생각 때문이었다. 신뢰는 무기를 이긴다고 했다. 사람과 민심이 텍스트text고, 재물과 보화는 레퍼런스reference일 뿐이다. 때문에 답은 언제나 공심위상이다. 장량은

     1인자를 만든 참모들

유방으로 하여금 명을 내려 병사들이 진나라 백성의 재물을 강탈하거나, 생명을 빼앗는 일을 철저히 금하도록 했다. 진나라 백성의 공포심을 완화시키려는 의도였다. 항우의 '신안 사건'과 비교할 때, 이 얼마나 위대한 차이인가.

유방의 소탐小貪이 불러온 대실大失

관중에 들어선 지 한 달이 지났다. 마침내 유방은 진 제국 수도 함양의 지척에 있는 패상霸上에 이르렀다. 기원전 206년 10월이었다. 진 황제는 패상에 사자를 보내 무조건 항복했다. 진 제국은 허무하게, 너무나 허망하게 무너졌다. 그 책임은 조고의 농간에 넘어간 제국의 건설자 이사에게 있었다. 황제를 죽여야 한다는 주장도 있었으나 유방은 듣지 않았다. 관중의 민심을 얻으려는 장량의 구상에 따른 것이었다.

승리자 유방은 위풍당당하게 함양의 궁전으로 들어섰다. 궁전에는 보물과 여자가 넘쳤고, 모든 게 화려하고 풍성했다. 유방은 궁전에 머물고 싶었다.

장수 번쾌가 외쳤다.

"불가합니다."

"흥!"

유방은 콧방귀를 뀌었다. 이긴 놈으로서 뻐기고 싶은 마음도 있고, 어차피 놀기 좋아하던 유방 아니던가. 장량이 나서지 않을 수 없었다. 에둘러 말하지 않고 직언했다. 직언하지 못하면 참모란 단지 수하에 불과할 따름이다.

"이제까지 진나라가 무도한 짓을 저질렀기 때문에 우리가 이곳까지 쉽게 올 수 있었습니다. 아직 천하가 평정되지도 않았고, 진나라를 완전히 격파하려면, 진나라와 반대로 공께서는 마땅히 검소하게 입고 먹는 것으로 만족하셔야 합니다. 함양을 빼앗았다고 해서 보물과 미녀에 눈이 멀어 음란에 빠지면 걸왕보다 더 포악한 짓을 했다고 욕할 사람도 생길 것입니다. 충언은 귀에 거슬리나 실행함에 이로우며, 좋은 약은 입에는 쓰나 병을 고친다고 말합니다. 제발 번쾌의 권유에 따르십시오."

유방은 들을 줄 아는 인물이었다. 그는 패상으로 돌아가 군사들과 함께 야영을 했다. 그곳에서 포고령을 내렸다. 핵심은 법삼장法三章이었다.

"우선 법은 세 가지만 정한다. 즉, 사람을 죽인 자, 사람을 상해한 자, 도둑질한 자는 처벌한다는 것이다. 그 외에 진나라가 정한 모든 잔인하고 복잡한 법령들은 모두 즉시 폐지한다."

유방은 백성에게 이 취지를 널리 알리게 했다. 진 제국의 철통 같은 법가 통치에 짓눌려온 터라 사람들은 이 조치를 환영했다. 어떤 사람들은 군사들을 대접하기 위해 고기와 술, 음식 등을 가지고 왔으나, 유방은 정중히 거절했다. 유방의 인기는 날로 높아졌다. 구르는 눈덩이처럼 순식간에 불어나는 것이 환호성이다. 유방을 왕으로 추대하자는 여론도 생기기 시작했다. 유방과 왕이란 단어를 하나로 묶어서 생각하게 된 것이 가장 큰 성과였다. 이것은 향후 유방이 겪게 될 숱한 위기와 험로에서 재기할 밑천이 돼주었다.

유방의 이런 행보는 장량의 '민심 얻기' 전략에 의한 것이었다. 장량이

                                        1인자를 만든 참모들

다리 위 노인에게서 받은 병법서에는 이런 글귀가 있었다. "나라가 다스려지고 집안이 평안한 것은 사람의 마음을 얻었기 때문이요, 나라가 망하고 집안이 몰락하는 것은 사람의 마음을 잃었기 때문이다治國安家 得人也, 亡國破家 失人也." 범증은 20만을 매장해 실인失人했고, 장량은 안민 정책으로 득인得人했다. 범증이 얕은 초식의 참모라면, 장량은 깊은 내공의 참모라 하겠다.

화禍와 복福은 들어오는 문이 같고, 이利와 해害는 솟아나는 터가 같다고 했다. 찬란한 승리의 순간에 위기의 독연毒煙은 슬그머니 스며든다. 항우가 들어서면 함곡관으로 나아가 상장군을 맞이하는 게 유방의 도리였다. 어떤 이가 함곡관을 봉쇄해 주력군을 이끌던 항우의 입성을 막자는 안을 냈다. 옳다구나, 유방이 덥석 받아들였다. 소수의 병력을 보내 함곡관을 봉쇄했다. 어쩌자는 것인지… 이참에 항우와 건곤일척의 승부를 내려는 것이라면 소수의 병력을 보낼 게 아니었다. 전 병력을 배치해야 했다. 승부를 보자는 것도 아니고, 환영하는 것도 아니었다. 엉거주춤, 이도 저도 아닌 최악의 수였다. 결국 유방은 항우의 입성을 막지도 못하고, 그의 불같은 성질만 건드리고 말았다.

위기의 순간, 장량은 무엇을 하고 있었을까? 그즈음 그는 뒤에 조용히 물러나 있었다. 입을 닫고 관망했다. 진 제국 멸망이라는 복수의 일념이 성취되자 진한 허탈함이 찾아왔다. 어차피 유방은 복수를 위해 선택한 사람이었다. 그에게 민심을 선물한 것으로 보답은 충분히 한 것이었다. 유방을 좋아하기는 했으나 그 깜냥에 대해서는 아직 확신이 서지 않았다. 다음에 뭘 해야 할지 곰곰이 헤아렸다. 한가로이 모든 것을 천명에 맡긴 채 상황이 굴러가는 모양새를 물끄러미 지켜보고 있었다. 장량의 몸과 마음은 태허太虛 즉 '텅 빔' 그 자체였다. 그 틈에 유방은 사지로 슬금 슬금 들어가고 있었다.

　항우가 길목을 봉쇄한다고 순순히 물러날 위인인가. 항우는 간단하게 함곡관을 돌파해버렸다. 순식간에 함양을 향해 짓쳐들어 홍문鴻門에 둥지를 틀었다. 항우는 40만 대군, 유방은 10만, 이미 승부는 빤한 것이었다. 절체의 위기이자 절명의 기로! 죽기를 각오하고 최후의 일전을 벌일 것인가, 아니면 잠시 양보하고 후일을 기약할 것인가? 유방은 여전히 가타부타 결정을 못하고 어리벙벙하고 있었다. 장량이 더 이상 관망할 수 없을 정도로 사태는 악화됐다.

　지피지기知彼知己면 백전백승百戰百勝이란 말은 병서에 없는 말이다. 그러다 보니 오해가 생겨났다. 원문은 백전불태百戰不殆다. 백전백승과 백전불태 사이에는 중대한 차이가 있다. 상대를 알고 나를 알면 반드시 이기는 게 아니다. 최소한 지지 않는다는 말이다. 결코 표현을 겸손하게 한 것이 아니다. 잘 준비하면 필연적으로 승리가 주어질 것이라는 생각은 착각이거나 오만이다. 승리라는 결과를 낳으려면 지피와 지기뿐만 아니라 여타의 요인까지 다 맞아떨어져야 한다. 그러나 패배는 내가 어떻게 하느냐에 달렸다. 피아彼我의 역량을 제대로 파악해, 적절하게 대응하면 끝내 패배는 면할 수 있다. 병서가 말하고 싶은 것은 이것이다. 오해는 또 있다. 여기서 백전은 백 번 싸운다는 뜻이 아니다. 다양한 형태의 전투를 말하는 것이다. 야전, 공성전, 시가전, 지구전 등 전투 형태는 수없이 많다.

　이 말의 다른 메시지는 지피知彼보다 지기知己가 중요하다는 것이다. 즉, 상대를 가늠하기보다 자신을 알기가 더 어렵다는 것이다. 자신에게 냉정하기란 쉽지 않기 때문이다. 허나 자신에게 너그러우면 화를 자초하는 법이다. 장량은 피彼를 따지고, 아我를 점검했다. 병력상의 열세도 감안했지만, 반란군 사이에서 항우가 차지하는 비중이 유방을 압도하고 있는

　　　　　　　　　　　　　　　　　　1인자를 만든 참모들

사실도 고려했다. 흐름도 따졌다. 아직은 때가 아니었다. 결론은 절대 열세였다. 관중 땅의 양보가 답이었다. 목숨이라도 건지는 게 최선이었다. 민심을 얻었으므로, 땅에 집착하지 말고 새로운 싸움을 시작할 때라는 것이 장량의 판단이었다.

위기 중첩이라고 했던가. 항우도 그리 녹록한 인물이 아니었다. 불씨는 밟아 끄고, 싹은 잘라내야 하는 법이다. 그는 범증의 건의를 받아들여 유방을 제거하고, 대국을 마무리하려 했다. 장량의 생각처럼 유방이 관중 땅을 내주는 양보만으로 해결될 수 있는 상황이 아니었다. 이 대목에서 과거 장량이 목숨을 구해준 적이 있는 항백이란 인물이 마치 3류 기봉소설奇逢小說의 요행처럼 갑자기 등장한다. 그러나 어차피 일면 역사는 3류 소설이다. 항백은 항우의 삼촌인데, 하비 시절 살인하고 도망 다니던 그를 장량이 숨겨준 적이 있었다. 항백은 항우와 범증의 방침을 알고 은혜를 갚고자 몰래 장량을 만나 사태의 엄혹함을 알렸다. 어느 구름에 비가 들어있는지 모른다. 어느 누가 나중에 나에게 도움이 될지 모른다. 사람 사는 세상 사람이 구원이다. 그렇다면 사람을 아끼고, 인연을 소중히 여길 일이다. 과거의 배려가 현재의 장량에게 큰 힘이 됐다. 장량은 항백과 함께 유방을 찾아가 위기를 알리고 대책을 강구했다.

방법은 유방이 홍문으로 항우를 찾아가 직접 사죄하는 것뿐이었다. 굴욕은 운명의 여신이 즐기는 가벼운 희롱이다. 무겁게 생각할 일이 아니다. 유방은 사죄키로 했다. 덮어놓고 사죄하는 것보다는 사전 정지整地 작업이 있으면 훨씬 효과적이다. 장량은 항백으로 하여금 항우에게 돌아가 유방을 변호하도록 논리를 만들었다. 유방이 관중에 먼저 들어섰으나 무엇 하나 손댄 것이 없다. 관민의 명부를 정리하고, 부고府庫에 봉인을 해놓은 채 항우를 기다렸다. 함곡관 봉쇄도 도적의 침입을 막고 만일의 비상사태에 대비하기 위한 것이다. 그리고 덧붙였다. "그가 먼저 관중을 격파하지 않았다면 우리의 관중 돌입은 용이치 않았을 것이오. 큰 공을 세운 셈인데도 그를 친다는 것은 의에 어긋나는 일이니, 온당하게 후대하는 것이 도리인 줄 아오." 담백한 인간 항우는 정교하게 고안된 논리에 금세 허물어졌다.

홍문지회鴻門之會, 항우와 유방이 만났다. 그러나 한 사람은 칼자루를 쥐고 위세 충천, 또 한 사람은 칼끝에서 개신개신했다. 이미 항백의 말을 듣고 마음이 누그러진 항우는 유방이 눈앞에서 사죄하자 언제 그랬냐는 듯이 웃으며 잔치를 벌였다. 사실 항우는 유방을 경쟁자로 생각하지 않았다. 그랬기에 유방의 굴신屈身을 선뜻 받아들인 것이었다. 살았다 싶었지만 어디 생사의 고비가 그렇게 밋밋하게 끝나랴. 눈앞의 그림보다 마음 속 간지奸智를 앞세워야 참모다. 범증은 유방의 쇼에 흔들리지 않았다. 장수로 하여금 칼춤을 추게 하고 기회를 봐서 유방을 죽이라고 명했다. 이를 눈치챈 항백이 칼춤으로 맞섰다. 같이 칼춤을 추면서 유방을 보호했다.

항백의 의리는 참으로 아름다웠으나 사태는 여전히 위중했다. 찰나지간에 유방의 목이 달아날 수도 있는 살얼음판이었다. 장량은 급히 밖에서 대기하던 번쾌를 들어오게 했다. 번쾌는 무장답게 항우에게 단도직입적으로 따졌다. "왜 유방의 공을 잊어버린 채 소인배의 중상모략만 듣고 유방을 살해하려 합니까?" 항우의 성정에 맞는 기막힌 어프로치였다. 항우는 그의 기백이 맘에 들었다. 항우가 그에게 술 한 잔 내렸다. 겨우 살기가 진정됐다. 유방은 화장실에 간다며 자리에서 물러났다. 그 길로 패상으로 내뺐다. 뒷갈망은 장량의 몫이었다. 장량은 유방이 가져온 선물을 바치면서, 유방이 떠난 사실을 알리고 양해를 구했다. 이로써 상황은

　　　　　　　　　　　　　　　　　　　1인자를 만든 참모들

종료됐다.

'수백 년의 역사가 한순간에 결정되고 만다'고 했던가. 항우의 자못 호협한 치기가 그 한순간을 유방에게 허용했다. 한 사람의 구사일생이 다른 한 사람에게는 절망이었다. 범증은 하늘을 우러러 울부짖었다. '항우, 이 멍청한 놈!'

항우는 소릿바람 일으키며 시건드러지게 함양에 입성했다. 그는 여기서도 실수를 저질렀다. 약팽소선若烹小鮮이라 노자도 나라를 다스리는 것을 작은 생선 굽듯이 하라고 했다. 그러나 항우는 마구 헤집었다. 그가 가장 먼저 한 일은 대학살과 파괴였다. 이미 항복한 진 황제를 처형하고, 궁전에 불을 질렀다. 궁전의 보물과 여자들을 약탈했다. 항우는 주위의 반대를 물리치고 천혜의 요새이자 천하의 중심인 관중을 버렸다. 금의환향하고 싶은 욕심에 사로잡혔다. 때문에 방어하기 힘들다는 사실에도 불구하고 옛 초나라의 서방에 위치한 팽성을 수도로 정했다. 그리고 불공평한 논공論功과 무원칙한 행상行賞을 실시했다. 자신을 잘 따르고 자신이 사랑하는 자들에겐 봉토封土와 작위를 주고, 자신과 소원한 자들에게는 공을 세워도 아무것도 주지 않았다. 마지못해 주더라도 조금밖에 주지 않았다. 인사가 벼리인데, 이런 인사로 천하를 경영할 수가 있을는지… 이때의 인사가 항우의 천하를 무너뜨리는 동티가 됐다.

항우는 초의 회왕을 의제義帝로 칭하기로 하고, 자신은 서초왕이 됐다. 관중을 삼분해 진나라에서 항복한 장수 장함, 사마흔, 동예를 왕으로 삼았다. 유방은 멀리 내보냈다. 사실상 퇴출이었다. 길이 험하고 교통이 불편한 유배의 땅 파巴·촉蜀의 한중왕으로 봉했다. 유방을 격리하려는 범증의 술책이었다. 조금 뒤의 일이지만, 항우는 팽성으로 들어가 의제를 쫓아내더니 종내에는 죽여버렸다. 권력을 쥐면 마음대로 하고 싶고, 뜻대로 될 것 같지만, 아무리 작은 권력이라도 대가가 있기 마련이다. 마치 건드리면 손이 더러워지는 숯덩이처럼 조심스레 만져야 한다. 하물며 항우처럼 멋대로 쥐었다가 내키는 대로 펴는 쥐락펴락은 비싼 대가를 초래하기 마련이다. 아니나 다를까 민심이 동요하기 시작했다.

돌이켜보면, 항우와 범증은 찾아든 천하를 제 발로 차버린 꼴이었다. 명분과 실리를 모두 놓쳤다. 참모라는 허울을 쓴 범증이란 자는 도대체 뭘 하고 있었는가. 물론 결정권을 행사한 리더의 잘못이 더 크다. 그러나 이런 상황을 방치한 책임은 범증에게 주어져야 한다. 그는 작은 일을 꾸미는 모사로는 넘쳤을는지 모르지만, 대국을 읽고 흐름을 만들어가는 책사로서는 함량 미달이었다. 역사는 결코 얄팍한 꾀돌이에게 새 시대 기획자의 역할을 부여하지 않는다.

발군의 능력을 발휘한 장량·한신·소하의 삼각 참모 시스템

한 사람은 떠났고, 한 사람은 찾아왔다. 유방이 한왕이 되어 수도 남정으로 이동할 즈음, 하나의 만남과 하나의 이별이 그에게 다가왔다. 관중을 떠나기 직전 유방은 꺽다리 한신韓信을 만났다. 측근 소하가 한신을 필사적으로 추천했다. 역시 리더는 사람을 알아보는 능력, 그를 포용할 수 있는 오픈 마인드open mind가 주요 덕목이다. 유방은 남정에 도착하자마자 한신을 대장군으로 삼았다. 항우군의 하급 장교에 불과했던 무명의 한신을 일약 대장에 발탁한 것이다. 장량은 유방이 남정으로 가는 길을 수행하다 중도에 유방과 헤어져야 했다. 한韓나라 왕의 신하이므로 이제 한나라 왕 곁에서 그를 보필하도록 되어 있었기 때문이었다.

장량이 떠나는 유방에게 조언했다. 촉으로 들어간 후에는 밟고 지나간

　　　　　　　　　　　　　　　1인자를 만든 참모들

잔도棧道를 불살라버리라고 했다. 촉으로 들어가는 잔도는 천 길 낭떠러지 위에 통나무로 기둥을 세우고 그 기둥 위에 다시 통나무를 올려 만든 것이었다. 잔棧은 사람 하나가 겨우 지나갈 수 있는 길이었다. 잔도를 불태우라는 것은 유방이 파·촉 밖으로 나가 다시 천하를 다툴 의사가 없음을 항우에게 표시하라는 뜻이었다. 항우가 불신을 거두고 다른 일에 매진해야 유방이 운신할 수 있다는 메시지이기도 했다. 잔도 소각 때문에 항우는 안심했다. 시선을 다른 곳으로 돌렸다. 군대를 끌고 동쪽으로 나아갔다. 관중을 지키는 세 왕도 잔도 소각 제스처에 방심했다. 장량의 작은 계책 하나가 유방이 곧바로 회군해 관중을 장악할 수 있는 틈을 만들어준 셈이었다.

장량은 한왕 곁에 머물렀다. 항우는 장량이 그간 유방과 행동을 같이해왔기 때문에 한漢과 한韓이 연합할까 두려워했다. 한왕韓王의 귀국을 허락하지 않고 동쪽으로 군사를 움직일 때 데리고 갔다. 장량은 항우에게 유방이나 연합을 걱정할 필요가 없다고 계속 설득했다. "한왕漢王은 잔도를 모두 불태워 없앴습니다. 그가 다시 관중 지방으로 회군할 의사는 전혀 없어 보입니다."

항우가 시행한 예의 협량한 논공행상은 급격한 반발을 불러왔다. 전체 프레임이 요동치기 시작했다. 제齊나라가 그 선두에 섰다. 논공행상으로 틀을 짤 때 항우는 제나라를 3등분했다. 자기 입맛에 맞는 사람들을 각각 왕으로 앉혔다. 제나라의 실력자인 전영은 완전히 소외시켜버렸다. 이게 화근이었다. 상처받은 마음이 물불 가리랴. 전영은 항우가 임명한 사람들을 쫓아내고 제왕을 자칭했다. 조나라가 제나라의 뒤를 이었다. 공신 진여는 사이가 나쁜 장이가 왕이 된 데 격분했다. 장이를 쫓아버렸다. 제나라와 조나라는 항우에 대항했다.

장량이 재빠르게 전영의 모반 사실을 알리는 서한을 항우에게 보냈다. 그럼으로써 항우의 시선이 북쪽 제나라로 쏠리게 했다. 제나라를 토벌하기 위해 항우가 북으로 출병했다. 항우를 분주하게 해서 유방이 움직일 공간을 만들어주려는 것이 장량의 생각이었다. 장량이 어떻게 행보하든 그가 유방과 떨어져 있도록 하는 것만큼은 항우가 견지해야 했다. 그러나 항우는 이마저도 지키지 못했다.

항우는 그간 한왕韓王의 귀국을 끝내 허락하지 않았다. 뿐만 아니라 왕에서 후侯로 신분까지 떨어뜨렸다. 그러다 마침내 제나라로 출병하기 직전 팽성에서 죽여버렸다. 장량이 유방과 떨어져 있는 이유가 한왕 때문인데, 그를 죽여버렸으니 장량으로선 남아 있을 이유가 없어졌다.

목표 상실, 장량은 허망했다. 한나라의 복원이라는 필생의 꿈이 무너졌다. 항우를 증오했다. 장량은 탈출해 유방에게로 갔다. 둘이 다시 만났다. 세 번째 만남이었다. 장량은 유방의 군사가 됐다. 이를 계기로 장량은 조국 재건의 유민에서 천하쟁패의 싸움을 주관하는 전략가로 탈바꿈했다. 중요한 작전이나 정책이 모두 그의 판단에 따라 정해졌다. 긴급할 때에는 유방이 식사 중이더라도 거침없이 밀고 들어갔다. 장량이 유방에게 전략을 브리핑할 때에는 알기 쉽게 설명했다. 보스를 설득할 줄 아는 능력, 유능한 참모의 필수 불가결한 조건이다.

유방이 회군해 관중을 다시 공략한 것은 새로운 라운드의 시작이었다. 항우가 장량의 책략에 말려 유방을 잊고 제나라로 향할 때, 유방군은 은밀하게 관중 땅으로 출병했다. 관중 땅의 곡물 저장소가 있는 진창陳倉을 공격해 점령했다. 헌데 놀라운 것은 관중의 농민들이 유방을 환영한 것이었다. 과거 관중에 진입했을 때 다져놓은 민심 잡기가 효과를 발휘한 덕분이었다. 유방은 관중의 세 왕을 모두 물리치고 관중을 장악했다. 유

　　　　　　　　　　　　1인자를 만든 참모들

유방의 세 참모. 전략 참모 장량, 야전 사령관 한신, 행정의 달인 소하, 이들 트로이카는 훌륭한 참모 시스템의 전형이 됐다.

방은 관중왕이 됐다.

유방을 다시 만난 장량은 팽성으로 진격하는 동진을 권했다. 이때부터 역사상 가장 훌륭한 '삼각 참모 시스템'이 본격 가동되기 시작했다. 전체적인 전략은 늘 유방의 곁을 지키는 장량의 몫이었다. 야전에서 싸우는 사령관은 한신이 맡고, 후방의 행정 관리와 병참은 소하가 책임졌다. 이들 트로이카는 이로부터 훌륭한 참모 시스템의 전형으로 자리 잡았다. 장량은 대對항우 연합 전선을 도모했다. 즉, 항우의 논공행상에 불만을 품은 세력들을 하나로 결집시켜 항우와 맞붙는 구상이었다. 때론 전선을 하나로, 때론 여러 개로 운영하기도 했다. 하지만 항우 대對 연합 세력 간의 1:1 대치 구도는 천하 통일까지 장량이 시종일관 고수한 대원칙이었다.

장량이 동진을 권한 것은 이동하면서 세력을 불리기 위해서였다. 계획대로 동진하는 동안 유방 군대의 규모는 점차 늘어났다. 한, 위, 조, 제 지

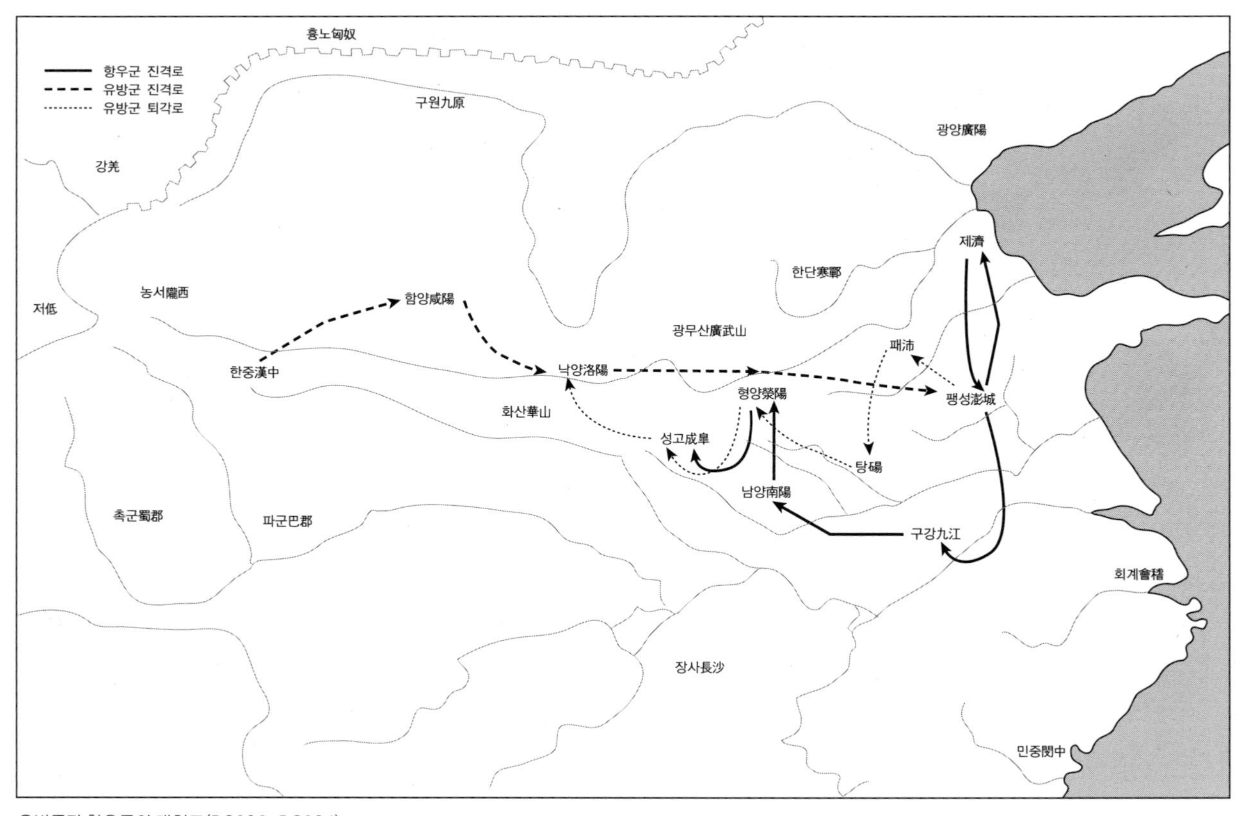

유방군과 항우군의 대치도(BC206~BC204)

1인자를 만든 참모들

역에서 항우의 논공행상에 불만을 품은 세력들이 유방의 반反항우 원정군에 가담한 것이었다. 장량은 유방으로 하여금 의제의 장례식을 거행하도록 해 민심을 자극했다. 연합군의 군사는 무려 56만에 이르는 대군으로 불어났다. 군사 규모보다 유방을 연합군의 영수로 만드는 것이 장량 전략의 숨은 속셈이었다. 항우가 제나라의 반란을 진압하느라 수도 팽성을 비운 사이 유방의 연합군은 팽성을 삽시간에 점령했다.

그러나 유방이 또 방심했다. 장량의 건의를 무시하고 희희낙락했다. 날마다 잔치를 베풀었다. 유방군이 약탈로 소일하고, 지도부가 방심한 사이에 항우의 3만 군대가 급습했다. 놀란 토끼 벼랑바위 쳐다보듯 유방군은 속수무책 추풍낙엽이었다. 56만의 대군은 먼지처럼 흩어졌다. 결정은 언제나 보스의 고유 권한이다. 참모가 아무리 뛰어나도 보스가 그 말을 듣지 않으면 이처럼 처참하게 몰락한다는 사실을 이때의 유방이 증명한다.

유방은 꽁지가 빠져라 하읍까지 달아났다. 그제야 한숨 돌렸다. 그리고 다시 한때 머물렀던 패 지방의 탕으로 갔다. 여기서 그는 패잔병을 끌어모았다. 장량은 더 서쪽으로 나아가야 한다고 헌책獻策했다. 항우의 추격을 염려한 까닭이었다. 그 말을 들은 유방은 형양滎陽을 장악해 거점으로 삼았다. 기원전 205년 5월의 일이다. 형양의 곡물 창고는 수십만의 병사를 먹여 살릴 수 있었고, 이미 유방의 근거지나 다름없었던 서쪽의 관중과도 교통이 편리했다. 관중을 지키고 있던 소하도 병력을 형양으로 보냈다. 유방은 유방대로 병력을 모으기 시작했다.

이제 어떻게 할 것인가? 장량은 경포鯨布를 생각해냈다. 경포는 항우에 의해 구강왕으로 봉해졌으나, 왕이 된 이후부터는 항우와 가까이 하지 않고 제3의 독립 세력으로 움직였다. 경포는 항우가 신안에서 20만 포로를 생매장할 때 직접 지휘했던 사람이다. 장량은 경포를 설득해 항우에 정면으로 대들도록 유도했다. 하지만 경포도 허무하게 패했다. 항우가 보낸 군대에 맥없이 무너지고 말았다.

한신이 유방과 별도로 움직이기 시작한 것도 이즈음이었다. 형양성을 떠난 위왕魏王 표豹가 배신해 한漢나라 군을 공격하자 한신은 이를 진압할 별동대장으로 임명돼 출전했다. 이때부터 한신의 역할은 위나라, 그 북쪽에 있는 조나라, 그 곁의 연나라, 그리고 제나라까지 평정하거나 연대함으로써 거대한 반초反楚 전선을 형성하려는 장량 구상의 야전 사령관이었다. 한신은 문자 그대로 연전연승해 이런 구상을 실현해 나갔다.

한신을 독자적으로 움직이도록 한 것은 고육지책이었지만 장량의 전략 구상이 갖는 원대함을 보여주는 것이다. 만약 한신이 유방과의 관계를 끊고 독자 세력화했거나, 항우와 손을 잡았다면 유방의 존재는 그 순간 무대에서 사라졌을 것이다. 사람은 누구나 타고난 인성에서 벗어나기 어렵다. 장량은 한신의 캐릭터에 대한 세밀한 연구를 통해 쉽게 배신하지 않을 것이란 결론을 얻었다. 설사 좀 못 미더워도 어쩌랴. 다른 방법이 없었다. 모사재인, 성사재천某事在人, 成事在天이라고 하지 않는가. 그렇다고 장량이 한신의 성격만 믿고 있었던 것은 아니다. 한신 옆에 유방의 직계 인사들을 배속해 감시하는 것도 게을리하지 않았다.

항우와 범증을 떼어놓다

형양에서 항우의 군대에 포위당한 유방군의 형편은 절박했다. 7개월이 지나자 유방군은 지친 기색이 역력했다. 더 이상 버티기 힘들었다. 이듬해 봄 항우에게 화친을 요청했다. 항우가 범증의 말을 듣고 거절했다. 유방 진영은 항우와 범증을 떼어놓는 반간계反間計를 펼치기 시작했다. 먼

1인자를 만든 참모들

저 유방은 항우에게 사자 파견을 요청했다. 사자들을 맞이한 유방은 극진히 대접했다. 그러다가 갑자기 연회를 파해버렸다. 그들이 범증의 사자인 줄 알고 대접했는데, 알고 보니 항우의 사자라는 게 이유였다. 별로 대단치 않은 고전적인 수법이었다.

그러나 항우는 쉽게 걸려들었다. 사자로부터 이 소식을 들은 항우는 범증을 의심하기 시작했다. 유방 진영은 범증의 모반설도 흘렸다. 평소 항우는 혈족에 대한 편애가 심해 혈족이 아니면 크게 신뢰하지 않았다. 이런 이유로 조잡한 공작에도 항우의 마음이 흔들렸던 것이다. 범증은 화를 내며 사직을 청하고 쓸쓸히 떠났다. 그리고 고향 팽성으로 돌아가는 길에 화병이 생긴 탓인지 피를 토하고 죽었다. 주군을 잘못 만난 참모의 운명은 이처럼 비참하다.

"형양성에서 농성하는 것만으로는 어떤 활로도 없다."

장량이 내린 결론이었다. 농성전이 성공을 거두려면 원군이 오든지 아니면 적의 후방에 새로운 세력이 등장해 적이 후퇴할 수밖에 없는 조건이 필요하다. 그런데 지금의 대치 전선에는 그런 조건이 없다. 그렇다면? 탈출밖에 다른 해법이 없었다. 군사들을 남겨놓은 채 유방은 형양성을 탈출했다.

관중으로 돌아가 다시 세력을 정비한 유방은 형양을 구하기 위해 곧바로 돌아갈 생각이었다. 그러나 장량의 건의를 받아들여 먼저 남방 전선을 펼치기로 했다. 남방 전선이란 유방군이 무관으로 빠져나가 남방의 완성에 들어가 주변의 섭葉 지역을 장악하는 형태의 전선을 구축하는 것이었다. 이렇게 하면 현재 북방의 형양성을 포위·공격하고 있는 항우가 남방으로 주력군을 이동시킬 것이고, 이때 한신을 움직여 항우의 발목을 잡자는 구상이었다.

유방은 완성에 들어간 후 소문을 내어 항우를 불러들였다. 항우는 형양의 포위망을 풀고 남하해 완성을 에워쌌다. 덕분에 남방 전선 구상이 의도한 대로 형양성의 잔류 부대는 한숨을 돌릴 수 있었다. 이때 장량은 다시 팽월을 움직였다. 팽월이 초나라 군대를 무찌르자 격노한 항우는 완성의 포위를 풀고 다시 북상했다. 이 틈을 타 유방은 완성을 나와 북쪽으로 달려 성고성으로 들어갔다. 항우는 팽월군을 진압한 후 서쪽으로 방향을 바꿔 형양성을 함락시켜버렸다. 마침내 성고성을 포위했다. 유방은 패해 도망쳤다. 이때 한신은 북방을 거의 평정하고 제나라를 치려고 숨을 고르던 참이었는데, 그는 유방의 고단한 처지를 모른 체했다. 한신이 이탈 조짐을 조금 보이기 시작한 것이었다. 한신이 이탈하면 말짱 도루묵이었다.

성고성에서 도망친 유방은 한신이 있는 곳으로 향했다. 그러고는 한신으로 하여금 소수 병력을 이끌고 제나라 공략에 나서도록 하고, 나머지 대병력은 자신이 차지해버렸다. 유방에게 대병력을 빼앗겼지만, 한신은 불가사의하게도 제나라의 70여 개 성을 단숨에 쓸어버렸다. 20만이 넘는 초나라와 제나라 연합군을 초토화했다. 가히 전신戰神이라고 할 만하다. 항우가 끈질기게 괴롭히는 팽월에게 시간을 빼앗기는 사이, 유방은 다시 성고성에 가까운 형양성을 손에 넣고 곡물 창고인 오창을 점령했다.

이때 유방은 제나라 땅을 평정한 공을 치하해 한신을 제왕에 봉했다. 주고 싶어 준 선물은 아니었다. 한신이 사신을 통해 제왕에 봉해 달라고 서신을 보냈기 때문이었다. 사실상 협박이었다. 유방이 격노해 사신에게 욕을 뱉으려는 순간, 장량이 그의 발을 지그시 밟았다. 귓속말로 속삭였다. "허락하지 않으면 한신이 반역할 것이오." 한신의 모사 괴통이 천하삼

   1인자를 만든 참모들

분지계, 독립론으로 한신을 설득하고 있던 터였다. 유방이 양보했다. 적절한 선택이었다. 성질대로 하면 대체로 결과가 좋지 않다. 참아야 할 때엔 참아야 한다. 이긴 다음에 하는 화풀이도 나쁜데 하물며 고빗사위에서 성깔 부리는 짓은 백해무익이다. 억장이 무너져 탄식할지라도 겉으론 참아야 한다.

타이밍이 모든 것이다

마침내 항우군과 유방군은 오창에 있는 광무산廣武山에서 대치하게 되었다. 양군이 대치하던 중 항우가 볼모로 잡은 유방의 아버지를 죽이겠다고 협박했으나, 유방은 굴하지 않았다. 대신 항우의 면전에 대고 그는 이렇게 말했다. 『사기』의 기록이다.

"세상에 너보다 더 악랄한 인간은 없을 것이다. 첫째, 회왕의 칙명을 어기고 관중왕이 되어야 마땅할 나(유방)를 촉·한 땅으로 내쫓았다. 둘째, 초군의 총사였던 송의를 죽이고 스스로 상장군의 자리에 올랐다. 셋째, 회왕의 명도 없이 관중으로 들어갔다. 넷째, 관중에서 진의 궁전을 불태우고 시황제를 묘를 파헤치고 그 재물을 사유물로 삼았다. 다섯째, 회왕의 명도 없이 진의 마지막 왕 자영을 죽였다. 여섯째, 항복한 진의 병사 20만을 신안에서 생매장했다. 일곱째, 마음에 드는 장수만을 가려 각지의 왕으로 봉하고 원래 그 땅의 왕이었던 자를 추방했다. 여덟째, 주군인 의제를 팽성에서 추방했다. 아홉째, 그 의제를 추격하여 강남에서 죽였다. 열째, 항복한 사람까지 죽이고 정치를 공평하게 하지 않았다."

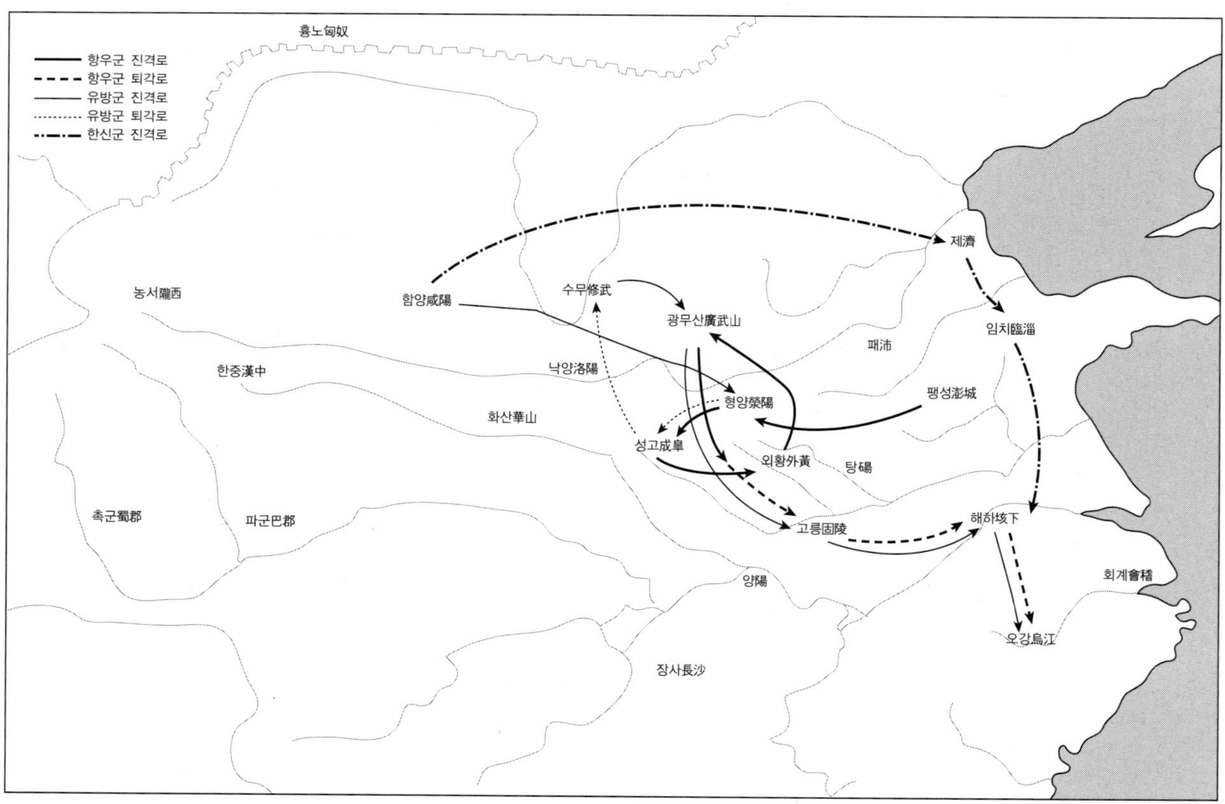

유방군, 한신군 그리고 항우군의 대치도(BC204~BC202)

군이 항목을 열 개로 맞추다 보니 늘어진 감은 있지만, 항우가 민심을 잃게 된 요인을 망라하고 있다. 이처럼 명분상으로는 유방이 유리했으나, 전력상으로는 항우가 우세했다. 1년간 대치하던 양군은 천하 양분을 조건으로 화친을 맺었다. 항우도 식량난에 시달렸던 데다가 한신과 팽월 등 제3세력의 활동이 맘에 걸렸다. 화친을 받아들일 수밖에 없었다.

최후의 승부수! 닉슨은 '타이밍이 모든 것'이라고 했다. 이기고 지는 것은 다음 문제다. 승부수를 던질 때는 과감하게 던져야 한다. 머뭇거림만큼 위험한 것은 없다. 훗날을 기약한다는 것은 자기 합리화다. 내일은 없고, 훗날은 가상이다. 때가 왔을 때 정면으로 승부해야 한다. 패하면 천명이 자신에게 있지 않은 것이다. 승리가 당연하다면, 패배도 딱 그만큼 당연하다. 승리하고 싶다면 패배를 각오해야 한다. 역사상 얼마나 많은 영웅과 호걸들이 패자의 멍에를 쓰고 사라져갔던가. 그러나 그들이 만약 패배가 두려워 도전조차 하지 않았다면 관 속에서조차 전측하고 반측하며 후회했을 것이다.

광무산을 내려온 후 장량은 지금이 적기, 여기가 최후의 승부처라고 판단했다. 그는 약속을 깨고 항우군을 추격하자고 주장했다. 장량이 보기엔 이번에 결판을 보지 않으면 향후 유방이 항우와 맞상대하기 힘들어 보였다. 특히 더 지체하다간 북방의 한신과 팽월이 독립하는 등 군웅이 앞다퉈 일어날 것을 우려했다. 항우에 대항하는 여러 명 중의 한 명으로서 유방은 설득력이 없었다. 지금 여기서 성패의 종지부를 찍자, 이것이 장량의 최종 판단이었다.

유방군이 항우군을 추격했으나 보기 좋게 패배했다. 유방은 고릉성으로 도망갔다. 거기서 농성전을 펼칠 수밖에 없었다. 여기서 장량은 비책을 실행에 옮겼다. 그동안 장량은 한신과 팽월이 사실상 독자 세력화하는 것을 방치하면서도 이탈의 명분만큼은 주지 않으려 힘써왔다. 그들이 따로 마음껏 움직이도록 내버려두는 것이 곧 항우에 대한 광범위한 압박을 뜻하는 것이었기 때문이다. 이제 마지막 결전을 눈앞에 두고 있는 지금, 연합 세력을 단일 전선에 결집시켜야 했다. 문제는 잘나가는 한신과 독불장군 팽월을 이 전선에 어떻게 합류시킬 것인가 하는 것이었다.

장량은 지피知彼의 달인이었다. 한신과 팽월이 무엇을 기다리고 있는지 정확하게 알고 있었다. 유방에게 진언했다.

"수양 북쪽에서 곡성까지의 땅을 팽월에게 주어 왕으로 삼으십시오. 진나라에서부터 그 동쪽 바다에 이르는 땅을 제나라 왕 한신에게 주십시오. 제나라 왕 한신의 집은 초나라에 있으므로 한신에게는 다시 자신의 고향을 얻고 싶은 마음이 있을 것입니다. 왕(유방)께서 이 땅을 그 두 사람에게 내어주실 수 있다면, 이 두 사람을 지금이라도 불러올 수 있습니다. 그러나 만일 그렇게 하실 수 없다면 천하의 일은 예측할 수 없습니다."

역시 공심위상이라 마음을 움직이려면 그 마음을 공략해야 한다. 이익을 원하면 그것을 줘야 한다. 장량의 예상대로, 원하던 바를 얻은 한신과 팽월이 대군을 이끌고 유방군에 합류했다. 그리고 마침내 유방은 항우를 사면초가四面楚歌에 몰아넣어 굴복시켰다. 도망가 후일을 도모하자는 권유를 뿌리치고 항우는 오강烏江에 몸을 던졌다. 기원전 202년에 있었던, 그 유명한 해하지전垓下之戰이었다. 역발산기개세 항우는 단 한 번의 패배로 31세에 천하를 잃었다. 항우와 맞붙어 그동안 단 한 번도 이기지 못했던 유방은 단 한 번의 승리로 45세에 천하를 얻었다. 그나마 다른 사람의 손을 빌려 얻은 승리였다. 유방은 수많은 '전투'에서 졌지만 결국 '전

                                        1인자를 만든 참모들

쟁'에서는 이겼다.

장량은 하나하나의 전투에서 이기는 방법을 찾는 데 그리 탁월하지 않았다. 오히려 장량은 전체 판도를 움직여 대세를 장악함으로써 전쟁에서 승리하는 전략가였다. 장량의 전략은 시종일관 민심을 얻고자 했으며, 하나하나의 전투에 매몰되지 않았다. 개별 전투를 대륙 전체의 전쟁 구도 속에서 관리하고자 했다. 항우가 싸우고 이기는 것에만 관심을 기울일 때, 장량은 시대의 저류에 흐르고 있는 민심을 얻으려 했다. 장량은 이런저런 전투로 항우를 바쁘게 했다. 마치 '두더지잡기'처럼 하나를 잡으면 다른 하나가 튀어 오르는 식이었다. 항우는 장량이 제어하는 싸움판을 쫓아다니느라 힘을 소진하고 말았다. 이것이 장량을 고금 최고의 전략가로 위치 지은 비결이다.

장량은 유방이 천자로 등극한 뒤, 권력을 탐하지 않았다. 애당초 황제 유방의 어릴 적 소꿉동무도 아니었고, 가신도 총신도 아니었다. 그는 다만 역사가 자신에게 소명한 그 임무에 충실했을 뿐이었다. 유방이 죽은 뒤 8년(BC 168년), 장량도 세상을 떴다. 평소의 말대로 신선이 되었을까. 새 색시처럼 고운 얼굴의 병약한 장량은 그렇게 자신이 만든 그 역사 속에 묻혔다.

mentoring

- 보스는 그릇이 커야 한다. 참모는 능력이 뛰어나야 한다. 참모가 물이라면 보스는 그릇이다. 참모가 새라면, 보스는 나무다. 서로 맞갖아야 좋은 파트너가 된다.

- 지피와 지기는 승리의 필수 조건이다. 자신과 자신을 둘러싼 모든 것을 평가할 때 약간 감해서 보라. 적을 헤아릴 때엔 조금 더해서 보라. 이런 태도가 언제나 유용하다.

- 순간의 패배를 두려워하지 말라. 패배는 자연스런 것이다. 스스로 용기를 꺾지 않으면 기회는 언제든 있다. 그리고 하나하나의 전투보다 전체 전쟁을 항상 먼저 생각하라.

- 타이밍이 모든 것이다. 서두르는 것도, 지체하는 것도 모두 나쁘다. 타이밍인지 아닌지에 대한 판단 기준은 따로 없다. 오직 각자의 방식대로 헤아려야 한다.

- 경쟁을 인정하고, 공존하는 참모가 되라. 지혜를 다퉈야지 총애를 다투는 것은 하류다. 어드바이스로 평가받고, 일로 승부하는 일류 참모가 되라.

●

에드워드 하우스 & 우드로 윌슨

하우스는 결코 윌슨의 자존심을 건드리면서까지 논쟁하지 않았다. 항상 잘한다고 말해주었다. 용기를 주었다. 격려를 아끼지 않았다. 뭔가를 요구하지 않고 주려고만 했다. 이처럼 지도자의 정서를 잘 이해하고, 활용하는 것도 유능한 참모의 조건이다. 단 설탕도 입에서 녹지 않으면 누구도 그 단맛을 알 수 없는 것과 같은 이치다.

역사상 가장 기묘하지만, 성과도 많았던 우정

인연이런가.

그들은 만나자마자 첫눈에 반했다.

이심전심의 살가운 친구가 됐다.

이듬해 겨울,

그중 한 사람이 떠들썩하게 대통령직에 올랐다.

다른 한 사람은 그 대통령의 분신으로 조용하게 움직였다.

그러나…

애면글면 보대끼며 지낸 동행이 어언 13년,

한 사람이 먼저 세상을 떠났다.

신의 질투인가.

남은 한 사람은 떠나는 친구를 전송하지도 못했다.

'역사상 가장 기묘하지만, 성과도 많았던 우정', 미국 제24대 대통령 우드로 윌슨Woodrow Wilson과 에드워드 하우스Edward House의 사귐에 대한 평가다. 그들의 우정은 미국을 개혁했다. 제1차 세계대전을 승리로 이끌었다. 그리고 국제 질서를 재편했다.

무엇이 그들의 우정을 인연하게 한 것일까. 권력에 대한 탐욕 때문에

월슨 정부의 그림자 수상, 에드워드 하우스

야합한 것일까. 그럴 수도 있다. 특히 하우스에 대해선 냉갈령도 적지 않다. 입에 발린 소리와 듣기 좋은 아부로 권력에 기생한 인물이란 것이다. 이런 시각이 있으면, 저런 시좌視座도 있기 마련이다. 정반대 평가도 많다. 인간적으로 서로 깊이 이해하고, 정치적으로 생각이 같았다는 것이다. 결과는 안 좋아도 뜻은 가상했다는 논리는 둔사遁辭다. 에두른 변명이거나 위로일 뿐이다. 우렁잇속 같은 속마음을 따지는 것은 다 부질없는 짓이다. 문제는 행동이고, 그 결과다. 어떻게 행동했고, 어떤 결과를 낳았는지가 평가의 잣대가 돼야 한다. 그런 점에서 하우스와 월슨의 우정은 생산적이었다. 그들은 이타적 신뢰를 나눴다. 개혁 조치를 추진했다. 따라서 위대한 파트너십이라고 하는 것이 적당할 듯싶다.

하우스는 1858년 텍사스 주 휴스턴에서 태어났다. 그의 집안은 텍사스에서 가장 부유했다. 그에게 허락된 가족 정체성은 일곱 번째 아들이란 것이었다. 열두 살에 말라리아를 앓았다. 이후 몸이 허약해졌다. 평생 더운 날씨를 피해 다녀야 했다. 물려받은 재산으로 많은 돈을 벌었다. 하나를 이루면 다른 것에 도전하고 싶은 게 인지상정이다. 그는 어릴 적 꿈이던 정치에 관심을 갖기 시작했다. 리더가 될 것인지, 그 리더를 돕는 참

1인자를 만든 참모들

모가 될 것인지 고민했다.

선택의 순간, 자신에게 최대한 인색하고 끝까지 냉정해야 한다. 또 솔직해져야 한다. 아무도 보지 않는 일기에서조차 100% 정직하지 못한 것이 사람이다. 그러나 결정을 내려야 할 때만큼은 진솔해야 한다. 하우스는 생각했다. 나는 키가 작다. 건강도 좋지 않다. 감동적인 목소리도 없다. 그렇다면? 마침내 결론을 내렸다. 앞에 나서지 말고 조용히 뒤에서 돕자. 하우스는 리더가 아니라 어드바이저adviser, 멘토mentor가 되기로 했다.

> 내 뒤에서 걷지 말라.
> 나는 지도자가 되고 싶지 않으니까.
> 내 앞에서 걷지 말라.
> 나는 추종자가 되고 싶지 않으니까.
> 내 옆에서 걸으라.
> 우리가 하나가 될 수 있도록.

미국 유타 주의 이름이 생겨나게 한 인디언 부족 유트족族이 남긴 글귀다. 맘에 맞는 보스를 만나고 싶은 하우스의 마음이 이랬을 것이다.

하우스의 궁극적 목표는 전국 정치에 있었다. 그러나 천 리 길도 한 걸음부터다. 벼슬하기 전에 일산日傘 준비라는 말도 있다. 서두르지 말고 차근차근 나아가라는 메시지다. 하우스는 한 걸음씩 전진했다. 주州 정치에서부터 시작했다. 먼저 정치를 깊이 연구하고, 정치적 사고에 능숙해지려고 노력했다. 하지만 생각은 실천을 통해 벼려져야 하나의 기술이 된다. 마침내 서른네 살의 그에게 기회가 찾아왔다. 민주당의 주지사 후보 예비선거에서 현직 주지사를 지원했다. 승리를 이끌어냈다. 이 양반이 얼마나 고마웠던지 보은 선물을 주었다. 그에게 남부 지방 특유의 경칭인 '각하Colonel'를 선사했다.

이후 하우스는 1902년까지 10년 동안 4명의 주지사를 당선시켰다. 자연스레 막후 실세, 정치적 대부로서 막강한 영향력을 발휘하게 됐다. 그러나 그는 자신이 정해놓은 경계를 절대로 벗어나지 않았다. 그의 도움으로 당선된 주지사들이 그에게 여러 차례 공직을 제의했다. 그때마다 그는 사양했다. 막후에 남겠다는 스스로의 다짐에 충실하고자 했다. 일 잘하면서 욕심 없는 참모가 단연 최고다. 하우스는 정치 전략에 대해 천부적 재능을 타고났다. 권력투쟁에 초연했다. 상황의 핵심적 요소를 냉철하게 평가했다. 도움을 줄 때는 조용하고 은밀하게 움직였다. 금도襟度, 즉 다른 사람을 포용할 만한 도량도 남달랐다. 게다가 하우스는 보상도 바라지 않았다. 출마할 의사나 공직에 대한 미련이 손톱만큼도 없었다. 금상첨화라 더할 나위 없이 매력적인 조건이었다. 보스에게 나지막이 두선거릴 뿐 나 잘났다고 언론에 나서지도 않았다. 이것이 그가 정치인들로부터 신뢰를 얻는 비결이었다. 자기 욕심을 채우려는 마음이 사심私心이다. 바르지 아니하고 간사스러운 마음이 사심邪心이다. 그는 사심私心 없이 넉넉했고, 사심邪心 없이 올곧았다.

하우스가 연출한 캠페인이 성공할 때마다 명성은 쌓여갔다. 그럴수록 큰물에서 놀고 싶은 열망도 점점 강렬해졌다. 하지만 그의 앞에는 브라이언William Jennings Bryan이 성벽처럼 버티고 있었다. 브라이언은 1896년과 1900년 대통령 선거에서 민주당의 후보였다. 그들은 한때 이웃사촌이었다. 인간적으로 친한 사이였다. 하지만 정치인 브라이언에 대한 하우스의 평가는 좋지 않았다. 하우스의 판단으론 브라이언의 대통령 당선 가능성이 너무 낮은 게 문제였다. 그의 급진 개혁 정책에 대해서도 동의

할 수 없었다. 하우스가 특히 눈살을 찌푸린 것은 브라이언의 귀였다. 브라이언은 가는귀가 먹고, 큰 귀도 어두웠다. 브라이언은 변화무쌍한 민심을 재빠르게 수용하는 데 둔했다. 주위의 조언에도 아랑곳하지 않는 고집불통이었다. 이런 교슬膠瑟의 보스가 단연 최악이다. 듣지 못하는 농자聾者, 보지 못하는 청맹靑盲의 리더야말로 가장 최하다. 조언자의 길을 걷기로 한 하우스에게 이러한 브라이언은 도저히 함께 일을 도모하기 힘든 인물이었던 것이다.

드물어야 귀貴하고, 보기 어려워야 존尊하다. 기웃거리면 가치만 떨어진다. 얼쩡거리면 체신만 상한다. 하우스는 계속 기다렸다. 당의 권유를 뿌리치고 멀찌감치 떨어져 관망했다. 하우스의 예상대로 브라이언은 두 번 모두 패배했다. 아니다 싶을 땐 모른 척하는 것이 자신을 낭비하지 않는 하나의 방편이다. 억지를 쓰고, 악지를 부리는 것은 바보짓이다. 쉬어야 할 때 무심하게 쉬는 것은 아주 좋은 자기 존대다. 하우스는 1902년 주지사 선거를 끝으로 정치 현장에서 발을 뺐다. 사업에만 전념했다.

분열은 진보의 고질병이다. 분열은 극단을 낳는다. 우왕 끝에 좌왕 하고, 이리 쏠렸다가 저리 몰려간다. 1904년의 민주당이 이처럼 분열했고, 또 극단으로 치달았다. 보수파의 인물이 대통령 후보가 됐다. 어떤 사회적 현상이나 사조 따위가 널리 사회에 퍼지는 것을 일컬을 때 풍미風靡라는 단어를 쓴다. 바람에 초목이 쓰러지는 것이 풍미다. 19세기 말부터 20세기 초까지를 풍미한 개혁 운동이 혁신주의progressivism다. 그 혁신주의를 지지하는 하우스였지만, 그는 온건 개혁 후보를 선호했다. 선거는 다수를 얻어야 이기는 게임이기 때문이었다. 하우스의 계산으로는 온건 개혁 후보가 나서야 본선에서 승산이 있었다. 보수 성향의 후보나 브라이언 같은 급진 성향의 후보로는 이길 수 없다는 생각이었다. 아니나 다를까 민주당은 본선에서 패배했다. 민주당은 1908년 브라이언을 다시 후보로 뽑았으나 역시 패배했다. 4번 연속 패배였다. 지켜보는 하우스도 실망하기는 마찬가지였다. 그러나 어쩌랴. 다시 기다리는 수밖에 없었다. '기다릴 줄 아는 것이 성공의 첫 번째 비결'이라고 하지 않던가.

하우스, 윌슨을 간택하다

승리에 길들여지다 보면 느슨해진다. 오만해진다. 작은 차이에도 목소리를 높이고, 사소한 갈등도 크게 폭발한다. 대선이 끝나고 공화당도 당내 갈등에 빠져들었다. 장기 집권의 후유증이었다. 공화당의 분열은 민주당보다 더 심했다. 아예 분당까지 나아갔다. 1901년부터 1909년까지 대통령을 지낸 시어도어 루스벨트Theodore Roosevelt는 공화당 소속의 혁신주의자였다. 그는 퇴임 전 태프트William Howard Taft를 후계자로 지목했다. 1908년 선거에서 태프트는 대통령에 당선됐다. 하지만 태프트는 취임식에서 성서 위에 얹은 손의 온기가 채 가시기도 전에 공화당의 보수파와 손잡아버렸다. 혁신주의 정책으로부터 등을 돌린 것이었다. 배신감을 느낀 루스벨트는 대로했다. 그는 혁신당을 창당해 공화당을 떠나버렸다.

남의 불행은 나의 행복, 이것은 모든 싸움의 진리다. 민주당으로서는 실로 오랜만에 찾아온 기회였다. 하우스가 오매불망 사복思服해온 기회이기도 했다. 하우스의 정치적 DNA가 꿈틀거리기 시작했다. 범죄 현장의 행동 분석을 통해 범인의 성격, 행동 패턴, 직업, 학력 등 범죄자 유형을 추정하는 수사 기법이 프로파일링profiling이다. 시대 상황, 여론, 정서, 주요 이슈, 흐름, 상대 후보, 구도, 지지 기반 등을 종합한 뒤 이러한 조건

　　　　　　　　　　　　　　　　　　　1인자를 만든 참모들

에 가장 적합한 후보를 찾는 작업도 일종의 프로파일링이다. 하우스는 정치적 프로파일링을 통해 동부 출신의 개혁주의자가 최적의 후보라고 판단했다. 1910년 초 그는 후보감 물색을 위해 뉴욕 주로 갔다. 그는 현직 뉴욕 시장인 게이너William J. Gaynor에게 주목했다. 하지만 게이너는 그와의 약속을 상의도 없이 뒤집어버렸다. 하우스는 미련 없이 게이너를 수첩에서 지워버렸다. 하우스는 여러 사람을 대상으로 올려놓고 이리저리 검토했다. 그들 모두 한두 가지씩의 흠을 가지고 있었다. 마음은 급한데, 사람은 없고…. 하우스의 고심은 날로 깊어만 갔다.

1910년 가을 즈음, 하우스의 눈에 한 사람이 들어왔다. 윌슨이었다. 당시 윌슨은 뉴저지 주지사 선거에 출마해 선거운동에 열중하고 있었다.

윌슨은 1856년 버지니아 주에서 태어났다. 장로교 목사인 아버지와 장로교 목사의 딸인 어머니 사이에서 엄격한 기독교 교육을 받으며 성장했다. 1879년 프린스턴 대학을 졸업하고 변호사가 됐다. 그러나 곧 변호사 일이 시큰둥해져 다시 존스홉킨스 대학에 들어가 역사와 정치학을 공부했다. 1885년 박사 학위를 받았다. 다른 대학에서 교수 생활을 하다 1890년 프린스턴 대학으로 옮겼다. 2년 뒤 이 대학의 총장이 됐다.

대학 총장으로서 윌슨은 개혁 조치를 주도해나갔다. 대학 개혁은 그를 대중적 인물로 부각시켜주었다. 학계에 몸담고 있었지만 윌슨은 정치를 하고 싶어했다. 허나 좀처럼 기회가 주어지지 않았다. 그만큼 정치에 대한 그리움은 깊어갔다. 어느 날 기회란 녀석이 갑자기 똑똑 문을 두드렸다. 1910년 1월, 민주당의 뉴저지 주 '정치 두목' 제임스 스미스가 뉴저지 주지사 출마 건으로 접촉해 왔다. 왜 그들은 대학 총장 윌슨에게 주목했을까?

그들은 후보가 필요했다. 유력 후보 없는 세력은 아무리 강해도 쇠퇴가 불가피하다. 정치적 불임은 치사致死 요인이다. 그래서 그들도 그럴싸한 후보를 물색했던 것이다. 그들이 월슨에게 주목한 이유는 세 가지였다. 월슨에게는 대중성이 있었다. 월슨은 기업에 대해 관대한 입장을 보이는 반면 노동운동에 대해선 싸늘했다. 정치를 좌지우지해온 정치 두목들의 천적인 브라이언을 월슨도 아주 싫어했다. 그들에게는 나름 적격의 인물이었다. 거래를 제안했다. 월슨이 주지사가 되었을 때, 정치 두목들이 장악하고 있는 민주당 조직에 일체 손대지 않는다. 월슨 자신의 사조직을 구축해서도 안 된다. 이런 조건을 수용하면 후보직을 주겠다고했다. 주먹밥도 마다치 않을 판인데, 찬밥 더운밥 가리랴. 월슨은 얼른 수용했다. 과연 이 거래가 제대로 유지될 수 있을는지….

6월, 월슨은 주지사 후보 경선 출마를 공식 선언했다. 시작은 그리 좋지 않았다. 개혁 세력이 그를 공격하기 시작했다. 뉴저지 노조 연맹은 월슨을 노동의 적으로 규정했다. 혁신주의가 대세인 시대였기에, 반反월슨 정서는 상당한 국민적 호응을 받았다. 개혁 현안에 대한 입장을 밝히라는 여론이 빗발쳤다. 하지만 개혁의 목소리를 내자니 보수 세력을 자극할 것이 두려웠다. 그렇다고 보수의 목소리를 내자니 개혁 세력의 심기를 건드리는 것이 걱정이었다. 월슨에겐 그들 모두가 필요했다. 당내 경선에서는 보수 세력의 힘이 필요했고, 본선 승리를 위해서는 개혁 세력의 지지가 필요했다. 월슨은 고육지책으로 침묵을 선택했다. 침묵은 긍정이라던가. 개혁 세력은 침묵이 곧 그가 월가街와 정치 두목들의 주구走狗라는 사실을 인정하는 것이라고 해석했다. 그러나 개혁 세력의 반대에도 불구하고, 월슨은 9월의 전당대회에서 후보로 선출됐다.

　　　　　　　　　　　　　1인자를 만든 참모들

후보가 된 윌슨, 기다렸다는 듯 표변하다

계절이 바뀌면 표범의 털 무늬도 달라진다. 표변豹變이다. 후보 수락 연설을 위해 단상에 오른 윌슨은 표변했다. 그는 정치 두목들로부터 독립을 선언했다. 오직 국민의 요구만 따를 것임을 분명히 했다. 혁신주의 개혁을 지지한다고 선언했다. 굴욕을 견뎌온 윌슨이 이제 본색을 드러낸 것이었다. 개혁파 대의원들은 열광적으로 환호했다. 그렇다고 개혁 세력들이 윌슨을 완전히 신뢰한 것은 아니었다. 며칠 뒤 윌슨은 두목 체제에 대한 반대를 공개 천명했다. 가스 등 공공사업에 대한 정부 통제, 노동자의 수당 인정, 상원 직접선거 도입, 부패 척결 등 개혁 조치에 대한 지지도 공개적으로 밝혔다. 그제야 개혁 세력은 모든 의심을 털어냈다. 윌슨을 위한 선거운동에 맹렬히 뛰어들었다.

과연 이런 표변이 정당한가. 정당한 목적을 위해서라면 악마와 타협해도 되는 것인가. 가타하는 사람도 있을 것이고, 부타하는 사람도 있을 것이다. 인류가 끝나는 날까지 왈가왈부도 끝나지 않을 것이다. 그런데, 정치는 도덕과 다르다. 옳고 그름의 잣대로만 따질 수 없는 영역이다. 법을 범할 수는 없지만 논리를 월越하고, 도덕을 승乘하는 것이 바로 정치의 힘이다. '군자표변'이란 말도 있듯이 군자도 표변한다. 그런 점에서 윌슨이 보수 세력을 이용해 후보직을 따낸 것도 탓하기만 할 일이 아닌 것 같다. 게다가 윌슨은 주지사로서 개혁에 충실하지 않았나. 한 점 얼룩도 허용치 않겠다는 자세는 정치에 맞지 않다.

윌슨은 뉴저지 주를 휩쓸었다. 전국의 이목을 끌어모으는 데에 성공했다. 대권 경쟁에 뛰어들 소중한 밑천이 생긴 셈이었다. 하우스가 윌슨에게 주목한 시점이 바로 이즈음이었다. 윌슨을 유력한 대안의 하나로 검토하기 시작했다. 윌슨에 대해 자세히 알아보기 시작했다. 그의 경력, 그의 연설과 저서를 집중 연구했다. 11월 8일 윌슨이 주지사에 당선됐다. 주 의회도 민주당이 장악했다. 윌슨은 당선된 후 입법부를 리드해 여러 개혁 조치들을 실행해나갔다. 가장 보수적이었던 뉴저지를 가장 혁신적인 주로 탈바꿈시키고 있었다. 하우스는 내심 윌슨이 최적의 후보라는 결론에 도달했다.

이제 윌슨은 자연스레 대통령 후보로 거론됐다. 1911년 들어 텍사스 주에서도 윌슨을 대통령으로 만들자는 조직이 생겨났다. 이에 발맞춰 윌슨이 텍사스를 방문해 연설했다. 여기서 누군가 윌슨에게 하우스란 이름에 대해 언급했다. 왠지 스쳐 지나지 않고 여운을 남기는 이름이었다. 하우스의 명성을 자세히 전해 들었다. 그에 대해 면밀히 탐구했다. 가슴속에 만나보고 싶은 마음이 꼬약꼬약 일어났다. 두 사람과 다 알고 지내던 이들이 나서서 둘을 이어주고자 했다. 시기도 무르익은 것처럼 보였다. 하지만 하우스는 더 기다렸다. 소 굿 소리 듣듯 했다. 10년 가까이 기다려온 그였다. 성급하게 만나기 싫었다. 기왕에 인연이다 싶은 확신이 들 때일수록 유장히 대응하는 것이 좋다. 인연을 잘 맺는 것도 기술이고 노력이다. 하우스는 진지하고 차분한 대화 자리가 만들어질 때까지 고즈넉이 기다렸다.

1911년 11월 24일 오후 4시, 뉴욕의 고담호텔에서 두 사람이 만났다. 윌슨은 55세, 하우스는 53세였다. 새삼스럽게 우정을 쌓기엔 늦은 나이였지만, 두 사람은 마치 천생연분처럼 서로에게 끌렸다. 남의 몸가짐이나 차린 모습을 높여 이를 때 지우芝宇라고 한다. 남이 자신의 인격이나 재능을 알고 잘 대우하는 것을 지우知遇라고 한다. 하우스와 윌슨은 서로의 지우芝宇가 맘에 들었고, 상대의 지우知遇가 고마웠다. '어제 보던 손님'이

　　　　　　　　　　　　1인자를 만든 참모들

란 속담 그대로였다. 둘은 많은 대화를 나눴다. 서로 배짱도 맞았고, 거의 모든 이슈에서 생각이 일치했다. 철학과 정책도 한통속이었다. 언필칭, 서로 마음이 통하는 벗 지우知友였다. 이날 이후 7년 동안 하우스는 윌슨의 분신이었다. 윌슨이 세상을 보고 듣는 눈과 귀였다. 그때의 감동을 하우스는 이렇게 말하고 있다.

> "경이로운 만남이었지. 모든 현안에 대해 의견이 같았거든. 그렇게 생각이 같은 사람을 일찍이 만난 적이 없었는데…. 함께 있으면 얼마나 즐거운지 몰라. 그는 말이야, 믿어지지 않을 정도로 훌륭한 인물이었어."

윌슨이 대중을 움직이면, 하우스는 개인을 설득한다

윌슨은 하우스에 대해 이렇게 평가했다.

> "내가 그에게 매료된 것은 그가 모든 것을 적당한 거리에서 떨어져 객관적으로 대하고 있다는 점이야. 그에게는 어떤 제안이든 본령으로 곧장 진입해 그 핵심을 신속하게 파악하는 능력이 있단 말야. 그가 자신을 위해 원하는 것은 아무것도 없어. 공직에 대한 욕심도 없지. 한 사람이 가질 수 있는 가장 소중한 자산은 사심이 없다는 것인데, 그가 바로 그런 친구야."

하우스에게 윌슨은 조언을 받아들일 줄 아는 그릇이었다. 윌슨에게 하우스는 대권 가도에 놓인 숱한 장애물을 제거해주고, 정신적 편안함과 조언을 제공하는 정치적 스승이었다. 윌슨은 감동적인 연설을 하는 언어의 마술사였다. 하우스는 작은 기미도 놓치지 않는 민첩한 전략가였다.

윌슨이 뭔가를 주창하면, 하우스는 이를 실행하기 위한 행동에 나섰다. 윌슨의 정적과 협상하는 것도 마다하지 않았다. 윌슨의 몫이 대중을 움직이는 것이라면, 하우스의 몫은 개인들을 설득하는 것이었다. 하우스가 아이디어를 모아 오면, 윌슨은 거기에다 영혼을 불어넣었다. 둘이 합친 힘은 쇠를 자르고, 둘이 나누는 말은 난초 향기와 같다는 말이 있다. 금란지교金蘭之交다. 윌슨과 하우스의 우정이 금란지교였다. 서로는 서로를 보완해주는 자질과 능력을 갖춘 파트너였다. 인간적으론 옴살이었고, 정치적으로는 막강한 동맹이었다.

공화당은 이미 분열했고, 최적의 인물도 이제 만났다. 킹메이커가 되고자 한 오랜 염원을 마침내 실현할 준비가 마무리된 것이었다. 남은 과제는 브라이언을 넘어서는 것이었다. 브라이언이 다시 출마할 리는 없었다. 그러나 그의 지지 없이는 누구든 후보가 될 수 없는 것도 사실이었다. 하우스가 마법을 부려야 할 상황이었다. 만나기 전에는 여유롭던 하우스였지만 만난 뒤에는 발 빠르게 움직였다. 처음 윌슨과 만난 그 다음날부터 작업에 착수했다. 브라이언에게 '윌슨의 생각이 당신과 일치한다'는 내용의 편지를 보냈다. 그 이후에도 계속 윌슨과의 대화 내용을 브라이언에게 전했다. 브라이언이 필생의 적으로 생각하는 집단이 금융 재벌이었다. 그들이 윌슨을 적대시하고 있다는 사실도 브라이언에게 알렸다. 같은 적을 두고 있다는 것은 상당한 동질성이다. 친구가 되게끔 하는 원동력이다. 하우스의 처신은 이런 효과를 겨냥한 것이었다. 설득은 논리보다 감성을 더 선호한다. 백 마디 말보다 따뜻한 눈빛이 마음을 움직이는 법이다. 이런 점에서도 하우스는 빈틈이 없었다. 브라이언을 자주 집에 초대해 얘기를 나누었다. 브라이언의 부인도 움직였다. 용의주도한 공략이었다. 하우스는 정말 일을 즐기는 프로, 일을 해내는 전문가였다.

　　　　　　　　　　　　　1인자를 만든 참모들

어느 정도 정지 작업을 마쳤다고 생각되자 하우스는 다음 단계로 넘어갔다. 윌슨과 브라이언이 직접 화해할 수 있는 자리를 주선했다. 1912년 1월, 민주당의 주요 인사가 한 자리에 모이는 만찬이 열렸다. 윌슨과 브라이언은 초청 연사였다. 자연스럽게 만날 수 있는 계기가 생긴 것이다. 하지만 과거 윌슨에게 배신당한 정적들이 가만있지 않았다. 5년 전 윌슨이 친구에게 쓴 편지를 때맞춰 언론에 공개했다. "브라이언을 영원히 때려눕힐 수 있다면 지금 당장 무슨 일이라도 할 것이네."

모든 게 도로 아미타불이 될지도 모르는 절박한 상황이었다. 그러나 우연이나 망외望外가 없으면 어디 인간사인가. 만찬장에서 윌슨을 대하는 브라이언의 태도는 의외로 담담했다. 편지를 공개한 이들의 의도를 너무도 잘 알고 있었기 때문이었다. 그들의 의도에 놀아나기 싫었던 것이다. 게다가 또 하우스의 능숙한 심리전도 작용한 결과였다. "윌슨이 자신의 정치권 최초 후원자이자 월가街를 대변하는 하비George B. Harvey와 의절했다." 브라이언이 좋아할 이런 소식을 하우스가 진작 브라이언에게 전했던 것이다.

과거 윌슨이 정치 두목들과 거대 독점 기업에 대한 반대를 분명히 하자 대부분의 보수파는 등을 돌렸다. 하지만 하비만큼은 변치 않고 윌슨을 지지했다. 아름다운 의리였다. 역설적이게도 그 때문에 브라이언은 윌슨을 의심했다. 하우스는 윌슨에게 경고했다. 하비에게도 뒤로 물러서라는 뜻을 전달했다. 윌슨도 하비를 직접 만나 자신의 뜻을 명확히 했다. 하비는 격분했다. 둘 사이는 이렇게 끝장났다. 윌슨과 하비의 공개 절연, 이 얼마나 브라이언을 기쁘게 하는 소식이었겠는가.

얻는 것이 있으면, 잃는 것도 있는 게 이치다. 윌슨이 입은 상처도 적지 않았다. 윌슨에 반대하는 신문들은 연일 맹공을 퍼부었다. '윌슨의 배은

망덕'이라는 제하題下의 기사를 잇달아 게재했다. 보도는 가히 윌슨의 이미지를 차가운 기회주의자로 낙인찍을 만큼 엄청났다. 하우스가 다시 움직였다. 산불 진압에는 맞불이 최고다. 윌슨을 지지하는 신문들을 동원했다. 그들은 하비와 윌슨의 결별은 한 금융인으로부터의 정치 헌금을 윌슨이 거부했기 때문이라는 기사를 실었다. 분위기는 반전했다. 기회주의자에서 원칙주의자로 급변했다. 하비의 공격은 실패하고 말았다. 도리어 민주당의 키를 쥐고 있는 브라이언에게 윌슨이 다가가는 역효과만 낳았다. 하우스가 발휘한 신비한 마법이었다. 허나 하우스가 구축한 윌슨과 브라이언 간의 신뢰가 일으킬 기적은 아직 그 완전한 실체를 드러내지 않고 있었다.

하우스는 민주당 전당대회에 참석하는 텍사스 주의 대의원들을 완벽하게 조직했다. 그러나 전국적 상황은 기대만큼 좋지 못했다. 윌슨에 반대하는 언론들이 계속 윌슨에게 십자포화를 퍼붓고 있었기 때문이었다. 윌슨의 최대 경쟁자인 클라크Champ Clark가 주별 대의원 선거에서 436표를 확보했다. 윌슨은 고작 248표를 획득하는 데 그쳤다. 게다가 클라크를 지원하는 정치 두목들이 확보하고 있는 표도 224표에 달했다. 윌슨이 전국을 누비며 강인한 선거운동을 펼쳤지만, 상황은 거의 절망적이었다.

1912년 6월 25일, 민주당 전당대회가 볼티모어에서 열렸다. 전당대회의 첫 번째 갈등은 전당대회 의장 선출 건이었다. 보수파는 자파의 인물을 의장에 앉히려 했다. 그러나 브라이언은 이게 마땅찮았다. 보수파의 책동을 제지하기 위해 브라이언이 선택한 방법은 경선 주자들을 압박하는 것이었다. 그러나 윌슨만 조건 없이 브라이언을 지지했다. 브라이언이 공개 지지를 선언했던 클라크는 오히려 당의 화합이란 미명 아래 우물쭈

1인자를 만든 참모들

물했다. 결국 보수파 인물이 의장으로 선출됐다. 브라이언이 자존심을 구겼다. '상처받은 마음은 치유하기 어렵다.' 괴테의 말이다. '티끌 하나에도 마음의 눈은 아프다.' 셰익스피어의 말이다. 마음이 상한 브라이언이 과연 끝까지 클라크를 지지했을까?

첫 번째 투표 결과 클라크가 선두였다. 허나 2/3(724표)에는 미달이었다. 13차 투표까지 클라크가 계속 부동의 1위를 지켰지만, 2/3를 차지하는 데 실패했다. 한계점을 넘어서야 할 때 시간이 지체되면 변화는 불가피하다. 불신이 퍼지고, 그만하면 지지할 만큼 했다는 생각에 부채 의식이 사라지게 된다. 이런 순간에 판을 요동치게 하는 변수가 돌출하는 법이다. 13차 투표까지 클라크를 지지했던 브라이언이 돌연 태도를 바꿨다. 마무리를 짓지 못하는 데 따른 회의, 예의 서운함이 겹쳐 발생한 일이었다. 브라이언은 14차 투표에서 윌슨을 지지했다. 윌슨은 기사회생했다. 기막힌 반전이 이뤄졌다. 그 여파로 일부 마이너 후보들이 사퇴하기 시작했다. 윌슨의 승세는 굳어졌다. 마침내 46차 투표에서 윌슨이 후보로 선출됐다. 브라이언이 윌슨 지지로 돌아선 것은 갑작스럽게 일어난 기적이 아니었다. 하우스가 오래전에 심어놓고 애지중지 보살펴온 싹이 비로소 결실을 거둔 것이었다.

하우스의 아이디어가 윌슨에게 가서 현실이 됐다

그러나 사실 윌슨과 하우스의 파트너십은 전당대회를 끝으로 끝나는 것이 순리였다. 전당대회에서 승리가 무망無望해지자 하우스는 너무 낙담했다. 그는 전당대회 와중에 건강을 핑계로 유럽으로 여행을 떠나버렸다. 배신 혹은 포기였다. 똑똑한 참모일수록 예상대로 풀리지 않는 상황을 못 견뎌 한다. 사람이 하는 일에 예측 불가능한 전개는 불가피하다. 도저히 불가능해 보여도 결론이 나기 전에 손을 드는 것은 바보짓이다. 성패를 떠나 끝까지 최선을 다하는 것까지가 인간의 몫이다. 하우스는 넉넉했지만, 악착같지는 않았다. 역시 다 가진 사람은 없는 모양이다. 비유하자면, 여러 방면에 능통한 두루치기는 있어도 다 잘하는 '모두치기'는 없는 것이다. 그러나 어쨌든 이상하게 둘의 우정은 계속됐다.

하우스는 으레 그랬듯이 일절 직책을 맡지 않은 채, 사람들을 다독거리며 선거운동을 총괄했다. 공화당이 분열했기 때문에 윌슨의 승리는 확실했다. 1912년 11월 5일 윌슨이 당선됐다. 일반 투표에서 윌슨의 지지율은 41.56%로 링컨 이래로 가장 낮았다. 하지만 선거인단 투표에서는 435표를 얻어 압승했다. 루스벨트는 88표, 태프트는 8표를 얻었다. 민주당은 의회도 장악했다.

선거 승리 후 윌슨과 하우스 간의 우정은 더욱 깊어졌다. 하우스가 아이디어를 제시하면, 윌슨은 그것을 하나의 주장으로 만들었다. 이를 다시 하우스가 정책으로 구체화하면, 윌슨이 밀어붙였다. 이제 윌슨과 하우스의 우정은 1919년까지 미국과 세계를 움직이는 힘이었다. 두 사람은 미국을 다스리는 공동 통치자였다. 윌슨이 대통령이라면, 하우스는 수상이었다. 윌슨이 선장이라면, 하우스는 조타수였다. 윌슨 취임 후, 하우스는 백악관에 자신의 방을 2개나 두었다. 뉴욕의 하우스 집은 제2의 백악관으로 각광받았다.

16년 만의 정권 교체이니 얼마나 많은 사람이 한자리 얻으려고 혈안이 되었으랴. 너도나도 윌슨에게 로비했다. 내각 인선과 입법 프로그램 때문에 생각할 시간을 가져야 하는 윌슨에게 이런 상황은 지옥이었다. 여행을 떠나버렸다. 그래도 언론이나 구직 희망자들은 계속 아우성이었

　　　　　　　　　　　　　　　1인자를 만든 참모들

월슨 부부와 하우스

다. 오직 한 사람만은 달랐다. 하우스는 그 어떤 부탁도 하지 않았다. 조용히 대통령 당선자에게 필요한 자료를 모아, 편지로 전달했다. 그 속에는 내각 인선 후보들과 일반적인 정치 상황, 월슨이 특별히 관심을 가져야 할 문제 등이 들어 있었다.

훌륭한 예절과 부드러운 언사는 많은 어려움을 덜어준다. 하우스는 편지 말미에 꼭 한마디 덧붙였다. "제게 시킬 게 따로 없으면 번거롭게 답장을 하지 않아도 됩니다." 비례非禮라 할 수 있는 과공過恭인가, 아니면 살인도 면하게 한다는 겸양인가. 뭐가 됐든 극도로 우쭐해 있을 보스의 마음을 매만지는 테크닉만큼은 결코 간단치 않아 보인다. 하우스는 고개를 숙일 때와 들 때, 강하게 밀어붙일 때와 조용히 부복할 때, 물러날 때와 나아갈 때를 가리는 분별지分別智를 갖고 있었다. 그는 또 '사심 없는 조언자'란 스탠스stance를 시종일관 유지했다.

월슨은 하우스에게 어떤 장관직도 좋다며 선택하라고 했다. 하우스는 정중히 거절했다. 그는 장관직을 맡음으로써 그 업무에 관련된 조언에 스스로의 역할을 국한시키고 싶지 않았다. 그는 모든 문제에 대해 자유롭게 조언하고 싶었다. 그가 원한 힘은 대통령에 대한 개인적인 영향력을 유지하는 것이었다. 하우스는 공직을 사양함으로써 그 어떤 정치적 야심도 없음을 보여주고, 그럼으로써 자신의 영향력을 유지하는 길을 선택한 것이다. 이처럼 덤덤한 듯 담백한 처세는 그리 쉽지 않은 것이다. 양보, 사양, 절제의 덕목을 갖춘 참모를 보스라면 좋아할 수밖에 없다. 월슨은 하우스를 자신 곁으로 더욱 끌어당겼다.

여행에서 돌아온 월슨은 수시로 하우스의 집을 방문했다. 월슨이 역에 도착하면, 하우스가 차로 마중을 나와 있었다. 둘은 함께 식사도 하고, 함께 길거리도 산책하고, 함께 영화도 보러 다녔다. 마치 이제 막 사랑에 빠져 새록새록 다감한 마음을 나누는 다정한 연인 같았다. 둘은 많은 이야기를 나눴다. 월슨이 자신의 희망과 철학을 이야기하면, 하우스는 뜻대로 될 것이라고 격려했다. 월슨의 표현대로, 하우스에게 이야기하는 것은 자신의 영혼과 대화를 나누는 것과 같았다. 역시 칭찬은 두려움을 없애주는 각성제다. 격려는 외로움을 잊게 해주는 항생제다. 월슨은 하우스의 격려와 조언 속에서 확신과 용기를 얻었다.

월슨 행정부는 소수파 정권이었다. 무슨 일을 하든지 토대를 다지는 게 급선무다. 월슨의 통치 기반 조성을 위해 하우스는 먼저 재계의 불안감을 해소하는 데 나섰다. 자본주의 사회에서 재계의 협조 없이 정부가 성공하는 것은 불가능하다는 것이 그의 지론이었다. 이 점을 월슨에게도 설득했다. 재계의 핵심 인사들과 만나 시어도어 루스벨트 전前 대통령처럼 재계를 매질하지 않을 것임을 분명히 했다. 하지만 동시에 금융 개혁이 필요하다는 점만큼은 확실하게 주지시켰다. 재계는 안도했다. 그 이후에도 하우스는 대통령과 재계를 연결하는 중재자였다.

인사가 만사다. 인사가 메시지다. 하우스가 월슨에게 내각 명단을 제안했다. 월슨은 대부분 받아들였다. 10명의 장관 중 7명이 하우스가 추천한 사람이었다. 특히 브라이언을 국무 장관으로 임명하자고 고집스레 주장해 관철했다. 하우스의 논리는 의회에서 개혁 법안을 통과시키려면 많은 의원 추종자를 거느린 브라이언이 절대적으로 필요하다는 것이었다. 사람이 꾸려지면, 그다음은 운영 즉 시스템이다. 하우스는 행정부의 원활한 운영을 위해 주 1회 이상 내각 미팅을 정례화하는 방안을 월슨에게 권고했다.

월슨 정부의 그림자 수상, 하우스

길을 가다 누군가 앞에서 알짱거리면 영 거추장스럽다. 짜증나기 마련이다. 모임에서 내 옆 사람만 쳐다보며 이야기하면 영 머쓱하다. 서운하기 마련이다. 이런 정리情理를 하우스는 잘 알고 있었다. 하우스가 많은 영향력을 발휘한다는 사실이 조금씩 알려지기 시작했다. 언론이 호들갑을 떨었다. 온갖 루머와 소설이 난무했다. 직접 나서서 해명할 만도 한데, 하우스는 결코 나서지 않았다. 언론 인터뷰도 모두 사절했다. 바람은 지나간다. '비부악bivouac'의 자세로 지내는 것이 좋다. 그는 '신비의 인물'로 비쳐졌다. 그는 마른 낙엽 위를 걸으면서도 바스락거리는 소리를 내지 않을 사람이었다. 월슨이 말했다. "내가 하우스를 좋아하는 이유는 그 누구보다도 남 앞에 나서기를 꺼린다는 데에 있다."

월슨에게 도움을 줄 수 있는 사람으로 치자면 국무장관 브라이언이 하우스보다 나았다. 임의롭기로 치자면 사위 매커두William McAdoo가 더 가까웠다. 하지만 윌슨의 분신은 하우스였다. 왜 그랬을까? 윌슨에게는 열등의식이 있었다. 아홉 살이 되어서야 철자를 쓸 줄 알았다. 열한 살이 돼서야 읽는 걸 깨달았다. 항상 부족하고, 모자란다는 생각에 눌려 살았다. 때문에 칭찬에 약했다. 누구에게서든 자신이 옳은 일을 한다는 확신을 얻고 싶어했다. 다른 사람의 헌신적 봉사를 바랐다. 하우스는 이런 윌슨을 다룰 줄 알았다. 언제나 다독거리고, 한없이 베풀기만 했다. 하우스는 결코 윌슨의 자존심을 건드리면서까지 논쟁하지 않았다. 항상 잘한다고 말해줬다. 용기를 주고, 격려의 말을 아끼지 않았다. 뭔가를 요구하기는커녕 주려고만 했다. 여기에 하우스가 윌슨의 전폭적인 신뢰를 얻은 숨은 이유가 있었다.

윌슨은 하우스에게 이렇게 고백했다.

"당신은 내가 모든 문제를 상의하는 유일한 사람이네. 내가 이것저것 한 가지씩 상의하는 사람은 더러 있어. 하지만 내 맘속에 있는 모든 것을 얘기하는 사람은 당신 하나뿐이지."

하우스는 정부의 그림자 수상으로 움직였다. 정부 부처들은 끊임없이 그에게 의견을 구했다. 그의 영향이 미치지 않은 부처는 없었다. 정치인들은 떼를 지어 그에게 몰려들었다. 수많은 개혁가들이 개혁 정책을 갖고 그의 집 문턱이 닳도록 들락거렸다. 타국 주재 대사관의 전문은 그를 거쳐 윌슨에게 보고됐다. 그는 윌슨을 대신해 인사 추천, 검증, 통보의 역할도 떠맡았다. 파나마 운하 통관세를 놓고 영국과 갈등이 불거졌다. 하우스는 영국의 주장을 과감하게 수용하자고 했다. 8년 동안 지켜온 정부

　　　　　　　　　　　　　　　1인자를 만든 참모들

정책 기조와 민주당의 강령을 변경해 영국이 통관세를 내지 않도록 했다. 그의 힘은 가히 무소불위였다.

불신의 싹은 일단 트기만 하면 순식간에 아름드리가 된다. 일단 싹이 트면 이미 늦다. 아예 씨앗이 뿌려지지 않도록 해야 한다. 하우스는 윌슨이 오해하지 않도록 주의했다. 시기하지 않게끔 경계했다. 자신이 하는 모든 일에 대해 윌슨에게 숨김없이 알렸다. 보스에게 '나도 몰랐다'는 인식을 심어주는 것은 자살행위다. 윌슨에게 사전에 충분히 알린 것이야말로 주위의 이간을 이겨내는 안전판이었다.

1913년 3월 취임하자마자 윌슨과 하우스는 곧바로 개혁 드라이브를 시작했다. 사실 어느 시대든 무엇을 개혁해야 하는지는 널리 알려져 있기 마련이다. 문제는 어떤 것을 선택하고, 어떻게 우선순위를 정할 것이냐에 개혁의 어려움이 있다. 관세 개혁, 연방준비제도와 연방통상위원회 설립 등을 우선 추진하기로 했다.

4월 7일 윌슨은 의회의 특별 회기를 요청했다. 이 특별 회기는 다음해 10월까지 이어졌다. 이는 역사상 가장 긴 회기였다. 하원에서 민주당은 거의 2/3에 육박하는 다수당이었다. 상원에서도 51석으로 공화당의 44석보다 많았다. 다음날, 2대 대통령 이래 처음으로 국회에 직접 출석해 관세 개혁 방침을 천명했다. 높은 관세가 세계 자유무역을 방해할 뿐만 아니라 국내의 물가를 높여 대기업의 독점을 조장하고 있었다. 관세 인하 방침은 국민의 높은 지지를 받으면서 10월 '언더우드 관세법 Underwood Tariff'으로 입법화됐다. 남북전쟁 이후 최초의 관세 개혁이었다. 음식물과 의복 등 958개 항목에 대한 수입세를 평균 10% 인하했다. 관세 인하로 인한 국가재정 부족은 소득세를 신설해 보충했다. 소득재분배의 첫 시도였다.

다음은 은행 제도 개혁이었다. 당시의 은행 제도는 1863년 남북전쟁의 비용을 조달하기 위해 조급하게 만들어진 것이었다. 약간의 자본금을 출자하고 일정액의 국·공채 모집에 응한 단체는 거의 모두 은행 설립 허가를 받을 수 있었다. 그러한 은행들은 국채의 교환을 통해 은행권을 발행했다. 그 은행권은 금화, 은화, 그리고 약간의 경화硬貨와 더불어 미국 통화의 총량을 구성하고 있었다. 산업이 육성되자 정부가 국채 상환에 나섰다. 그 결과 국채가 감소하면서 은행권의 수도 줄어들었다. 은행권이 국채를 담보로 하고 있었기 때문에 벌어진 현상이었다. 문제는 통화의 수요가 급증하는 시기에 통화가 줄어든 데에 있었다. 디플레이션이 일어났고, 화폐가치가 올라갔다. 농산물 값이 떨어져 농민들의 불만이 크게 고조됐다. 덕분에 금융 재벌들은 가만히 앉아서 횡재를 했다. 이런 현실을 방치하면 국가적 위험이 온다는 것은 대大금융가들조차도 인정할 정도였다. 이처럼 은행 제도의 개혁은 정부의 오랜 숙제였다.

월슨과 하우스는 연방준비제도FRB 설립을 추진했다. 보수파는 이미 대금융가들의 감독을 받는 중앙은행 설립안을 제시해놓고 있었다. 브라이언은 연방 정부가 화폐의 유통을 감독할 수 있게 하는 내용이 포함돼야 한다고 주장했다. 월슨은 브라이언의 의견을 수용했다. 반발하는 의회와 재계를 강하게 밀어붙였다. 마침내 1913년 연방준비제도법이 의회를 통과했다. 이 법의 통과는 브라이언과 하우스의 노력 덕에 가능했다. 브라이언은 의회를, 하우스는 재계를 설득했다. 이 법으로 인해 통화와 은행 신용은 더욱 신축성이 있게 됐다. 뉴욕에 집중되어 있던 금융은 지역적으로 분산됐다. 이 법을 가장 환영한 것은 그동안 부채에 시달려온 농민들이었다. 은행 제도 개혁은 국민적 지탄을 받아온 모순을 해결한 획기적 개혁이었다. 잭슨 대통령 이후 처음으로 대통령이 금융시장에 직

　　　　　　　　　　　　　　　　　　　　1인자를 만든 참모들

접 개입한 것이었다. 이로써 혁신주의의 오랜 개혁 염원이 마침내 실현됐다.

　말이나 소를 몰거나 부리려고 재갈이나 코뚜레, 굴레에 잡아매는 줄이 고삐다. 지금까지와 다른 길을 가려 할 때는 고삐를 바싹 죄야 한다. 관성 탓에 가던 길을 가려하기 때문이다. 윌슨과 하우스는 선거공약 중에서 가장 중요시했던 어젠다를 다음 과제로 설정했다. 트러스트 규제를 위한 법률 제정이었다. 대기업의 독점을 막고, 불공정한 거래 관행을 금지하는 것이었다. 1914년 9월 연방통상위원회를 설치해 기업의 불공정 행위를 조사·감독하게 했다. 곧이어 미국 산업 시대의 이정표라고 할 수 있는 '클레이턴 독점금지법Clayton Antitrust Act'을 제정했다. 노동계에서 '노동 대헌장'이라고 부를 정도로 획기적인 이 법안은 노동조합에 강력한 권한을 줘 회사와의 단체교섭권을 크게 강화했다.

두 명의 여자로 인해 멈춰 선 개혁 열차

기적소리 높이 칙칙폭폭 달리던 윌슨의 개혁 열차는 '클레이턴 법 역驛'을 지나자 가쁜 숨을 몰아쉬더니 급기야 멈춰 섰다. 윌슨은 여성의 참정권 허용을 거부했다. 악명 높은 흑인 차별법인 '짐 크로 법Jim Crow laws'의 제정을 방치했다. 어린이 노동을 금지하는 법의 제정도 반대했다. 윌슨이 부인 때문에 모든 일에 나 몰라라 했기 때문이었다. 1914년 8월 부인이 끝내 사망했다. 윌슨은 절규했다. "오, 오, 신이시여! 저는 어떻게 해야 됩니까." 다음 해 3월 백악관에서 다과회가 열렸다. 여기서 윌슨은 또 한 명의 여자를 만났다. 정신에도 줏대가 있는 모양이다. 정신의 줏대를 얼이라고 한다. 그녀를 보는 순간 그는 얼이 나가버렸다. 사랑에 빠진

윌슨은 도통 개혁에 무관심했다. 기관사가 첨엔 죽은 부인 때문에, 다음
엔 새로 생긴 애인 때문에 넋이 나간 통에 열차는 움직일 생각조차 하지
않았다. 열차에 탑승해 숱한 개혁 역을 지나기로 했던 승객들은 맥이 빠
져버렸다.

  첫 번째 부인 엘런Ellen Axson Wilson과 사별 후 윌슨은 하우스에게 더
많이 의지했다. 하우스가 윌슨을 부축한다는 말이 딱 어울릴 지경이었
다. 이런 상황은 윌슨이 1915년 12월 재혼할 때까지 이어졌다. 엘런은 하
우스와 매우 친했다. 하우스에게 재산 관리나 투자 문제도 서슴없이 상
의했다. 하지만 두 번째 부인 이디스Edith Bolling Galt는 그에게 적대적이
었다. 이디스는 연애 시절부터 윌슨에게 하우스가 '믿을 수 없는 사람'이
라고 속살거렸다. 뿐만 아니라 주지사 시절부터 윌슨을 보좌한 측근 투
멀티Joseph Tumulty에 대해서도 '너무 평범하다'고 쑤석댔다. 처음엔 윌슨
도 귀담아듣지 않았다. 좋게 달랬다.

  "당신 말도 어느 정도는 옳아요. 당신은 예리한 통찰력과 냉철한 판단력
을 가지고 있소. 생판 모르는 사람에 대한 순간적인 판단이라도 완전히 틀
린 것은 아니오. 하우스가 객관적인 시각을 견지해야 하는 순간에 가끔
편협하고 개인적인 시각을 갖는 것은 나에 대한 헌신과 내가 국제정치 무
대에서 중요한 역할을 해야 한다는 그의 열렬한 희망 때문이오. 언젠가는
당신도 하우스를 사랑하게 될 거요. 내 사랑하는 작은 비평가, 당신은 이
말을 기억해야 하오. 몸에 좋은 약은 입에는 쓰다는 말이 있잖소."

하우스는 윌슨의 재혼에 반대했다. 다가올 선거에 미칠 악영향이 염려
됐다. 그는 재무 장관인 매커두, 해군 장관이자 친구인 대니얼스 등과 함

께 윌슨의 열애가 초래할 수 있는 정치
적 대가에 대해 이야기를 나눴다. 하우
스는 윌슨에게 너무 일찍 재혼하지 말
라고 경고할 사람으로 매커두를 선택
했다. 매커두는 몇 년 전 윌슨이 저지
른 외도를 거론했다. 1907년 윌슨은
휴가 중에 어떤 여성과 외도를 했다.
그 이후로도 계속 편지를 주고받았다.
돈을 보내주기도 했다. 매커두는 이 사
건을 운운하며 장인의 결혼 계획을 무

윌슨의 두 번째 부인 이디스는 하우스에게
적대적이었다.

산시키려 했다. 그는 거짓으로 윌슨에게 그 여인이 윌슨의 애정 행각이
담긴 편지를 언론에 팔아넘기기로 했다고 말했다. 겁을 주려던 것이었다.

의도와 달리 엉뚱한 결과를 낳는 것이 인간사다. 뜻하지 않은 우여곡
절, 알 수 없는 속사정이 생기기 마련이기 때문이다. 매커두의 시도는 예
상치 못한 결과를 초래했다. 윌슨은 이디스의 집으로 달려갔다. 아주 오
래전에 있었던 추잡하고 후회스러운 사건을 털어놓았다. 그런 자신을 더
럽고 부끄럽게 생각한다고 참회했다. 진실한 고백은 마음의 빗장을 여는
열쇠다. 그가 바라던 대로 이디스는 약혼을 깨뜨리지 않았다.

"저는 당신 곁에 있을 거예요. 의무 때문도, 동정심 때문도 아니에요. 당
신을 사랑하기 때문이에요."

이디스의 집을 나오면서 윌슨은 쾌재를 불렀다.

"오, 당신은 아름다운 인형, 관대하고 아름다운 인형!"

주위의 반대는 되레 사랑의 불길을 활활 타오르게 하는 기름이다. 둘
은 더욱 밀착했다. 이들은 결혼 계획을 방해하려는 음모가 있었던 사실

까지 알아챘다. 이디스는 하우스에 대해 이를 갈았다. 복수의 그날을 기다렸다. 여인이 한을 품으면 오뉴월에도 서리가 내린다는데….

하우스, 천재적 영감으로 윌슨을 다시 승리하게 만들다

멈춰 선 열차가 기지개를 켜더니 다시 움직일 채비를 했다. 1916년에 있을 재선 때문이었다. 선거를 위해서는 개혁 열차를 다시 달리게 해야 했다. 다음 선거에선 공화당의 분열을 기대할 수 없었다. 결국은 개혁 성과가 관건이었다. 1916년 1월 개혁적인 변호사 브랜다이스Louis Dembitz Brandeis를 대법원 판사에 임명하면서 개혁 열차는 힘차게 달리기 시작했다. 7월 '연방농촌대부법'을 제정해 농민들에게 싼 이자로 5년에서 40년까지 기한부로 융자해줬다. '어린이노동금지법'을 제정해 14세 이하 어린이의 노동을 금지시켰다. '연방고속도로법'을 제정해 연방이 본격적으로 각 주를 연결하는 고속도로를 건설하게 했다. 이는 연방 정부가 주도해 국내 도로망을 건설하는 것은 헌법에 위배된다는 통념을 깨는 것이었다. 산업재해 보상과 8시간 근무제를 도입했다. '고도의 정치적 수완으로 모든 국민의 대변자가 됐다.' 이런 찬사가 이어졌다. 열차 승객들도 환호했다.

하우스는 1916년 대통령 선거 준비를 총괄 지휘했다. 전열을 정비한 공화당과의 맞대결이라 접전은 명약관화했다. 이럴 땐 전략과 기획이 판세를 가르는 핵심 요인이다. 하우스는 혁신주의 표와 부동층을 주 공략 대상으로 삼는 선거 전략을 수립했다. 그는 이들 표를 얻을 가능성이 높은 주에 캠페인을 집중했다. 특히 전통적으로 공화당 지지 성향을 보여 온 캘리포니아가 승부의 분수령이 될 것으로 보고, 최대한의 힘을 쏟아

　　　　　　　　　　　　1인자를 만든 참모들

부었다.

선거일 저녁, 공화당 후보 휴즈Charles Evans Hughes의 승리는 확실해 보였다. 선거인단 개표가 시작됐다. 휴즈가 과반수에 8표 모자라는 254표를 얻자, 대부분의 사람들은 휴즈가 승리한 것으로 믿고 잠자리에 들었다. 어떤 신문들은 아예 휴즈가 승리했다는 호외를 발행하기도 했다. 그러나 노름에서도 문지방을 넘어서 봐야 누가 땄는지 알게 된다는 속설이 있다. 모든 개표를 마쳤을 때 승리는 윌슨의 것이었다. 277 대 254로 승리한 것이었다. 예상을 뒤엎고 캘리포니아 주에서 오히려 이긴 것이 원동력이었다. 접전을 예상하고, 전략 지역에 집중한 하우스의 천재적 영감이 낳은 신승이었다.

윌슨은 두 번째 취임식을 거행했다. 그의 곁에는 새로운 조언자가 어깨를 나란히 하고 서 있었다. 이디스였다. 그녀는 하우스를 밀어내고 권력을 독차지하고픈 퍼스트레이디였다. 우리 속담에 사내 못난 것은 대가리만 크고, 계집 못난 것은 젖통만 크다는 말이 있다. 못난 남자 중에서 제일 못난 놈이 여자 때문에 사리 분별 못하는 놈이다. 못난 여자 중에서 제일 못난 년이 질투 때문에 안달복달하는 년이다. 이디스는 질투의 화신이었다. 그녀는 먼저 쉬운 상대부터 겨냥했다. 투멀티와 대니얼스를 내쫓으라고 보챘다. 그러나 윌슨이 서슴거리며 그녀의 주장을 들어주지 않았다. 그녀는 때를 기다렸다. 그녀는 각료 회의를 제외한 모든 미팅에 참석했다. 대통령으로 통하는 접근로를 통제하기 시작했다.

1917년 4월 2일, 미국은 마침내 독일에 대한 전쟁을 선포했다. 지금까지 윌슨과 하우스는 유럽의 긴장을 해소하기 위해 노력해왔다. 하우스는 윌슨 외교정책의 설계자였다. 국제 정세를 예의 주시하고 있던 하우스는 개혁에만 온통 신경을 기울이고 있는 윌슨을 설득했다. 윌슨의 동의 아래 유럽으로 건너갔다. 당시 유럽은 제국주의 열강들이 영토와 이권을 놓고 첨예하게 대립하고 있었다. 독일, 이탈리아, 오스트리아로 이뤄진 동맹과 영국, 프랑스, 러시아로 이뤄진 연합이 팽팽하게 맞서고 있었다. 1912년에 일어난 발칸전쟁은 세계를 일촉즉발의 위기로 몰고 갔다. 하우스가 독일, 프랑스, 영국 등을 돌며 열심히 중재했다. 하지만 전쟁을 막을 수는 없었다. 당시의 유럽 정세에 대해 하우스는 이렇게 썼다.

"독일이 칼을 갈고 있는지도 모른 채, 프랑스는 혁명에 몰입해 있고, 영국의 런던은 사교계의 행사에 완전히 도취해 있다."

하우스와 윌슨의 '14개조 원칙'

끝내 제1차 세계대전(1914~1918)이 터졌다. 미국은 중립을 지키면서 전쟁 특수를 누렸다. 호황을 구가했다. 연합국의 물품 구입 덕분에 미국의 공업과 농업은 급팽창했다. 임금과 물가가 상승했고, 주가도 치솟았다. 때문에 독일 잠수함의 여객선 공격으로 미국인이 100명이 넘게 죽어도 미국의 중립은 요지부동이었다.

하지만 1917년 2월 독일이 멕시코에 보낸 '치머만 각서'가 폭로되면서 미국의 태도는 변하기 시작했다. 독일의 외무 장관 치머만Arthur Zimmermann이 멕시코에 문서를 보냈다. "만약 독일이 미국과 전쟁을 하게 될 경우 멕시코가 독일을 지원해준다면 1848년에 미국에게 빼앗겼던 영토를 되찾을 수 있을 것이다." 3월 세 척의 선박이 다시 독일에 의해 격침됐다. 4월에는 러시아혁명이 발발해 러시아가 전선에서 이탈했다. 미국으로서는 참전할 수밖에 없었다. 사실 하우스는 1915년부터 참전을 주장했다. 강화회의를 미국이 주선하고, 독일이 거부할 경우 참전해야 한다

　　　　　　　　　　　1인자를 만든 참모들

고 계속 윌슨을 설득해왔다. 그리고 세계대전 발발 직후부터 참전에 대비한 군비 증강을 촉구했다. 하지만 윌슨은 계속 늑장을 부렸다. 참전 1년 전인 1916년에야 군비 증강에 착수했다.

1918년 1월, 윌슨과 하우스는 전후戰後 평화에 대한 종합 구상을 담은 '14개조 원칙'을 발표했다. 둘이서 함께 토론하며 직접 집필한 문건이었다. 공개 외교, 해양의 자유, 무역 장벽의 해소, 군비축소, 민족자결의 원칙에 따른 국가 간의 국경선 조정, 폴란드의 독립, 국제연맹의 창설 등이 주요 내용이었다. 10월 하우스는 종전 및 평화 협상에 참가하는 미국 대표단을 이끄는 책임자가 됐다. 사상 처음으로 공식 직함을 가지게 된 것이었다. 그러나 하우스가 그토록 경계하던 불신의 싹이 트는 계기이기도 했다.

하우스는 14개 원칙을 유럽이 받아들이게 하는 어려운 임무를 안고 파리로 갔다. 토론하고, 설득하고, 압박하고, 협상했다. 그리고 마침내 14개 원칙에 대한 동의를 이끌어냈다. 영국과 프랑스를 위협해 종전 합의를 도출해냈다. 정말 대단한 성과였다. 11월 마침내 전쟁은 끝났다. 이어 전후 처리를 위한 파리평화회의가 열렸다.

하우스의 반대를 무릅쓰고, 윌슨은 평화회의를 직접 진두지휘하기로 했다. 중간선거에서 이긴 공화당은 이에 반대했다. 대통령이 해외로 나가 직접 회의에 참석하는 것은 위헌이라고 주장했다. 다음 선거에서의 윌슨 열풍을 차단하려는 대응 조치였다. 하우스의 반대도 이런 염려 때문이었다. 하지만 윌슨은 고집을 꺾지 않았다. 12월 윌슨은 재임 중 미국 땅을 벗어나는 최초의 대통령으로 회의에 참석했다. 평화회의는 다음해 1월 12일부터 시작됐다.

4월 어느 날, 윌슨은 고열에 시달렸다. 건강이 원래 좋지 않던 윌슨이었다. 교수 시절 한쪽 눈의 시력을 잃었다. 평생 편두통을 달고 살았다. 왼쪽 팔다리에 신경염을 앓고 있었다. 같은 달 하순 윌슨이 가벼운 정신 발작을 일으켰다. 파리의 공식 숙소에서 일하는 하인들에게 프랑스 정부의 스파이들이라고 욕했다. 식사 중에는 아무 말이 없었다. 즐거워하다 곧 우울증에 빠지는 등 종잡을 수 없는 감정 변화를 보였다. 때로는 감정을 억제하지 못하고 그대로 분출했다. 영국 수상 로이드 조지David Lloyd George의 면전에다 대고 "당신을 보면 구역질이 난다"라고 내뱉기도 했다. 6월 윌슨은 제1차 세계대전의 종식을 알리는 베르사유조약에 서명했다. 윌슨이 열망한 국제연맹의 창설도 그 속에 포함돼 있었다. 윌슨의 장기 외유는 성과를 거둔 것처럼 보였다. 그러나 본국에서 그를 기다리던 공화당은 대공세를 준비하고 있었다.

참모가 참모의 한계를 벗어나고자 할 때

"깨진 거울은 다시 합치기 어렵고, 떨어진 꽃은 가지에 오르지 못한다破鏡不重圓, 落花難上枝." 하우스와 윌슨의 파경은 소리 없이 찾아왔다. 파리평화회의에서 하우스와 윌슨 간의 우정은 큰소리 한마디 없이 조용히 깨졌다. 회의 초기 하우스는 윌슨으로부터 각국 정상들의 비공개 회담 내용을 상세히 전해 들었다. 국제연맹규약을 공동 집필했다. 윌슨이 불참할 때는 하우스가 그를 대신해 정상회담에도 참석했다. 이처럼 다른 나라 사람들의 눈에 비친 하우스는 윌슨의 분신이었다. 하우스라는 창을 통해서야 세상의 빛이 윌슨에게 통한다고 평할 정도였다.

그런데 왜 둘 사이에 금이 갔을까?

하우스가 윌슨에게 불편한 조언을 하기 시작한 게 원인이었다. 1918년

　　　　　　　　　　　　　　1인자를 만든 참모들

11월의 중간선거에서 공화당이 이겼다. 따라서 공화당에 입법 이니셔티브initiative를 주는 것이 순리라는 것이 하우스의 입장이었다. 이런 입장을 윌슨에게 전달했다. 그는 공화당이 지배하는 의회와의 관계 개선을 위해 대통령이 상원 외교위원회 소속 의원들과 식사 미팅을 하라고도 권유했다. 국제연맹규약을 일반인에게 공표하기 전에 먼저 의회 지도자들과 상의하라고 건의했다. 그간 하우스는 윌슨이 무슨 말을 하건 어떤 일을 벌이건 격려하고, 지원했다. 물론 가끔 하우스가 반론을 펴기도 했다. 하지만 다독거려주는 따스함을 잊지 않았었다. 그런 그가 이번에는 강하게 압박한 것이다. 그러나 윌슨은 그럴 생각이 추호도 없었다. 항복을 요구하는 공화당이 아니던가. 그들과 타협하라는 것은 강한 도덕적 확신을 가진 윌슨에게는 용납할 수 없는 굴복이었다.

하우스가 처음으로 공식적인 직함을 가진 것도 악영향을 미쳤다. 하우스는 미국의 회의 대표단을 이끄는 커미셔너commissioner였다. 윌슨은 원칙만 고수할 뿐 구체적 협상에는 최소한의 관심도 없었다. 구체적 협상을 진행하는 것도 하우스요, 협상이란 주고받는 거래라는 사실을 아는 것도 하우스였다. 그러다 보니 다른 나라 대표들은 하우스와의 딜deal을 더 선호할 수밖에 없었다. 모든 길이 하우스로 통하는 꼴이었다. 윌슨은 강한 질투를 느꼈다. 합리적 판단은 마비됐다. 이제 하우스는 윌슨의 경쟁 상대였다.

하우스의 이름이 언론에 등장하기 시작한 것도 불신을 조장했다. 하우스가 보기에 윌슨은 언론에 정보를 적절하게 알리지 않고 있었다. 윌슨과 달리 그는 기자들을 거의 매일 만났다. 돌아가는 사정을 알려주었다. 그럴 수밖에 없는 처지였다. 대표단에 속해 있던 하우스의 친구들과 사위가 분위기 파악을 못하고 너무 나갔다. 언론에다 하우스를 열심히 홍보했다. 언론의 속성 중에 하나가 새로운 스타 만들기다. 기존과 다른 뭔가가 있어야 뉴스이기 때문이다. 언론은 대통령보다 하우스가 더 중요한 역할을 하고 있다는 기사를 실었다. "하우스가 평화 대표단의 브레인이다." "하우스가 오늘 생각해내면, 윌슨이 내일 발표한다." 이 기사들은 윌슨과 그의 아내를 흥분하게 만들었다. 이디스가 하우스에게 기사가 나게 된 경위를 따지면서 해명을 요구할 정도였다.

이디스가 윌슨의 귀를 장악한 것이 결별에 가장 결정적인 원인으로 작용했다. 과거에는 윌슨과 하우스가 서로 이해하면 그만이었다. 이제는 이

　　　　　　　　　　　　　　　　　　　1인자를 만든 참모들

디스가 하우스의 일거수일투족을 해석하고 비평했다. 윌슨에게 제공되는 새로운 관점은 하우스의 행동을 오해하도록 유도했다. 머리맡에서 살살 만지며 시시콜콜 소곤대면 누구라도 얼쑹얼쑹해지기 마련이다. 그만큼 살을 맞대고 사는 이의 속삭임은 치명적이다. 윌슨이 하우스를 불신하고 멀리하도록 이디스는 곰비임비 재촉했다.

협상 조건에 대한 견해 차이도 적지 않게 악영향을 미쳤다. 하우스의 입장은 양보할 것은 양보하자는 것이었다. 시간을 끌면 끌수록 새로운 문제가 계속 생겨날 것을 우려했다. 때문에 다른 나라의 주장이 옳으면 수용하자고 했다. 하지만 윌슨은 협상가가 아니라 원칙주의자였다. 꺾일지언정 굽히지는 않는 스타일이었다. 특히 이탈리아에 대해 하우스가 타협적이자 윌슨은 격분했다. 하우스가 느끼는 불만도 덩달아 커져갔다. 윌슨은 도대체 협상의 ABC도 모르는 사람이었고, 편견이 가득 찬 사람이었다. 파국은 멀지 않아 보였다. 1919년 6월 29일 베르사유조약이 서명된 다음 날, 둘은 설전을 주고받았다. 예의 따뜻한 격려와 진심 어린 감사는 없었다.

"이곳 파리에서 외국 상대를 대했듯이 의회를 다루시면 일이 잘될 겁니다."

타협하라는 권유였다. 윌슨은 냉소했다.

"이 사람아! 인생에서 싸우지 않고 가치 있는 것을 얻기란 불가능한 법일세."

하우스도 쏘아붙였다.

"서구 문명은… 합의라는 토대 위에 건설된 것입니다."

아디오스 아미고Adios amigo. 친구여 안녕! 그것으로 끝이었다. 그날 저녁이 둘 사이의 살아생전 마지막 만남이었다. 그렇게 역사를 움직이고,

세계 정치를 만들었던 우정도, 파트너십도 조용히 사라졌다.

월슨은 7월 상원에 조약 비준을 요청했다. 공화당은 국제연맹이 주권을 침해한다며 격렬하게 반대했다. 월슨은 자신의 결정에 대한 자부심이 너무 강했다. 일체의 타협도 거부한 채, 국민에게 직접 호소하기로 했다. 의사의 만류를 뒤로하고 전국 순회 연설에 나섰다. 하지만 9월 말 캔자스 주에서 월슨은 발작을 일으켰다. 몸의 왼쪽에 일시적인 마비가 왔다. 남은 일정을 취소하고, 급히 백악관으로 돌아갔다. 얼마 뒤 다시 발작을 일으켰다. 왼쪽 몸은 완전히 마비됐다. 시력도 약해졌다. 배뇨 장애까지 겹쳤다.

이디스는 월슨으로 통하는 모든 길을 폐쇄했다. 일체의 접견도 불허했다. 월슨의 상태를 철저하게 숨겼다. 부통령이나 각료들에게도 정확한 상태를 알리지 않았다. 그리고 권력을 독점했다. 모든 문서는 그녀를 거쳐야 했고, 모든 지시는 그녀를 통해 나갔다. 이후부터 18개월 동안 이디스는 사실상 대통령이었다. 여성의 참정권조차 부정하던 여성이 역사상 가장 막강한 권력을 휘두른 퍼스트레이디가 된 것이다.

월슨은 병중에도 조약과 관련된 그 어떤 양보도 허용하지 않았다. 순교자의 길을 자청했다. 불행하게도 그의 곁에는 그를 설득할 하우스가 없었다. 1920년 상원은 베르사유조약 비준을 부결시켰다. 월슨의 염원은 물거품이 됐다. 4년 뒤 월슨은 사망했다.

아무리 훌륭한 명분이나 독트린도 유연성을 잃으면 박제된 도그마 dogma요 독선일 뿐이다. 월슨의 독선은 스스로를 망쳤다. 그토록 희구하던 국제연맹도 사산시켰다. 독선과 소신은 백지 한 장 차이라 구분하기 어렵다. 하지만 경계하고 경계할 것이 바로 독선이요 아집이다. 월슨에게 톨레의 말을 전하고 싶다.

　　　　　　　　　　　　　　　　　1인자를 만든 참모들

미래에 대한 생각으로

불충분한 자신의 존재가 완벽해지기를 꿈꾸지 말라.

강박관념에 사로잡혀 더 많은 것을 추구하려 할 뿐이다.

불행해지는 방법에는 두 가지가 있다.

원하는 것을 갖지 못하는 것과

원하는 것을 모두 갖는 것이다.

　하우스는 대통령을 만든 킹메이커였다. 국정을 주무르고 외교 무대를 주름잡던 계도자mastermind였다. 한발 뒤로 물러서는 행신과 천부적 감각으로 성공한 참모가 됐다. 하지만 끝에 가서는 한 여자의 질투 때문에 저승길 떠나는 친구의 장례에도 초청받지 못했다. 하지만 그는 먼저 친구를 위해 진심으로 기원했다.

　"그대, 잘 가라. 그대가 있어 나는 진정 행복했다. 그대, 잘 가라."

mentoring

- 보스는 때로 옹알이, 놀소리하는 갓난아기다. 말로 이해하려 하지 말라. 보스는 때로 노회하고 의뭉스런 노인네다. 그의 말을 곧이곧대로 듣지 말라. 마음으로 감응하라.

- 장대높이뛰기 경기가 있다. 보스의 입장에선 참모는 장대다. 참모를 이용해 높이 뛰는 것이다. 그런데, 참모의 입장에서 보면 보스가 장대다. 그를 이용해 내 꿈을 실현하는 것이다.

- 필연을 믿지 말라. 사람이 하는 일에 반드시 그러한 것은 없다. 우연, 역전, 변형, 지체, 전도顚倒가 얼마든지 존재한다. 건방과 절망을 잊고, 시始에서 종終까지 믿음으로 버티라.

- 보스와 공을 다투지 말라. 보스는 샘바리다. 영광은 보스에게 주고, 질책은 대신 맡겠다는 자세를 가져야 한다. 참모는 'whipping boy(대신 매 맞는 소년)' 다.

- 보스와 거래하지 말라. 고생한 만큼 상응한 보상을 요구하는 것은 싸구려 짓이다. 대신 어떠한 경우에도 믿고, 의지하게 하라. 마음이 주主고, 자리는 종從이다.

루이 하우 & 프랭클린 루스벨트

루스벨트가 아이디어를 내면, 하우는 그것을 조각조각 내고, 있을 법한 모든 결점을 샅샅이 찾아내는 비판자의 역할을 했다. 그는 '아니오'라고 단호하게 말하는 미스터 노맨Mr. No man이었다. 루스벨트는 하우의 모든 비판을 충분히 방어하고 나서야 OK 사인을 받을 수 있었다. 그 하우가 소아마비에 걸린 장애인을 미국의 대통령으로 만들어냈다. 그는 모든 것을, 최고의 것을 그에게 바치고 떠났다.

06

'지상의 정령'이 된 '늙은 난쟁이'

키는 유난히 작고,

형형한 눈빛으로 사람을 쏘아보고,

얼굴의 깊은 흉터는 보기에 섬뜩했고,

목소리는 낮고 메말랐으며,

심한 천식증에다 심장병까지 앓고 있고,

기침을 하면서도 연신 담배를 피워대는,

45kg 정도의 바싹 마른 체구에,

무릎이 불룩 나온 헐렁한 양복을 입고,

긴 목에 흰 와이셔츠의 하이칼라가 유난히 두드러져 보이는 사람.

그가 바로 루이 하우Louis Howe다. 오늘날 미국을 세계 초강대국으로 발돋움시킨 인물이 프랭클린 루스벨트Franklin Roosevelt 대통령이다. 그 루스벨트를 만든 인물이 하우다. 단언컨대, 그가 없었다면 루스벨트 대통령은 없었을 것이다. 그는 루스벨트를 읽는 '키맨key man'이다. 그에게서 가장 대조되는 것은 못생긴 외모와 아름다운 삶이다. 외모 때문에는 땅속의 보물을 지킨다는 '늙은 난쟁이'로, 아름다운 삶 때문에는 '지상의 정령'이라고 불렸다. 그는 일생을 비롯해 자신의 송두리를 오직 한 사람

젊은 시절의 루이 하우

에게 바쳤다. 최고의 대통령을 만들었고, 그와 더불어 미국의 역사를 바꾸었다. 그리고 이 땅에 한 편의 멋진 신화를 남겨놓고 떠났다.

1912년, 전도양양하던 주州 상원 의원이 선거를 코앞에 두고 쓰러졌다. 장티푸스였다. 엎친 데 덮친 격으로 아내마저 드러누웠다. '이대로 선거를 포기해야 하나?' 루스벨트의 심정은 암담했다. 절망의 순간 루스벨트는 유난히 눈빛이 아름다운 한 사내를 문득 떠올렸다. 여러 번 이야기를 나눈 바 있는 기자였다. 그 사내는 기자 생활을 통해 농촌 문제를 꿰뚫고 있었다. 농촌이 대부분인 자신의 지역구를 이해할 수 있는 인물이었다. 루스벨트는 그에게 운명을 한번 맡겨보기로 했다. 하우는 루스벨트의 부탁을 받고 한걸음에 달려왔다. 하지만 후보도 없이 과연 선거를 치를 수 있을지. 하우의 아름다운 삶은 이처럼 어려움에 빠진 루스벨트를 구하는 일에서 시작됐다.

　　　　　　　　　　　　　1인자를 만든 참모들

하우는 1871년에 인디애나 주에서 태어났다. 그는 부모로부터 소아천 식증을 물려받았다. 그 때문에 봄이 찾아와도 항상 두터운 스웨터를 입고 지내야 했다. 하우의 집안은 전통적으로 민주당을 지지했다. 하우의 아버지는 공화당계의 신문에 대항하는 신문을 창간했다. 작은 주간지였다. 기침이 심하고, 그 때문에 소년 하우는 친구도 별로 없이 집에 틀어박혀 책을 벗으로 삼았다. 14세 때에는 시집을 발간해 이웃 사람들을 놀라게 하기도 했다. 어느 날인가에는 자전거를 타다 굴러서 얼굴에 깊은 흉터를 얻는 아픔도 겪었다.

21세에 그는 부친이 하는 신문의 부편집장이 되었다. 그는 기자로서 뛰어난 재질을 발휘했다. 날카로운 안목과 집요한 추적으로 끝까지 진실을 파헤치고, 한번 물면 놓지 않는 불도그와 같은 기자 근성이 있었다. 부친의 사망으로 신문이 폐간된 뒤에는 『뉴욕 헤럴드』의 기자가 됐다. 민완 기자로서 명성을 쌓아가던 중인 1910년, 그는 의사로부터 '앞으로 2개월밖에 못 산다'는 사형선고를 받았다. 하지만 웬걸…, 병원에 입원한 지 2개월이 지나도 죽지 않았다. 역시 예나 지금이나 의사의 판단을 생사의 판결로 듣는 것은 바보짓이다. 인명은 재천이다. 나 외에 내 삶, 특히 죽음에 개입할 수 있는 권리를 허락받은 사람은 아무도 없다. 내가 살고, 내가 죽는 것이기 때문이다.

하우는 후보도 없는 선거를 혼자서 거뜬하게 치러냈다. 마법을 부린 것처럼 루스벨트를 당선시켰다. 게다가 돈을 거의 쓰지 않았고, 후보가 나설 수도 없는 상황이었는데도 루스벨트가 정력적으로 선거운동 한 2년 전보다 많은 표차로 이겼다. 1912년, 하우와 루스벨트의 운명적 파트너십이 이렇게 시작된 해였다. 루스벨트는 30세였고, 하우는 41세였다.

하우는 후보도 없는 불가능한 선거에서 어떻게 이길 수 있었을까?

그는 농민, 노동자, 그리고 정당의 보스 체제 등 몇 가지 이슈에 집중했다. 그는 곧바로 의회로 찾아가 농촌 개혁과 관련된 법안들을 연구했다. 그것을 루스벨트의 정책으로 제시했다. 루스벨트는 농민의 친구로 받아들여졌다. 후에 상원 농업위원회 상임위원장이 된 루스벨트가 농촌개혁법을 통과시켰다. 농민과 그의 유대는 더욱 깊어졌다. 하우는 지역구에 있는 철도 노동자들의 요구를 받아들이고, 노조 위원장들과 수시로 접촉해 루스벨트가 주 54시간 노동법안의 통과를 위해 열심히 노력한 점을 홍보했다. 이렇게 공들인 덕분에 루스벨트는 노동자의 벗이 됐다. 하우는 몇몇이서 정치를 좌지우지하는 보스 체제를 강하게 비판했다. 여성 참정권을 지지함으로써 여성 표를 끌어안았다. 루스벨트를 보스 체제 혁파의 기수로 포지셔닝했다. 루스벨트의 정치적 정체성은 이렇게 하우의 손에 의해 다듬어지고 정립됐다.

시한부 생명을 선고받은 하우, 루스벨트에게 꿈을 던지다

하우가 루스벨트를 처음 알게 된 것은 1911년 즈음이었다. 한 사람은 주 상원 의원이었고, 다른 한 사람은 정치권을 취재하는 기자였다. 루스벨트는 1882년 1월 뉴욕의 하이드파크에 있는 부유한 명문가에서 태어났다. 하버드 대학을 거쳐 컬럼비아 로스쿨을 졸업하고 변호사가 됐다. 헌칠한 미장부인 루스벨트는 1910년 민주당의 권유로 갑작스럽게 뉴욕 주 상원 의원 선거에 도전해 주 상원에 진출했다.

루스벨트는 주 상원에 진출하자마자 뉴욕의 민주당을 장악하고 있던 세력과 결연히 맞섰다. 1789년 뉴욕 시에 조직된 민주당의 보수 분파, 바로 태머니Tammany파派였다. 나라를 개혁해야 한다는 혁신주의를 수용하

 1인자를 만든 참모들

고 있던 그였다. 당연히 보스들이 공천권을 장악하고, 정치와 행정을 주무르는 낡은 체제는 타도의 대상이었다. 최초의 대립은 주 상원 의원 누구를 연방 상원 의원으로 선출할 것인지에 대한 문제였다. 루스벨트는 태머니파가 밀실 추천한 후보를 반대했다. '어린 말썽꾸러기들'이라고 불린 20여 명의 반대 세력과 함께 단호하게 투쟁했다. 자연스럽게 그들의 리더로 부상했다.

이때 하우는 『뉴욕 헤럴드』지에 실을 기사를 취재하러 뉴욕 주의 수도 알바니에 체류하고 있었다. 하우는 기자로서 상당한 평판을 얻고 있었다. 뉴스 냄새를 맡는 데 발군이었다. 그의 정치 분석은 정치권에서도 알아줄 정도로 탁월했다. '사향뒤쥐'라는 별명을 얻을 만큼 의회의 지하 도서관에서 옛날 자료를 뒤지면서 배경을 분석했다. 그는 루스벨트를 비롯한 개혁 그룹을 지지했다. 그는 기사를 통해 반反태머니 세력을 독자에게 소개하기도 했다. 또 그들에게 직접 조언하기도 했다. 태머니파 의원들의 동향을 알려주고, 대중의 지지를 유도하기 위한 방안들도 코치했다. 이 과정에서 하우는 자연스레 루스벨트를 주목하게 되었다.

1912년 선거를 통해 하우는 자신의 능력을 증명해 보였다. 루스벨트는 이런 하우가 마음에 들었다. 자신을 이해하고, 자신의 요구를 읽고 실현하는 데에 능란하고 민첩한 정치적 자질을 하우에게서 발견했다. 이때부터 하우와 루스벨트는 따로 떼어놓고 생각할 수 없는 하나의 팀으로, 한 몸으로 움직여나갔다. 루스벨트가 뉴욕에서 윌슨을 당의 대통령 후보로 지지하는 조직을 결성할 때에도 하우는 홍보 업무를 맡았다. 그는 능숙하게 업무를 처리했다. 이즈음 그가 루스벨트에게 편지를 보냈다. '존경하는 미래의 대통령'이란 표현을 사용했다. 이로써 루스벨트 대통령 만들기는 존재의 이유요, 필생의 꿈이 됐다.

천리마도 채찍을 사용하지 않으면 천 리에 닿지 못한다

성향과 능력 면에서 두 사람은 서로의 약점을 보완해주는 완벽한 팀이었다. 루스벨트는 잘생겼고, 낙천적이었다. 그는 큰 문제에 집중하고, 설득력 있는 연설 기법을 개발하고자 했다. 대중적 매력을 제고하고, 정책 방향을 고민하는 데 관심을 쏟았다. 하우는 냉소적이고, 매사를 뒤집어 생각했다. 매사 기존 통념과 고정관념을 거부하고 '왜?' 하며 따지는 '와이 씽킹why thinking'은 그만의 독특한 생각하는 방법이었다. 그는 예리한 통찰력을 가진 정치 분석가며, 직언을 회피하지 않는 유능한 비평가였다. 때때로 틀릴 수도 있었지만, 하우는 결코 자신의 의견을 피력하는 데 조금도 주저하지 않았다. 바람을 가르는 적토마도 채찍을 사용하지 않으면 천 리를 달리지 못한다고 했다. 그의 이런 '노맨no man' 역할은 루스벨트의 자만심을 무너뜨리고, 태만함을 깨우고, 사고의 지평을 넓히는 원동력이었다. 오직 하우만이 할 수 있는 일이었다. 신망은 루스벨트가 받고, 비난은 하우가 대신 받았다. 한마디로 하우는 루스벨트의 정치 매니저 political manager였다.

행운의 여신은 제멋대로다. 어느 땐 너무 엉뚱해 욕지거리가 치밀기도 하지만, 생각해보면 아무 기준이 없이 막 행해져야 그게 행운이다. 그 행운의 여신이 하던 대로 아무 이유 없이 그들에게 미소를 보냈다. 월슨 대통령이 취임하고 이틀이 지난 1913년 3월 6일, 해군 장관 대니얼스 Josephus Daniels는 루스벨트에게 해군 차관 자리를 제의했다. 루스벨트는 정치권에 들어온 지 갓 2년이 지난 햇병아리 주 상원 의원이었다. 월슨을 위해 열심히 뛴 것을 감안하더라도 그런 그를 국방부 산하 해군부의 차관으로 발탁한 것은 놀라운 파격이었다. 이런 파격이 바로 역사의 신이

　　　　　　　　　　　　　　1인자를 만든 참모들

NEW YORK STATE WILSON CONFERENCE

31 NASSAU STREET

NEW YORK

HON. FRANKLIN D. ROOSEVELT
Chairman Executive Committee

LAWRENCE B. DUNHAM
Secretary

ROOM 1408

Telephone Connection

Beloved and Revered Future President:
                    This is a line to remind you that you
have a date with me to go in swi ming. Also that your young hopefuls (I
rather like that spelling and am going to let it stand) have a date to come
down and dig in the sand·   My wife writes me that the miserable shack we
had to take this year is "horrid" and that she expects to live on the piazza
   There is, however I am informed a stove that is adequate to the occassion
and I will have you understand that I am some cook   I trust therefore that
"en route" You and yours will moter down early in the morning to
Westport Point NOT Westport Harbor, and spend the day, Bring bathing suits
for the grown ups and sand pails for the kids . Please punctuate this to
   suit yourself· There is a man at my ear telling me the story of his life
and why he is for Wilson- I am glad he is for Wilson, but must confess that
   Idoubt if Wilson would be for him
   When you reach Westport Point ask at either of the two stores where the
Howe's live down on Horse neck It is only half a mile straigt ahead- Dont
try to get down on to the beach in the car.   They get rich down there
   pulling out cars from the sand. You can go, however down to where the
road leads straight to the water, about three hundred feet from the surf,
   Stop by the barn and foot it the rest of the way, You turn to the right
and keep right on walking until you getthere
             You will note that I have not mentioned particularly that I ope
your better half will come along, This is not an oversight, but I fear that
in adding this to my invitation I may make the invitation to her so warm
and cordial as to arouse the green eyed monster in your breast·   I will
therefor hide my real feelings behind the "safe and Sane" statement that
Mrs Howe Hopes to see Mrs Roosevelt at the same time·
          You might telegraph me the day before you are coming, addressing
the wire to L. Howe Horseneck Beach, Westport Point, Mass. The telegraph
station being Westport point· Or you can telephone to the post office and
Store at Westport point and they will send a boy out with the message·
          Every time I duck u der the cool water this week I will think of
you at Baltimore and regret(?) that I am not along.
          Yours,

1912년 하우가 루스벨트에게 보낸 편지. "존경하는 미래의 대통령께."

미래를 위해 던진 희망의 씨앗이다.

하우는 루스벨트 차관의 비서직을 맡았다. 그가 처음에 한 일이라고는 루스벨트의 옆에 서 있다가 그가 서류에 사인을 하면 잉크가 퍼지지 않도록 압지로 누르는 것이었다. 그러나 곧 하우는 자기 역할을 찾았다. 불필요한 전화나 방문을 차단하는 방호防護 역할에서부터 정책 결정 등 해군 차관의 업무에 직접 개입하는 등 전 방위 종횡무진이었다. 하우의 역할이 어디에서 끝나고 루스벨트의 역할이 어디에서 시작되는지 구분이 안 될 정도로 두 사람은 일심동체였다. 루스벨트는 하우의 직책이나 자리에 상관없이 언제나 그를 파트너로 대접했다. 의심하면 쓰지 말고, 일단 쓰면 의심하지 말라疑人不用, 用人不疑는 말대로, 결코 의심하지 않았다. 하우는 또 한 명의 해군 차관이었다.

해군 차관의 업무 중 하나는 공창工廠, 조선소 등 해안 공사의 감독이었다. 해안 공사에는 수천 명의 민간인이 고용돼 있기 때문에 노동운동과 관련을 맺지 않을 수 없었다. 해군에 고용된 민간인들은 전국노동조합 연맹에 소속돼 있었다. 하우는 노동자의 정치적 중요성에 대해 수차례에 걸쳐 루스벨트에게 주지시켰다. 회피하지 말고 이 문제와 직접 맞닥뜨리도록 설득했다. 노동 문제를 다루는 청문회에 루스벨트가 참석하도록 했다. 노조 지도자들이 사무실을 방문할 때면 루스벨트가 직접 그들을 만나서 장시간 대화를 나누게 했다. 하우는 해군 공창에서 분쟁이 발생하면 제일 먼저 달려가서 노동자의 편에 섰다. 해군 장교들의 반대에도 그는 일관되게 노조 지도자들과 같은 입장을 유지했다. 일일 8시간 주 48시간 노동과 남녀 동일 임금을 지지했다. 이때 사권 노동계의 친구들이 평생토록 루스벨트를 지지했다. 하우가 주조鑄造한 친親노동 스탠스가 루스벨트를 전국 노동계의 인기 있는 인물로 만들었다. 하우가 루스벨트의 정치 행보에 얼마나 중요한 기여를 했는지 익히 알 만한 사례라 하겠다.

비록 행정부에 몸담고 있는 하우였으나, 그는 루스벨트의 정치적 기반을 관리하는 데도 소홀함이 없었다. 루스벨트에게 온 편지는 단 한 통의

                    1인자를 만든 참모들

편지도 빼놓지 않고 답장을 해주었다. 그 어떤 민원에 대해서도 빠뜨리지 않고 신경을 썼다. 특히 취직 민원에 대해서는 적극적으로 도우려 했다. 이런 노력을 통해 루스벨트의 기반은 점점 더 확장돼나갔다.

루스벨트는 해군의 예산이 낭비되지 않도록 하는 데 많은 관심을 기울였다. 하우는 일이 다소 지체되는 한이 있더라도 모든 계약서를 꼼꼼하게 검토했고, 낭비 요소는 예외 없이 삭감했다. 담합을 없애기 위해 보다 많은 업자들이 입찰에 참여하게 함으로써 예산을 절약했다. 기득권을 가진 업자들로부터 비난을 받고, 의원들로부터 공격을 당해도 요지부동으로 밀고 나갔다. 이와 반대로, 조달 업무와 전함 건조는 신속하게 밀어붙였다. 유럽의 전황을 고려했기 때문이었다. 하우는 해군 장관과 루스벨트의 연설문 작성에도 개입했다. 연례 보고서를 직접 작성하기도 했다.

그를 가까이서 지켜본 해군 장관 대니얼스는 하우에 대해 이렇게 평했다.

"그는 항상 창의력이 풍부한 아이디어를 가지고 있었고, 큰일에 대담했다. 명쾌하고 설득력 있는 글을 쓸 줄도 알았다. 그는 공직이나 정치 활동에서 루스벨트에게 영향을 미치는 그 어떤 동향에 대해서도 예민하게 포착해서 루스벨트에게 알렸다. 그러니 루스벨트가 그에게 의존하지 않을 수 없었다. 항상 뒷전에 물러나 있으면서도 그는 해군부, 행정부, 정치권의 조류와 동향에 대해 소상히 파악하고 있었다. 1913년에 벌써 그는 루스벨트가 대통령이 되는 상상을 했으며, 그 목표를 위해 모든 노력을 아끼지 않았다. 그의 단 하나뿐인 야심은 루스벨트가 가는 길을 잘 인도해서 정상에 오르게 하는 것이었다."

하우는 루스벨트의 눈과 귀였다. 멀리 보는 망원경이자, 세밀하게 보는 현미경이었다. 장관뿐만 아니라 해군에서 그를 지켜본 사람 대부분이 그의 능력을 인정했다. 일부만 삐딱했다. 하지만 그 일부마저도 인정한 사실이 하나 있었다. 루스벨트에게 언제든지 '노no'라고 말할 용기가 그에게 있었다는 사실이다. 그는 루스벨트의 지시만을 추종하는 아첨배가 아니었다. 새로운 기획을 제시하거나, 어떤 판단을 할 때는 자신의 의견을 당당하게 말했다. 루스벨트가 말을 듣지 않으면 욕이나 악담까지도 서슴지 않았다. 보스의 지시만 강요하는 참모에게 누가 터놓고 이야기하겠는가. '노'라고 말하는 하우의 스탠스 때문에 해군부의 사람들은 그에게 허심탄회하게 여론을 전달했다. 잘못된 것은 잘못됐다고 말할 수 있었다. 결국 하우의 '노'는 루스벨트가 세상과 소통하게 하는 동력이었던 것이다. 소통이 딱딱하게 굳어지는 것을 막는 연화제, 썩어 문드러지는 것을 막는 억균제였다. 참모의 예스, 그것은 먹기 좋은 독약이다. 참모의 노, 그것은 입에 쓴 양약이다.

정치는 과학이 아니라 예술

루스벨트가 해군 차관이 된 지 얼마 뒤 뉴욕 주 민주당 내에서 첨예한 권력투쟁이 벌어졌다. 태머니파와 주지사 간의 사활을 건 전쟁이었다. 의원선거 한 달을 앞둔 1913년 10월, 주지사가 탄핵당했다. 작용이 있으면 반작용이 있기 마련이다. 비싼홍정이라, 태머니파도 연이은 선거에서 당의 패배라는 대가를 치러야 했다.

권력의 일시적 공백이 생겨났다. 루스벨트는 황금의 찬스라고 생각했다. 루스벨트는 1914년 선거에서 주지사나 연방 상원에 출마하고자 했다. 하우는 충동적 결정이라며 반대했다. 예의 주시하며 기다려야 할 때라고 판단했다. 즉흥적으로 결론을 내리면 안 된다고 누차 주지시켰다. 그러나 어쨌든 결정은 언제나 보스의 몫이다. 루스벨트가 출마를 강행했다. 결정이 내려지면 부지런히 뛰는 것은 참모의 몫이다. 하우는 정력적으로 움직였다. 윌슨 대통령이 루스벨트를 지지할 것이라는 기사가 나오도록 하는 등 여론을 조성해나갔다. 하지만 윌슨은 태머니파의 눈치를 보느라 짐짓 모른 체했다. 그러자 루스벨트는 주지사 출마를 포기하고, 상원 후보 경선으로 방향을 틀었다.

상원도 이제는 주 상원에서 뽑는 것이 아니라 직선으로 선출하게끔 법이 바뀌어 있었다. 여기에서도 태머니파가 제동을 걸었다. 태머니파는 독일 주재 대사를 내세웠다. 루스벨트는 태머니파를 격렬하게 성토했다. 그러나 역불급力不及이었다. 태머니파의 후보가 독일에 주재하느라 얼굴 한 번 비치지 않았는데도 당내 경선에서 패배한 것은 루스벨트였다. 세상은 돌고 도는 것일까. 얼굴 없이 치른 주 상원 재선거에서 이겼던 그가 이번에는 역으로 얼굴 없는 후보에게 패배한 것이었다.

선택의 기로! 태머니파와 타협할 것인가, 아니면 계속 투쟁할 것인가. 1914년의 경선 패배는 하우와 루스벨트에게 중대한 고민을 던졌다. 하우는 타협을 주장했다. 주 상원 이상의 정치적 장래를 위해선 궤도 수정이 불가피하다고 판단했다. 그렇다고 그간의 대립 노선을 포기하고, 전면 화해로 턴어라운드turn around 하는 것은 위험했다. 루스벨트의 정체성을 훼손하지 않으면서 돌파구를 찾는 것이 중요했다. 하우가 방법을 찾아냈다. 태머니파 전체를 적으로 규정하는 것이 아니라 소수의 부패 인사로 타깃을 한정하는 것이었다. 하우는 이렇게 단언했다. "이제 모든 태머니파를 미워하는 것이 아니라는 사실을 보여줄 때가 됐다." 사실 이러한 변화는 뭐라 설명하든 분명 노선 전환, 타협이었다. 언제 어디서 무엇을 하든 잘못을 잘못이라 말하고, 틀린 것을 틀렸다고 말해야 한다. 그러나 그를 발본拔本하고, 그들의 그 어떠한 주장도 색원塞源해야 한다는 것은 잘못이다. 사람 사는 모양이 아니다. 전부 아니면 무all or nothing는 현명한 태도가 아니다. 대개 이런 태도는 무능을 회피하는 비겁한 변명에 다름 아니다. 조금씩 타협하면서 조금씩 앞으로 나아가는 방법도 활용해야 하는 것이다. 특히 정치에선 더욱 그렇다.

1915년, 루스벨트는 계속 화해 사인을 보냈다. 선거 패배 탓인지 마침 태머니파도 연대의 필요성을 충분히 수긍하고 있었다. 공멸共滅의 절박함만큼 이질적인 세력을 단합시키는 것도 없다. 한 연설회에 참석한 루스벨트가 먼저 손을 내밀었다. 태머니파가 앨프레드 스미스를 군 보안관Sheriff of New York County으로 선택한 것에 대해 격찬했다. 태머니파와 물밑 대화를 나누는 한편 그들에 대한 공개 비판도 중단했다. 심지어 자신을 공격했던 태머니파 소속 의원들에게 취업 알선 등을 후원해주기도 했다. 1917년에는 태머니파의 행사에 참석해 루스벨트가 오랫동안 적대시했던 그들의 두목 찰스 머피Charles F. Murphy와 함께 사진을 찍기도 했다.

받는 것이 있으면 줘야 하는 법이다. 태머니파도 루스벨트의 높은 대중성을 높이 인정하기 시작했다. 1918년 봄, 루스벨트는 마침내 태머니파의 지지를 획득했다. 한편으로는 민주당 개혁 세력이 그를 주지사 후보로 밀고, 다른 한편으로는 태머니파도 그를 유력한 대안으로 검토했다. 정체성을 잃지 않은 채 기반이 넓어졌다. 두 마리 토끼를 다 잡은 것이다. 정치의 미학이요, 동학動學이다. 이래서 정치는 도덕이나 과학보다는 예술에 가깝다고 하는 모양이다. "예술에서 가장 중요한 것은 설명할 수 없는 부분이다." 화가 브라크의 말이다. 그 설명할 수 없는 부분이 바로 예술가, 곧 사의思議가 불가不可한 사람의 능력이다.

 1인자를 만든 참모들

1918년 태머니파가 루스벨트에게 주지사 출마를 권유했다. 루스벨트는 세계대전 중이라는 이유로 사양했다. 사양은 그레이드를 끌어올리는 효과적 수단이다. 거부야말로 격상의 지렛대다. 루스벨트의 위상은 올라갔다. 진짜 이유는 본선에서 이길 수 없다는 상황 판단, 아직 자신이 어리다는 생각이었다. 월슨 대통령이 제2차 세계대전 후의 평화조약에 대한 찬반 투표로 선거를 몰고 가는 바람에 민주당의 주지사 후보인 스미스의 당선은 어려워 보였다. 그만큼 월슨은 인기가 없었다. 하지만 스미스가 예상을 뒤엎고 근소한 차이로 승리했다.

'합리적 선택과 주체적 결정'은 환상이다

마음의 병病이 방심이요, 심리의 허虛가 안주다. 이런 방심과 안주에서 일탈이나 방종이 생겨난다. 루스벨트가 부인 엘리너의 비서와 불륜에 빠진 것이 그런 경우였다. 그 여인은 겸손하지만 남자를 즐겁게 해줄 줄 아는 여자였다. 그녀의 아름다운 목소리는 루스벨트를 매혹시켰다. 대개 지나고 나면 쓴웃음 짓는 게 바람이지만, 당시에는 하늘이 허락한 사랑이라고 생각되기 쉽다. 루스벨트가 그랬다. 불륜 사실이 부인에게 들통나자, 정신 못 차린 루스벨트가 이혼을 결심했다. 어머니가 질책했다. "그 여자는 독실한 가톨릭 신자라던데, 교회에서 그런 여자와의 재혼을 인정할 것 같니. 게다가 다섯 명의 자식들 장래는 어떡하고." 그러나 비정상의 정도가 심한 사랑일수록 비합리적 판단에 빠져들기 마련이다. 루스벨트는 완강했다. "이혼할 거야!" 하지만 그에게 하우라는 장벽이 있었다. 그를 넘어서야 이혼이 가능했다. 하우가 나지막이 말했다. "이 시점에서 다섯 아이가 있는 엘리너와 이혼하고, 가톨릭교도인 그녀와 재혼한다면 당신의 정치 생명은 끝난다."

이혼 경력을 가지고도 대통령이 된 전례가 없었다. 가톨릭 신자는 절대 소수라 그동안 가톨릭 출신 대통령은 한 명도 없었다. 사정이 이러니 하우로선 결코 용납할 수 없는 일이었다. 때론 고함 소리가 들리지 않는 법이다. 때론 작은 소리가 천둥소리보다 더 크게 들리는 법이다. 어머니의 질책은 큰 소리였으나, 하우의 조언은 낮은 소리였다. 또 이런 일일수록 혈연보다는 심우의 충고가 먹히기 마련이다. 하우의 조용한 몇 마디가 죽비竹篦처럼 루스벨트의 목덜미를 사정없이 후려치자 퍼뜩 정신을 차렸다. 다시는 그녀와 만나지 않겠다고 약속했다. 하우의 '노'는 루스벨트를 살리는 구원의 소리였다.

1920년 루스벨트는 본의 아니게 민주당의 부통령 후보로 선출됐다. 정치 보스들이 선택한 대통령 후보 제임스 콕스James Cox의 약점을 보완하는 카드로 차출된 것이었다. 콕스는 오하이오 주의 주지사였다. 윌슨의 계승자라고 할 수 없는 게 단점이었다. 때문에 동부 출신, 윌슨주의자, 혁신파 등의 조건을 갖춘 부통령 후보를 물색했다. 어차피 당선이 어려운 선거이므로, 최고의 인재가 나서서 상처를 받게 해서는 안 된다는 공감대도 있었다. 당은 다음을 대비해 스미스를 아껴두고, 루스벨트를 버리는 카드로 선택했다.

매사 합리적 선택이란 일종의 환상이다. 매번 주체적 결정이란 일종의 망상이다. 합리적으로 선택하면 루스벨트는 당연히 후보 제의를 거절했어야 했다. 주체적으로 결정하면 루스벨트는 의당 후보 제의를 일축했어야 했다. 그러나 루스벨트는 당의 결정에 따랐다. 영악한 선택, 교활한 결정이었다. 손해를 감수하는 태도는 당에 부채 의식을 심어줄 수 있다는 점을 고려했다. 자신을 전 국민 앞에 선보일 수 있는 기회로 활용할 수 있

 1인자를 만든 참모들

다는 점도 참작했다. 또 모름지기 정치인이라면 대중의 찬사와 질시 속에서 부대끼며 커나가야 한다는 생각도 작용했다. 안티를 두려워하면 마니아가 없듯이, 나서기를 두려워하면 영광도 없다. 루스벨트는 발로 뛰는 선거운동으로 인기를 드높였다. 국민에게 강한 인상을 심어주었다. 소기의 목적을 달성한 것이었다.

물에 빠진 하우!

"읍… 어푸어푸~" 하우가 어느 날 호텔 욕실에 처박혔다. 도대체 무슨 일이 있었던 것일까. 전말은 이렇다. 루스벨트의 순회 선거운동을 수행하던 참모들은 주로 기차에서 지내야 했다. 주말에나 간혹 호텔에서 지내는 호사를 누릴 수 있었다. 호텔에 들어가면 모두들 호텔 현관을 쏜살같이 지나쳤다. 욕실로 직행해 너나 할 것 없이 서둘러 목욕부터 했다. 옷도 갈아입었다. 하지만 하우는 마냥 느긋했다. 신문 가판대에서 모든 신문을 챙겨서 방으로 가져갔다. 겉옷만 대충 벗고 의자에 앉아 신문에 코를 박았다. 신문을 하나씩 훑어보면서, 나중에 써먹을 게 뭐가 있는지 체크했다.

그러는 사이 떠날 시간이 얼마 남지 않게 됐다. 모두들 하우에게 목욕을 재촉했다. "네! 네!" 대답을 하면서도 하우는 도대체 움직일 기미조차 없었다. 루스벨트가 짓궂은 꾀를 냈다. 수행원들을 옆방에 불러모아놓고 계획을 설명했다. 욕탕에 물을 가득 받아놓은 뒤 그들은 하우를 들어 욕탕으로 갔다. 하우가 결사적으로 발버둥을 쳤으나 소용없었다. 풍덩! 그들은 하우의 몸을 비누로 씻기고, 수건으로 닦아주었다. 젖은 옷은 라디에이터에 올려놓고 말렸다. 그 와중에도 하우는 이불을 덮어쓰고 의자에 앉은 채 다시 신문을 뒤적거리기 시작했다. 이런 낭만이 사람과 사람이 어울리는 맛이다. 무리 속에 묻혀 사는 멋이다.

열차로 전국을 돌면서 선거운동을 할 때에는 부인 엘리너도 동행했다. 그녀가 하우의 진면목을 보고 좋아하게 된 것도 이때였다. 소심한 성격의 엘리너는 나서기를 좋아하지 않았다. 하지만 지역 정치인을 만날 때면 가끔은 농익은 정치가의 모습을 보여주기도 했다. 하우의 날카로운 안목은 엘리너의 이러한 정치적 자질을 놓치지 않았다. 하우는 엘리너에게 정치를 가르치기 시작했다. 늦은 시간까지 이런저런 잡담을 나누었다. 루스벨트의 연설문을 보여주면서 그녀의 조언을 구하기도 했다. 얼마 되지 않아 그녀는 여러 가지 주제에 대해 토론할 정도로까지 발전했다. 수줍은 여성 엘리너를 정치적 인간으로 거듭나게 한 것은 전적으로 하우의 인도였다.

비록 부통령 후보로서 대선에서 패배했지만, 전도는 밝았다. 선거 기간 동안 800회가 넘는 연설을 했다. 그 덕분에 국민에게 미래의 지도자란 이미지를 각인시킬 수 있었다. 특히 민주당이 전통적으로 약한 서부에서 루스벨트에 대한 여론이 더 좋아졌다는 것이 하우에게는 더 없이 기분 좋은 일이었다. 해군부 사무실에서 백악관이 내려다보이는 창밖을 응시하며, 하우는 친구들에게 이렇게 말했다.

"여보게들, 저기 저 건물 보이지? 바로 저곳이 우리가 언젠가 갈 곳이야. 루스벨트와 내가 가는 것이지."

하우, 보스의 7년 병상을 지키다

신의 질투일까.

예고도 없이 어느 날 모든 것이 끝나버렸다. 도대체 말도 안 되는 일이 벌어졌다. 건강하기 이를 데 없던 루스벨트가 갑자기 쓰러진 것이다. 소아마비였다. 청천벽력, 누구를 원망할 수도 없었다. 누구에게 화풀이도 할 수 없었다. 하우는 기가 막히고, 말문이 막혔다.

1921년 8월, 루스벨트는 지친 상태로 캠포벨로 섬에 도착했다. 유난히 무더운 해였다. 동부 해안의 최북단 메인 주의 캐나다 국경 가까이 있는 캠포벨로 섬의 별장은 더없이 좋은 피서지였다. 요트에 아이들을 태우고 만내灣內를 한 바퀴 돌았다. 산불이 나 요트를 기슭에 대놓고서 서너 시간 정도 불을 끄기도 했다. 숲 속 호수에서 헤엄을 쳤으나 물이 미지근했다. 몸이 나른한 것이 물 탓인가 보다 싶어 루스벨트는 바다 속으로 뛰어들었다. 물이 얼음처럼 차갑게 느껴졌다.

집에 돌아왔다. 젖은 옷을 입은 채로 우편물과 서류를 훑었다. 오한이 나고 두통이 느껴졌다. 일찌감치 잠자리에 들었다. 아침에 눈을 뜨니 왼쪽 다리가 마비돼 움직여지질 않았다. 일어서려 했으나 그럴 수 없었다. 체온이 38.9도까지 올랐다. 근처의 의사를 불러왔다. 감기라고 진단했다. 그러나 다음날 하반신 전체가 마비됐다. 루스벨트는 수그러들 줄 모르는 통증과 고열에 신음했다. 권위 있는 의사가 인근에 휴가를 와 있다는 걸 알게 돼 급히 불러왔다. 척추 하부에 혈액이 막히고 응혈이 생겨서 근육 신경이 일시 마비된 것으로 진단했다.

하우가 급보를 받고 급히 달려왔다. 하우와 엘리너는 교대해가며 필사적으로 마사지를 했다. 피 순환을 좋게 할 요량으로 한 처치였으나 이것이 도리어 역효과를 일으켰다. 마비가 진행 중이었던 근육 세포를 파괴해버린 결과를 가져왔다. 그들은 병실 소파에서 새우잠을 자며 불철주야 간호했다. 하우는 루스벨트의 곁에서 책도 읽어주고, 신문도 읽어주었다. 하지만 뉴욕에서 왕진 온 의사가 모든 기대를 한 방에 날려버렸다. 소아마비였다.

'여기가 끝인가!'

하우는 소아마비란 소리를 듣고 이런 생각을 했다. '끝났다고 보는 게 맞겠지.' 하지만 생각과 달리 그의 피는 여전히 꿈을 끌어안고 꿈틀거리고 있었다. 심호흡을 크게 하고, 온갖 잡념들을 털어냈다. 본능이 시키는 대로 따르기로 했다. 부질없이 어슷대는 건 그의 체질이 아니었다. '떠나는 게 옳지 않나.' 하지만 그의 마음은 루스벨트 곁을 지키라고 계속 요구하고 있었다. 그 본능, 그 직감, 그 마음에 따르기로 했다. '어차피 덤으로 사는 인생 아닌가! 그래, 이왕 가던 길… 끝까지 가보자.' 재기再起하리란 확신은 없었다. 그러나 최선을 다해보기로 했다. 희망이 최선의 치료책이 않은가. 의사가 말했다. "의학적으로 단언할 수는 없지만, 회복은 환자의 의지 여하에 달려 있습니다. 정신적으로 절망감을 갖게 해선 안 됩니다." 하우는 자신과 루스벨트를 위해 대통령에 대한 꿈을 포기하지 않았다.

새롭게 시작하려면 먼저 루스벨트의 심리 상태를 확인하는 것이 필요했다. 하우는 루스벨트에게 솔직하게 말했다.

"은퇴해서 시골 신사로 살아갈 수도 있고, 다시 용기를 내어 아무 일 없었다는 듯이 앞으로 나아갈 수도 있습니다. 당신이 어떤 선택을 하든 저는 함께할 것입니다. 당신은 대통령이 될 운명을 타고난 사람입니다. 왜냐고요? 이제 당신은 세상으로부터 따뜻한 시선을 받을 것이고, 잡동사니와 같은 정치 행사로부터 해방될 것이기 때문입니다."

루스벨트는 빙그레 미소 지으며 짧게 말했다.

"좋아, 어디서부터 시작할까?"

어정뱅이가 되는 것은 루스벨트에게 죽음이나 다름없었다. 루스벨트의 의지가 확고한 이상, 이제 남은 문제는 그를 정치적 존재로 계속 살려

1인자를 만든 참모들

나가는 것이었다. 하우는 전국의 유명 정치인이나 정치권의 지인들이 루스벨트와 편지 왕래를 하도록 했다. 그리고 그는 엘리너가 보다 적극적으로 정치 활동에 참여하도록 했다. 편지와 엘리너의 정치 참여는 루스벨트를 위한 정신적 치료의 일환이기도 했다. 이처럼 그는 루스벨트가 좌절하지 않게 하는 데 가장 신경을 기울였다.

가끔 사실fact보다 인식이 더 무섭고 질기다. 하우도 쓰러졌다는 사실보다 끝났다는 인식을 더 경계했다. 단순한 사실이 불행한 인식으로 나아가지 않도록 하려면 초기 대응이 중요했다. 앞으로의 상황을 그럴싸하게 설명할 수 있을 때까지 시간을 버는 게 필요했다. 때문에 루스벨트가 병에 쓰러졌다는 소식이 세상에 알려지지 않게 대처했다. 루스벨트에게 온 편지는 전부 하우가 처리했다. 루스벨트의 서명을 흉내 내는 건 그에게 식은 죽 먹기였다. 비밀은 잘 지켜졌다.

루스벨트가 뉴욕 병원으로 옮기자 정보가 새나갈 기미가 보였다. 어느 정도 상황을 그려볼 수 있게 된 만큼 이럴 땐 선수先手가 기본이다. 하우는 『타임스』 기자를 불렀다. 9월 16일, 낙선한 부통령 후보가 1개월 이상이나 하반신, 특히 두 다리의 무릎 아래쪽이 마비됐다는 사실이 보도됐다. 사람들이 루스벨트를 정치적 망자亡者로 취급하지 않도록 하는 것이 제일 목표였다. "절대 불구가 되는 일은 없다." 하우는 주치의의 이 말을 기사에 첨부하도록 했다.

하우의 능란한 대처로 신문은 루스벨트의 병세를 경증으로 취급했다. 그러나 소아마비의 무서움을 아는 뉴욕 시민 중에는 '루스벨트의 정치 생명은 끝났다'고 보는 사람도 적지 않았다. 사실 의사도 '일어나서 걸어다니는 것은 고사하고 앉을 수 있게 되기도 어려울 것'으로 진단한 상태였다. 루스벨트는 10월 28일 퇴원해 자택에서 요양했다. 11월 말 재차 발작이 일어났다. 양 무릎의 근육이 오그라들어 두 다리 모두가 구부러지고 말았다. 주치의는 굽은 두 다리를 단단하게 깁스로 고정해 인위적으로 잡아 늘이는 교정 요법을 명했다. 격렬한 아픔이 따랐다. 그러나 루스벨트는 단 한 번도 고통을 호소하지 않았다. 자신의 병이 나을지에 대해 묻는 법도 없었다.

그 어려운 시련에도 꿈을 잃지 않고, 의지를 꺾지 않는 루스벨트는 대단한 사람이었다. '낫는다, 반드시 낫는다!'고 되뇌던 그는 타고난 낙천가였다. 루스벨트의 집은 문병객으로 붐벼 마치 사교 클럽을 방불케 했다. 루스벨트는 그들을 맞이해 놀림이 자유로운 손으로 주먹 쥐는 제스처를 써가며 정치와 일 얘기에 열성이었다. 정치는 루스벨트의 의지를 지탱하는 버팀목이었다.

모든 어머니의 한결같은 마음은 자식이 좀 편하게 지냈으면 하는 것이다. 루스벨트의 어머니도 마찬가지였다. 아들을 하이드파크에 있는 자신의 집으로 옮기려 했다. 정치를 잊고, 남은 유산으로 여생을 안락하게 보내길 원했다. 안 그래도 하우가 싫었는데, 하우가 정치 계속을 외쳐대니 어머니는 하우가 더욱 싫어졌다. 흉한 상처 자국이 있는 얼굴, 손질이 안 된 더러운 머리, 담뱃진으로 노랗게 물든 손톱, 유난히 큰 코와 귀, 잇따라 뱉어대는 기침 소리 등 하우의 모든 것이 징그러웠다. 그 하우가 루스벨트를 하이드파크로 옮기려는 어머니의 시도를 단호하게 저지했다. 하우는 한술 더 떴다. 자신의 아내와 두 자녀를 루스벨트 집으로 데리고 들어와 명실공히 가족의 일원임을 자처했다.

이미 50의 나이에 든 하우로선 하루가 급하고, 일각이 여삼추였을 것이다. 그런데도 묵묵히 감내하고 꾸준히 헌신했다. 루스벨트를 간호하고, 그의 아이들을 돌봤다. 그의 이름이 정치권에서 잊히지 않도록 끊임없이

1인자를 만든 참모들

노력했다. 그 기간이 무려 7년이었다. 셰익스피어가 "신은 우리를 인간으로 만들기 위해 무엇인가 결점을 부여해주었다"고 했던가. 결점 없는 인간은 없다. 때문에 완벽해질 수는 없지만 아름다워질 수는 있다. 창해일속滄海一粟 인간이 꽃보다 아름답다고 하는 것은 이타적 헌신 때문이리라. 하우, 그는 열화烈火의 시련도 마다하지 않은 아름다운 사람이었다.

루스벨트의 기적 같은 부활

추리소설을 좋아하던 하우는 원래 범죄에 대한 관심이 많았다. 1924년 하우는 전국범죄예방위원회의 부회장이 되었다. 범죄의 뿌리를 조사하고, 해결책을 모색하는 민간 조직이었다. 생활고를 해결하기 위해 부업으로 시작한 부회장 노릇은 1933년까지 이어졌다. 루스벨트는 하우의 사무실이 있는 건물의 다른 층을 사용하던 법률 회사에 적을 올려놓고 있었다.

"제가 돌아왔습니다."

루스벨트의 선언이다. 1924년 절름거리는 다리로 민주당 전당대회에서 그는 그렇게 선언했다. 그가 '행복한 전사'라고 별명 붙여준 스미스를 대통령 후보로 지명하려고 그 자리에 섰지만, 군중은 그의 정계 복귀에 더 큰 환호를 보냈다. 훗날 루스벨트가 여성 최초의 장관으로 발탁한 프랜시스 퍼킨스Frances Perkins는 당시를 이렇게 회상했다.

"전당대회에 참석한 모든 대표들이 이 아름답고 강건하고 잘생긴 젊은 이를 기억했습니다. 당시 그들은 루스벨트가 소아마비에 걸려 죽은 것으로 알고 있었죠. 하지만 그는 살아났고, 그곳에 서 있었습니다. 그는 매우 건강해 보였어요. 그리고 목소리도 우렁찼습니다. 그냥 보통 사람이라고 여겼던 남자, 우리가 죽었다고 생각했던 그 멋진 친구는 여전히 건재했습니다.”

루스벨트가 단상으로 힘겹게 한 발자국씩 걸어갔다. 그 시간이 하우에게는 지난 몇 년보다 더 길고 고통스러웠다. 손톱이 살을 파고들 정도로 주먹을 꼭 쥐었다. 조마조마 간절한 마음으로 빌고 또 빌었다. 마침내 루스벨트가 단상을 짚으며 말했다.

“제가 해냈습니다.”

그 순간, 휴우~ 하우는 긴 장탄식을 내뱉었다. 희열을 넘어 전율이 밀려들었다. 하우의 일생에서 이 순간이 가장 기뻤으리라.

이렇게 루스벨트가 재기했다. 뿐만 아니라 정치적 입지는 더욱 확고해졌다. 루스벨트를 주지사로 보내자는 여론이 일기 시작했다. ‘불가不可!’ 하우는 단호하게 고개를 저었다. ‘아직은 때가 아니다.’ 하우는 루스벨트가 부목 없이 걸을 수 있을 때까지 기다려야 한다고 판단하고 있었다. 나이도 있는데, 뭘 믿고 그렇게 느긋한지….

루스벨트는 조지아 주의 웜스프링스에서 치료에 전념했다. 자신만 치료한 게 아니었다. 1926년에는 아예 땅을 사서 소아마비 환자들을 위한 재활 센터를 짓고자 했다. 투자자들의 돈을 유치해 기금을 설립했다. 취미 생활도 우표 수집에서 수영과 낚시로 활동 범위를 넓혔다. 하버드 클럽이며 해군 클럽 등 45개 단체에 가입하는 등 사회 활동에도 열심이었다. 이 기간 동안 『뉴욕 타임스』지에만 그의 이름이 200회 이상 기사에 등장할 정도였다.

　　　　　　　　　　　　1인자를 만든 참모들

붉은 태양의 광휘로 1928년의 날이 밝았다.

루스벨트는 대여섯 걸음은 혼자 힘으로 걸을 수 있게 됐다. 뉴욕 주지사를 4회 연임하고, 다시 대통령에 도전할 결심을 굳힌 스미스가 전화를 했다. 루스벨트는 풀에 들어가 있었다.

"없다고 해!"

조금 지나 다시 전화가 왔다.

"아이참, 없다고 하라니까!"

그날 밤, 루스벨트는 거리에서 스미스 지지 연설을 하려고 차례를 기다리고 있었다. 스미스가 이쪽으로 다시 전화를 했다.

"안 받는다고 해!"

"그러긴 곤란한데요. 연설을 끝내실 때까지 주지사께서 전화를 끊지 않고 기다리시겠답니다."

1시간 이상 기다리게 한 후, 루스벨트는 전화를 받았다.

"뉴욕 주지사에 입후보해주게. 부탁이네, 루스벨트."

"사양하겠습니다."

"지명돼도 거절할 텐가?"

이 한마디를 남기고 스미스는 전화를 끊어버렸다. 사실 스미스는 얼마 전부터 계속 루스벨트에게 출마를 권유하던 참이었다. 루스벨트는 치료에 전념하고 싶었다. 재활 센터 일도 마무리가 되지 않은 상태였다. 나이도 아직 46세에 불과했다. 사양한 것은 이런 이유 때문이었다. 기운이나 흥이 한창 무르익어 있는 것을 방감方酣하다고 한다. 루스벨트가 사양했음에도 출마해야 한다는 분위기는 이미 방감하고 있었다. 언론인 월터 리프먼은 이렇게 썼다. "뉴욕 주 곳곳에서 루스벨트를 원한다. 그것은 거스를 수 없는 대세다. 누구도 거부할 수가 없다. 마침내 당에서 그를 찾아

나섰다."

1924년 이후, 낙선이 빤한 선거에 면피용 후보로 차출당하는 것을 경계해온 하우는 출마에 반대했다. 하우는 대선에서 스미스가 공화당의 후버Herbert Hoover에게 질 것으로 판단했다. 뉴욕 주지사 선거도 마찬가지일 것으로 생각했다. 그리고 후버가 연임은 할 것으로 내다봤다. 때문에 하우가 염두에 둔 루스벨트의 정치 일정은 1932년 주지사 출마, 1936년 대통령 출마였다. 사실 1929년의 대공황을 초래한 책임으로 공화당이 몰락하기 이전이었기에 하우의 계산은 지극히 합리적이었다. 하지만 민주당은 루스벨트의 동의도 없이 그를 주지사 후보로 선출해버렸다. 다시 한 번 당명에 의해 차출된 것이었다.

루스벨트와 하우는 당명에 따랐다. 루스벨트의 상대는 강적이었다. 전국적인 분위기도 공화당의 우세였다. 하우는 두 가지 전략에 집중했다. 우선 전前 주지사 스미스의 이름과 업적을 앞세우는 것이었다. 자신이 왜 출마했는지에 대한 이야기보다 스미스의 업적을 주로 거론했다. 스미스가 오랫동안 주지사로 재임하면서 숱한 개혁 정책을 추진해온 걸 감안하고, 그의 텃밭인 도시 지역을 겨냥한 전략이었다. 다음으로, 주 상원 의원 선거에서 했듯이 농촌 지역을 훑고 다니는 전략을 구사했다. 원래 루스벨트는 농촌 지역에 강했다. 하우는 이 외에도 노동계의 지지와 여성 유권자를 효과적으로 동원했다. 하우는 선거 전략을 짜고, 일일 계획을 수립·집행했다. 여론 동향을 매일 체크하며, 수없이 쏟아져 드는 편지에 루스벨트 이름으로 답장을 보냈다.

어영부영은 원래 모습이 어영비영御營非營이었다. 조선조 말 '어영청御營廳'의 군기軍氣가 하도 말이 아니어서 어영은 군대도 아니라는 뜻에서 어영비영이란 말이 생겨났다. 그것이 쓰이는 중에 어영부영으로 바뀌었다.

　　　　　　　　　　　　　　　　　　　1인자를 만든 참모들

적극적인 의지나 별 생각 없이 일이 돼가는 대로 행동하는 모양을 일컫는 말이다. 그의 뇌리엔 바로 이 어영부영이란 단어가 없었다. 하우는 마치 성마른 할아버지처럼 매사 깐깐하게 따졌다. 흥이야항이야 하는 동네 구장區長처럼 모든 일에 개입했다. 그러면서도 다양한 의견을 소통시키는 중개자였고, 불필요한 아이디어를 걸러주는 조정자였다.

　루스벨트는 신승辛勝했다. 불과 2만 5천여 표, 0.6%포인트 차이의 승리였다. 뉴욕 주지사를 지낸 대통령 후보 스미스가 오히려 뉴욕 주에서 패한 반면, 14년이나 정계를 떠나 있던 루스벨트는 승리했다. 스미스와 비교해보면 농촌 지역에서 7만여 표를 더 얻었고, 도시 지역에서는 겨우 3만여 표 뒤지는 데 그쳤다. 선거운동을 농촌 지역에 집중하고, 스미스의 인기와 태머니파의 조직에 기대어 도시 지역을 공략한 전략의 승리였다. 승리가 확정되는 순간에도 하우는 담담했다. 어깨를 쭉 펴더니 담배를 한 대 피워 물었다. 그러고는 집으로 터벅터벅 걸어갔다. 달콤한 수면을 꿈꾸며 담배 연기를 훅 내뿜었다.

　이해할 수 없는 행보였다. 하우는 주 행정부에 들어가지 않았다. 모두의 예상을 뒤엎고, 범죄예방위원회에 그냥 눌러 앉았다. 16년 동안 그렇게 고생했는데, 왜 그랬을까? 하우의 목표는 주지사가 아니었다. 대통령이었다. 대통령 선거를 준비하려면 밖에서 자유롭게 움직이는 게 여러모로 좋았다. 루스벨트의 신뢰는 이미 충분했다. 하우는 자리를 탐하지 않았다. 놀라운 절제력이다. 가까운 참모의 충언은 소홀히 하고, 낯선 이의 구변口辯에 현혹되는 것은 보스의 고질痼疾이다. 일을 욕심내지 않고 자리를 탐하는 것은 참모의 말증末症이다. 루스벨트와 하우는 이런 병으로부터 자유로웠다.

하우, 캠페인의 교과서를 쓰다

하우의 관심은 1932년 대통령 선거에 있었다. 행정부 운영과 개혁은 자신이 천거한 몰리Raymond Moley 교수를 중심으로 '브레인트러스트brain trust'가 주도해나가도록 하고, 자신은 대선 준비에 몰두했다. 주 행정부 소속은 아니었으나, 하우는 여전히 루스벨트 캠프의 '넘버 투'였다. 그는 밤이든 낮이든 언제고 루스벨트를 만날 수 있고, 어떤 얘기든 마음 놓고 할 수 있는 유일한 사람이었다. 그는 정치 전략 전반을 관장했고, 홍보를 지휘했으며, 루스벨트에게 쏟아지는 편지들을 관리했다. 루스벨트가 어떤 행위를 공식적으로 하기 전에 거쳐야 하는 물밑 접촉과 사전 조사도 그의 몫이었다. 취약 지역에 조직을 건설하고, 태머니파의 충성을 이끌어내고, 여론 동향을 점검하고, 대對언론 관계를 감독하고, 대통령 후보 지명을 위한 전국 조직을 구축하고, 중앙의 민주당 인사들과 접촉하는 역할도 떠맡았다. 루스벨트는 주지사 일에 전념하고, 그는 대선 준비에 매진하는 것이 그들의 역할 분담이었다. 양자 간의 효율적인 소통과 협력을 위해 주지사 관저에 하우의 방을 따로 두고 정기적으로 대화를 나눴다.

캠페인은 기획 다툼이면서 동시에 현장 대결이다. 하우는 팔리James Farley를 야전을 관장하는 장수로 선택했다. 팔리는 1928년 주지사 선거에서 뉴욕 주 민주당 사무총장으로 능력을 보여줘 하우의 호감을 샀다. 벽돌집 아들 팔리는 필드 정치의 대가, 친교의 달인이었다. 그는 사람 얼굴과 그 사람에 관련된 정보를 기억하는 재주가 뛰어났다. 또 사람을 만나고 난 뒤엔 반드시 편지를 보내 우의를 다지는 애프터서비스에 철저했다. 무엇보다 그는 사람을 좋아했다. 그는 '10만 명의 친구를 갖고 있다'고

  1인자를 만든 참모들

1932년 대통령 당선 직후. 왼쪽부터 제임스 팔리, 하우, 루스벨트.

할 정도로 유명한 마당발이었다. 하우가 전략을 기획하면, 그것을 실행하는 '슈퍼 세일즈맨super salesman'이 팔리의 역할이었다.

하우는 1930년 주지사 재선거에서 압승하는 것이 곧 대선으로 가는 왕도王道라고 판단했다. 그냥 승리가 아니라 압승을 위해선 전통적으로 공화당의 아성인 농촌 지역을 더 공략하는 것이 필수적이었다. 그는 뉴욕 주의 농촌 지역에 루스벨트 조직을 건설하는 데에 착수했다. 민주당 조직과는 별개로 '민주클럽연합'이란 조직을 결성했다. 농촌 지역의 주민들과 직접 대화하기 위해 라디오를 통해 '노변정담爐邊情談'을 시작했다. 노변정담은 농촌 지역 여론을 주도하는 공화당 성향의 신문을 견제하기 위한 수단이었다. 주 행정부에 언론 대책실을 설치해 루스벨트를 조직적으로 홍보하는 방법도 썼다. 루스벨트도 행정부의 주요 업무는 부지사에게 맡겨두고, 선거운동 차원에서 주 전체를 열심히 돌아다녔다.

전국적 차원의 분위기 조성을 위해서는 편지를 활용했다. 전국에 산재해 있는 민주당 당직자들에게 지속적으로 편지를 보냈다. 세 번의 대선에서 연거푸 패한 민주당이었다. 당직자들은 선거에서 이길 수 있는 재목을 찾는 데 혈안이 돼 있었다. 루스벨트는 그들의 희망이 되고자 했다. 그에게 편지를 보내는 사람에게는 한 사람도 예외 없이 답장을 보냈다. 하우는 이를 전담할 팀을 별도 가동했다. 편지에는 루스벨트의 대필 사인이 사용됐다. 그리고 전국의 신문을 읽고, 배달되는 편지 속의 정보를 통해 정치 흐름과 여론의 향배를 체크했다. 하우는 전국의 주별 동향이 적힌 지도를 보며 대선 준비 활동을 총괄했다.

1930년 11월 루스벨트는 재선했다. 사상 유례가 없는 대승이었다. 예상대로 언론이 분위기를 선도했다. "민주당은 어제 차기 대통령 후보를 지명했다." 이듬해 3월 하우는 사무실을 따로 냈다. 본격적인 레이스에 돌입한 것이었다. 루스벨트의 친구들을 규합해 자금을 모았다. 주별로 루스벨트의 경선 조직을 구축해나갔다. 전국 각지에 '루스벨트클럽 Roosevelt Club'을 무수히 만들었다. 이를 위해 윌슨 대통령의 분신이었던 하우스와도 자주 접촉해 그의 도움도 받았다. 팔리를 18개 주에 파견해, 사람들을 만나보고 분위기를 띄우도록 했다. 팔리는 돌아와 낙관적인 보고를 했다.

하우는 선거 본부가 아닌 별개의 사무실에서 모든 업무를 총괄했다. 현장을 점검하러 나간 팔리가 돌아와서 보고하러 들렀다. 하우는 등을 활처럼 구부리고, 손으로 무릎을 가슴까지 끌어안고, 그 위에 턱을 올려놓고 앉아 팔리의 이야기에 열중했다. 무아지경의 모습이었다. 15분 정도 팔리의 브리핑을 들은 하우는 잠시 창문을 물끄러미 응시했다. 그런 다음 팔리가 언급한 한 사람 한 사람에 대해 평하기 시작했다. 그들 개개인

　　　　　　　　　　　　　　　　　　　　1인자를 만든 참모들

이 무슨 동기를 가지고 있으며, 앞으로 어떻게 할 것인지에 대해 분석했다. 그럴 때면 팔리는 그 정확성에 놀라 저도 모르게 머리를 절레절레 흔들게 됐다. "이 작은 체구의 사나이는 다른 사람을 통해 전해 듣고서도 간단하게 그 사람의 본질을 파악해내는 천부적 재능을 가지고 있다. 내가 살면서 이런 인간은 난생 처음이다." 팔리의 말이다.

하우는 루스벨트에 대한 책을 발간하도록 했다. 어머니까지 루스벨트에 대한 책을 쓰도록 했다. 루스벨트의 이미지를 높이기 위한 방안이었다. 루스벨트의 건강에 대한 소문이 터져 나왔다. 불가피한 것이었다. 하우는 정면 돌파했다. 세 명의 권위 있는 의사들로부터 검진을 받도록 하고, 진단서를 언론에 공표했다. 이 기사가 실린 잡지를 5만 부나 사서 대대적으로 뿌렸다.

선거에서 가장 중요한 요인은 후보다. 후보가 우위를 보이면 선거가 조금 쉽다. 후보가 실수하면 수습하기 힘들다. 후보는 잘 관리돼야 한다. 이런 관리는 선거 후에도 마찬가지로 유지돼야 한다. 다른 사람의 삶에 영향을 미치는 자가, 혼자만의 아집대로 분탕질하도록 허용해서는 안 된다. 하우는 루스벨트를 관리하는 데에도 조금의 소홀함이 없었다. 어느 날 하우는 루스벨트에게 이렇게 퍼부었다. 최소한의 존대조차 없었다.

"루스벨트, 이런 멍청이! 그건 하면 안 돼. 분명히 말하는데, 절대로 안 돼. 그래도 고집을 부리겠다면 당신은 정말 지독한 바보야. 평생 후회하면서 살 거야. 기억해두라고. 반드시 후회하게 될 거야. (잠시 루스벨트의 말을 듣고 나서) 그래 좋아, 그렇게 해봐, 이 돼지머리야. 나중에 내가 말 안 해줬다고 그러지 마. 도대체 그게 뭐야. 지금 수영하러 가는 줄 알아? 그래, 그렇다고 생각한다면, 빌어먹을… 물에 빠져 뒈져버려."

초반 경선 분위기는 좋았다. 루스벨트는 대세를 장악해나갔다. 하지만 얼마 지나 곧 장애에 부딪혔다. 1929년의 대공황으로 민주당의 승리가 눈에 보이자 너나 할 것 없이 경선에 뛰어들었다. 6월, 전당대회가 열렸다. 하우는 컨그레스호텔 1702호에 자리를 잡고 당일 캠페인을 지휘했다. 루스벨트와 핫라인을 개설해놓고 수시로 상의했다. 그는 루스벨트와 전당대회장의 경선 지도부를 연결하는 통로였다. 모든 오더는 그를 통해 전달됐다. 그는 자신의 방에 대의원들을 불러 모아놓고, 뉴욕 주에 머물고 있는 루스벨트의 육성이 전화기에 부착된 확성기를 통해 그들에게 들리도록 했다. 이러한 전화 대화는 상당한 효과를 거두었다. 하우는 루스벨트의 캠페인 송을 〈행복한 날이 다시 왔네Happy Days Are Here Again〉로 정했다. 루스벨트의 재기와 활력, 승리를 갈망하는 당의 기대, 대공황 극복을 희구하는 민심을 효과적으로 상징하는 것이었다. 소심과 세심은 다르다. 세심한 일 처리에 능한 사람이 큰 결단을 감당할 수 있다. 하우는 생각할 수 있는 모든 것에 시시콜콜 간섭하고 감독했다. 어정뜬 이는 누구라도 용서치 않았다. 세심했지만, 그렇다고 결단을 주저하는 소심은 아니었다. 하우의 선거운동은 훗날 케네디, 닉슨 등 거의 모든 캠페인의 전형이 될 정도로 치밀했다.

마침내 루스벨트를 대통령으로 만들고

진통 끝에 루스벨트가 대통령 후보에 선출됐다. 승리가 확정된 순간 하우가 말했다. "자, 여러분! 전쟁은 끝났습니다. 원하는 사람은 밖에 나가 마음껏 소리치며 시끄럽게 놀아도 좋아요. 뭐 밤샘을 하는 것도 괜찮겠지. 하지만 나는 이제 좀 자야겠어." 그는 큰일을 이룬 후에도 소박했다.

　　　　　　　　　　　　　　　1인자를 만든 참모들

평정심을 잃지 않았다. 경선 과정에서 보여준 하우의 역할에 대해 한 기자는 이렇게 썼다.

"컨그레스호텔의 1702호실. 이 숫자를 기억해야 한다. 대통령 후보는 이 방에서 결정된 것이나 다름없다. 1702호는 백악관으로 향하는 대기실이 될 것이 분명하다. 이 방에 들어선 사람들은 운명이 이 안에서 결정되고 있다는 느낌을 가지게 된다. 이 방의 주인은 미국 정치사에서 가장 독특한 사람이다. 그는 중세의 난쟁이와 비슷하다. 그가 바로 하우다. 살아 있는 사람들 중에서 루스벨트와 가장 가깝고, 루스벨트의 분신이며, 루스벨트가 대통령으로 가는 길의 실질적 우두머리이며 심장이다.

그는 이 방에서 먹고 잔다. 방문을 나서기는커녕 창밖조차 내다보지 않는다. 주위의 사람들이 경악할 정도로 지칠 줄 모르는 에너지를 일에 쏟아붓고 있다. 잠은 4시간만 자고, 식사는 배고플 때만 한다. 그것도 샌드위치 하나와 한 컵의 우유가 전부다. 사실 먹는 것은 그에게 의미가 없다. 오직 루스벨트에 대한 지지를 끌어모으는 것과 루스벨트의 전화뿐이다. 그의 옷은 헐렁하지만, 그의 예지는 결코 그렇지 않다. 오직 루스벨트에게만 끝없는 충성을 바치는 이 사람이 바로 역사가 만들어지는 권력의 산실産室을 관장하고 있다."

루스벨트는 후보 수락 연설에서 국민에 대한 '새로운 대우new deal'를 약속했다. 대공황으로 인해 수많은 사람들이 길거리에 나앉는 등 엄청나게 고통받고 있었다. 그러나 공화당 정부는 '펀더멘털이 좋다'는 말만 외치며 수수방관했다. 국민을 제대로 대우하지 않고 방치했다. 루스벨트는 이런 방침에서 180도 전환했다. 국민의 고통을 정부가 나서서 구제하는

선거 캠페인 본부에서 루이 하우. 1932년

'뉴딜'을 약속했다.

1932년 선거가 다가왔다. 공화당의 정책 실패에 대한 국민적 분노는 대단했다. 루스벨트의 승리는 분명했다. 하지만 루스벨트는 방심하지 않고 정력적으로 선거운동을 했다. 대공황을 초래한 공화당의 후보를 맹공했다. 지방의 정당 활동가 14만 명을 규합해 풀뿌리 조직을 건설했다. 하우가 오랫동안 관리해온 노동자·농민들이 대공황의 피해를 가장 많이 입었다. 이들은 더욱 열광적으로 루스벨트를 지지했다. 11월 루스벨트는 압도적인 지지로 당선됐다. 그와 함께한 지 20년 만에 하우는 필생의 염원을 이뤄냈다.

하우가 루스벨트에게 전화를 걸었다. "축하드립니다. 이제 제 할 일은 다 마친 것 같군요. 그만 집에 가서 좀 자야겠습니다." 고난의 20년 세월이 주마등처럼 떠오르련만 하우는 담담했다. 희로애락을 속으로 갈무리하고 평정심을 잃지 않는 것이야말로 가장 하우다운 모습이었다. 제갈공명의 헌신을 국궁진췌鞠躬盡瘁라고 하는데, 하우도 그랬다. 몸과 마음을 다해 이바지했다.

선거가 끝났다. 루스벨트는 군중 앞에서 두 사람을 승리의 최대 공신이라고 밝혔다. 하우와 팔리였다. 팔리야 언론에서 익히 알고 있는 인물이지만, 하우라는 이름은 생소했다. 관심이 하우에게 집중됐다. 킹메이커, 대통령의 분신, 차기 정부의 브레인 등 온갖 별명이 다 붙여졌다. 윌슨 대통령의 유일한 조언자였던 하우스와 마키아벨리를 합쳐놓은 인물

1인자를 만든 참모들

이라는 소리도 들렸다. 켄터키 주지사로부터는 '각하Colonel'라는 칭호도 선사 받았다. 어느새 하우는 살아 있는 전설이 됐다.

2인자의 위대함은 균형을 잡아주는 것

대선 후 하우는 대통령의 비서관이란 직책을 받았다. 그리고 백악관의 링컨룸에 기거하며 루스벨트와 함께 살았다. 수시로 대통령을 만나 국가의 대소사에 대해 의견을 나눴다. 국정 운영 기조를 토론했고, 정책의 방향을 설정했다. 루스벨트가 아이디어를 내면, 하우는 그것을 조각조각내어 있을 법한 모든 결점을 샅샅이 찾아내는 비판자의 역할을 했다. 하우의 모든 비판을 충분히 방어하고 나서야 비로소 루스벨트의 아이디어는 OK라는 사인을 얻을 수 있었다. 루스벨트가 모든 문제를 털어놓고 상의하는 사람은 하우가 유일했다. 그는 아버지처럼 루스벨트의 모든 이야기를 자상하게 들어주고, 나무랄 것은 나무라고 타이를 것은 타일렀다.

하우는 루스벨트를 지키는 수호천사였다. 수없이 찾아오는 민원인은 그의 차지였다. 특히 루스벨트와 남다른 관계에 있던 이들을 맞이하고 좋은 모양으로 돌려보내는 것은 그만이 할 수 있는 일이었다. 대공황의 여파로 생겨난 데모대의 대표를 만나고, 쇄도하는 편지에 일일이 답장하는 등 루스벨트의 시간을 빼앗을 만한 일은 그가 도맡아 처리했다. 또 하우는 해결사였다. 퇴역 군인들의 데모 현장에 엘리너와 함께 찾아가 그들에게 감동을 주기도 했다. 그는 정부 부처나 기관들에서 일어나는 모든 일을 체크했고, 문제가 발생하면 루스벨트를 대신해 그것을 해결했다. 직원을 해고해야 할 때에도 하우가 악역을 맡아 처리했다.

하우가 맡은 역할 중에서 가장 중요한 것은 정권의 관리자였다는 것이다. 그는 대부분의 정책에 직접 개입하지 않았다. 하지만 루스벨트와 단둘이 대화하는 가운데 그의 정책 노선은 충분히 반영됐다. 농민과 노동자 등의 권익을 신장하고, '잊힌 사람들forgotten people'의 고통을 해결하는 획기적인 법안, 즉 농업조정법이나 전국산업부흥법, 전국노동관계법 등은 그의 오랜 신념을 반영한 것이었다. 실업 보험, 노동시간 단축, 농산물의 적정가격 보장 등 대공황의 극복과 '보다 풍요로운 삶'을 위해 노력했다. 특정인의 목소리가 정국 운영에 과도하게 반영되지 않도록, 특정 이념이 지배하지 않도록 균형을 잡는 데 각별한 관심을 기울였다. 사회 세력의 역관계를 재조정함으로써 균형 잡힌 정부를 달성하려는 것이 그의 큰 그림이었다.

여론 동향을 체크함으로써 정책 구도를 설정하고, 정책 입안에서부터 다양한 목소리가 균형 있게 참여하도록 하고, 정책을 집행하는 부처의 갈등을 사전 조정하고, 연설과 방송 등을 통해 집중적으로 홍보해나갔다. 정책의 구체적 설계에는 개입하지 않았다. 이런 점에서 그는 '뉴딜 정책New Deal Policy'의 건설자는 아니었다. 그러나 정책의 방향을 설정하고, 제諸 세력과의 관계를 풀어가는 데에는 기여했다. 그는 정부를 지지하는 세력들이 묶인 '뉴딜 연합New Deal Coalition'의 관리자였다. 노동자, 농민, 소시민, 흑인, 외국 이주민 등을 주축으로 하는 뉴딜 연합은 이후 30년 동안 민주당 전성시대를 지탱한 기반이었다.

떠날 때가 된 것일까.

백악관에 들어간 다음 해 가을부터 하우의 건강은 악화되기 시작했다. 20년이 넘게 죽음과 함께 살아온 세월이었기에 갑작스럽게 닥친 낙조落照는 아니었다. 1935년 1월에는 병이 급격하게 나빠져 하루 종일 침대에 누워 있어야 했다. 8월에는 더 악화돼 병원으로 옮겨졌다. 드는 자

   1인자를 만든 참모들

리는 몰라도 나는 자리는 안다고 했던가. 언론은 하우의 조언이 없어지면서 루스벨트가 기세와 방향을 상실했다고 지적하기 시작했다. 하우의 과도한 영향력을 비난하던 행정 관료나 민주당 간부들조차도 그를 그리워했다. 2인자의 위대함은 균형을 잡아주는 데에 있다. 그가 건재했더라면 뉴딜 개혁은 보다 안정적으로 추진됐을 것이다.

1936년 4월 18일, 하우는 운명했다.

24년을 한 사람에게 바치고도 모자랐을까. 그는 마지막 순간에도 자신의 영웅 루스벨트가 치러야 할 다음 선거에 대한 걱정, 소란해진 정국을 염려했다. 그러나 차마 감기 싫은 눈은 그의 의지와 상관없이 감겨졌다. 시를 좋아하고, 연극을 좋아하고, 탐정소설을 좋아하고, 수채화를 좋아하고, 야생화를 좋아하고, 고양이를 좋아하고, 그리고 무엇보다 루스벨트를 좋아하던 지상의 정령은 그렇게 이 땅을 떠났다. 죽어서 루스벨트를 보살피는 천상의 요정이 되었는지도 모를 일이다.

m e n t o r i n g

● 참모의 'no'는 보스의 정신을 명징明澄하게 하는 보약이다. 자만심을 무너뜨리고, 태만함을 깨우며, 실패를 예방하는 원동력이다. 참모의 'yes'는 정신을 혼미하게 하는 독약이다. 오판하게 하고, 방심하게 하고, 패배하게 만드는 추동력이다.

● 그대 아직 꿈꾸는가. 언제나 합리적 선택을 할 수 있다는 생각은 환상이다. 늘 주체적으로 결정할 수 있다는 관점은 착각이다. 불가피한 선택과 결정이 있다는 사실을 흔쾌히 수용하라. 그런 다음, 악착같이 대책을 강구하라.

● 어떤 상황에서도 보스를 믿으라. 상상조차 못한 난관에 빠지더라도 희망을 잃지 않으면 재기할 수 있다. 정녕 끝이라고 여길 때는 보스가 그렇게 결단하도록 설득하라. 보스의 의지가 굳건한데 참모가 떠나는 것이 금기는 아니지만, 어지간하면 피해야 할 기피 사항이다.

● 자리를 탐하지 말고, 일을 욕심내라. 자리를 탐하면 반드시 그 끝이 좋지 않다. 자리에 앉더라도 조금 늦게, 조금 낮게 하라. 과욕하면 망신한다.

● 작은 일에 대한 관심을 우습게보지 말라. 화근은 대수롭지 않은 것에서 비롯된다. 깨끗이 가지는 몸과 굳게 잡은 마음이 조操다. 잘못이나 실수가 없도록 말이나 행동에 마음을 쓰는 것이 조심操心이다. 세밀하게 살펴서 나쁠 게 무에 있으랴.

딕 모리스 & 빌 클린턴

1977년 정치 컨설팅업에 뛰어든 모리스는 각종 스캔들로 위기에 처한 클린턴의 참모가 되어 선거에서 승리한다. 그러나 승리를 눈앞에 둔 순간, 정작 자신은 스캔들로 무너졌다. 품성적 결함은 재주 많은 자의 천형이라고 하던가.

대통령을 지옥에서 건져 올린 신의 손, 딕 모리스Dick Morris

"삐삐~, 삐삐~"

1994년 9월의 어느 날, '고용된 총잡이'의 호출기가 울렸다.

'뺀질이'의 전화번호가 찍혔다.

"뜬금 없이 갑자기 무슨 일이지?"

하지만 총잡이는 퍼뜩 뭔가를 직감했다.

그렇다. 위기에 빠진 대통령 빌 클린턴Bill Clinton이 딕 모리스에게 보내는 구원요청이었다. '뺀질이 윌리'Slick Willy는 대통령 클린턴의 별명이고, '고용된 총잡이'hired gun이는 딕 모리스의 호칭이다. 이날의 접촉은 클린턴과 모리스의 재결합을 알리는 신호탄이었고, 미국 정치의 향방을 결정지은 새로운 시작이었다.

정치란 가능한 수단을 모두 동원하여 불가능해 보이는 그 무엇을 실현하는 종합 예술art이다. 체코 대통령을 지낸 하벨은 이렇게 말했다.

"정치는 가능성의 예술이다. 특히 그 가능성에 추측, 타산, 음모, 비밀 거래, 그리고 실용적 책략이 포함될 경우에는 더욱 그렇다. 다른 한편 정치는 불가능의 예술이기도 하다. 즉, 우리들과 이 세상을 더 나아지게끔 만드는 예술이다."

모리스와 클린턴은 미국 역사에서 가장 강력한 팀의 하나로 평가받고 있다. 모리스는 나락으로 추락한 대통령을 구해낸 선거천재로 기록되고 있다. 클린턴은 전후 최장의 경제호황을 이끈 대통령으로 평가받고 있다. 두 사람 다 인성에 대한 평가는 좋지 않지만, 정치적으로는 성공했다.

모리스는 칠삭둥이다. 1947년 생인 그는 출생 후 3개월 동안 인큐베이터에서 생활해야 했을 정도로 약했다. 그는 뉴욕에서 부동산 전문 변호사로 일하던 아버지에게 정치를 배웠다. 유태인인 아버지에게 정치는 철저하게 이기고 지는 스포츠였다. 모리스는 아버지로부터 이런 승부사 기질을 물려받았다. 대학 시절 베트남전 반대 데모에도 열심이었으나, 그가 정작 관심을 기울인 것은 정치였다. 특히 그는 누구를 도와 그를 당선시키는 동물적 감각을 타고났다. 학생회 선거에서부터 그의 능력은 발휘되기 시작했다.

그는 정치 컨설턴트political consultant란 직업을 선택했다. 정치 컨설턴트는 정치인과 계약을 맺고 선거 캠페인이나 정치작업을 대행하는 전문가다. 1977년 처음 이 업계에 뛰어들어 '무서운 아이'로 두각을 나타낸 이후 선거를 100번 이상 치르며, 불패의 신화를 자랑하는 최고의 자리에 올랐다. 케네디를 열광적으로 좋아하던 그였지만 일을 할 때는 민주당 후보든 공화당 후보든 가리지 않았다.

때문에 그에 대한 평가는 항상 엇갈렸다. 조선 유학자 송시열을 한쪽에서는 '송자'宋子라고 칭송하고, 다른 한쪽에서는 '시열'이란 이름을 견칭犬稱으로 쓴다고 하던가! 모리스를 한 쪽에서는 뛰어든 선거마다 승리로 이끄는 당대 최고의 '선거천재'로, 다른 한쪽에서는 지조 없이 민주당과 공화당을 왔다 갔다 하는 '고용된 총잡이'로 평가했다.

자신에게 쏟아지는 비난에 대해 모리스는 이렇게 변호한다.

"나는 같이 일할 후보를 이념적으로 선택하지 않는다. 어느 정당에 속

　　　　　1인자를 만든 참모들

해 있든 나라에 공헌할 수 있는 사람이라면, 내가 가지고 있는 기술을 통해 그를 도와주는 것이 즐겁다. 정치인이 이슈를 개발하고, 유권자를 움직이며, 선거를 이기게 하는 데 나는 최고의 전문가다."

클린턴과 모리스, 두 사람은 1977년 처음 만났다.

정치 컨설팅회사를 설립한 모리스가 고객 확보를 위해 민주당의 상원·주지사 후보 모두에게 전화를 걸었으나, 단지 3명만 그의 제안을 받아들였다. 클린턴은 그 중에서도 첫 번째 고객이었다. 모리스는 30살이었고, 클린턴은 31살의 주 법무장관이었다. 일 년 뒤 클린턴이 아칸소 주지사 선거에 도전했을 때, 그들은 함께 승리를 만들어 냈다. 그리고 두 사람은 예정된 수순대로 결별했다. 클린턴이 모리스의 장기인 네거티브 캠페인 negative campaign에 싫증을 느껴 해고했던 것이다. 두 사람의 17년 인연을 특징짓는 만남과 이별의 변주곡은 이렇게 시작됐다.

그러나 1980년 클린턴은 재선이 위기에 처하자 모리스에게 긴급 구원 요청을 하지 않을 수 없었다. 모리스가 허겁지겁 달려갔지만 너무 늦었다. 클린턴은 낙선했다. 모리스는 곧바로 클린턴을 부활시키는 일에 착수했다. 그리고 1982년 그는 너끈히 클린턴을 당선시켰다. 이를 두고 어떤 이는 "클린턴은 영혼을 악마에게 팔았고, 악마는 클린턴을 모리스에게 소개시켜주었다"고 평했다.

보스는 목표를 분명히 세우고, 이러한 자신의 비전을 메시지로 국민들에게 제시해야 한다. 반면 참모는 목표를 실현하기 위해 전략지도를 마련하고, 그것을 개념화하고, 국민에게 설명하는 논지를 찾고, 나아가 이러한 것들을 실행계획 속에 통합해야 한다. 클린턴과 모리스는 이런 점에서 환상의 듀엣이었다.

모리스, 지옥에 떨어진 클린턴을 구하다

주지사 선거에 재선 이후, 클린턴과 모리스는 밀월관계에 들어갔다. 그러나 두 사람의 밀월은 1988년부터 서서히 금이 가기 시작했다. 모리스는 클린턴이 1988년 대선에 출마하지 않은 것에 실망했고, 사업적으로도 공화당 후보에게까지 손을 뻗쳤기 때문이었다. 1990년 클린턴의 주지사 선거 당선을 도운 후 그들은 또 다시 결별했다. 그리고 그들은 1994년 운명처럼 다시 만났다.

재회는 1994년 9월에 시작되었으나, 그들의 일은 그 해 11월의 중간선거 직후부터 본격화됐다. 중간선거에서 민주당은 46년이래 최초로 상·하원을 모두 잃을 정도로 참혹하게 대패했다. 클린턴은 지옥으로 떨어졌다. 재기불능의 완벽한 추락! 공화당의 전략가들은 '이제 정권을 되찾는 일만 남았다'며 환호했다. 그러나 그것은 새로운 신화의 시작일 뿐이었다.

언제나 그랬듯이, 위기에 빠진 클린턴에게 유일한 해결책은 모리스를 다시 불러들이는 것이었다. 중간선거 대참패 이후 대통령은 모리스에게 무엇을 해야 할지 물었다. 그로부터 '지옥에서의 탈출'back from the dead은 시작됐다. 이후 두 사람은 22개월 동안 강력한 팀으로 함께 움직였다. 잘나가던 모리스가 왜 몰락한 대통령과 다시 일할 결심을 했을까? 무엇보다 모리스가 정치 컨설팅에 뛰어든 이래 클린턴이 첫 고객이었으며, 그후 17년 동안 만남과 헤어짐을 반복하면서 쌓은 애증 때문일 것이다. 짐작컨대, 모리스가 오랫동안 대통령과 일할 기회를 기다렸던 열망도 작용했으리라. 1994년 11월 백악관에서 둘이 만난 날, 모리스는 클린턴에게 이렇게 선언했다. "1996년 선거에서 진다면 대통령과 저 두 사람만의 책임입니다. 대통령을 재선시키는데 저의 모든 것을 걸겠습니다."

클린턴은 모리스에게 새로운 전략과 새로운 아이디어를 원했다. 클린턴이 모리스에게 운명을 건 이유를 그의 말속에서 찾을 수 있다.

"무엇보다 모리스는 전략·전술적으로 매우 뛰어나다. 둘째, 나에게 항상 직설적이었고 정직했다. 나쁜 소식과 좋은 소식을 가리지 않고 말했고, 가능하면 나쁜 소식을 먼저 이야기했다. 셋째, 내가 무엇을 하고, 무엇을 하지 않을 지에 대해 알고 있었다. 넷째, 그는 언제나 아이디어로 가득 차 있었다. 마지막으로 우리는 오랫동안 함께 일했기 때문에 서로를 충분히 이해하고 있었다."

모리스는 자신에게 대통령이 필요로 하는 아이디어가 많다는 사실에만 안주하지 않았다. 구슬이 서 말이라도 꿰어야 보배라 했듯이, 아이디어를 클린턴에게 전달하는 데 각별히 주의했다. 클린턴의 눈과 귀를 장악하기 위해 주도면밀한 노력을 기울였다. 특히 심리공략에 신경을 기울였다. 때문에 옷과 넥타이를 입는 데 많은 주의를 쏟았다. 너무 요란한 게 아닌지, 너무 점잖은 건 아닌지, 너무 거만해 보이는 것은 아닌지. '논리 이전에 정서적 공감이 의사소통의 일차적 토대가 된다'는 사실을 모리스는 잘 알고 있었다.

클린턴의 정치적 운명을 위탁받은 모리스에게 급선무는 무대 밖으로 나가떨어진 클린턴을 무대 안으로 복귀시키는 것이었다. 이를 위해 모리스는 정파를 뛰어넘어 폭넓게 움직이는 전략을 선택했다. 그것은 잃어버린 과거를 되찾은 것이었다. 즉 주지사 시절, 1992년 대통령 후보 시절 클린턴이 견지했던 중도노선으로 되돌아가는 것을 뜻했다.

대통령에 당선된 클린턴은 여러 가지 개혁 아젠다를 가지고 있었다. 경기 진작, 보건의료개혁health care reform, 복지개편, 환경정책, 재정적자 축소 등 거의 모든 국가적 현안에 대해 '준비된 정책'을 가지고 있었다. 하지만 클린턴은 워싱턴 경험이 없어 권력게임에 무지했다. 당내 기반도 취약했다. 때문에 취임 초 자신의 개혁 프로그램을 의회에서 통과시키기 위해 다수당이었던 민주당과 손발을 맞추어 움직였다. 그런데 그러다 보니 대통령의 성공보다는 자신의 지지기반, 지역구 이권에 관심이 더 많은 민주당 의원들의 포로가 되었고, 당파싸움의 수령에 빠지고 말았다. 그 결과 정체성도 잃고, 정책도 잃었다. 종국에는 중간선거에서 대참패했다.

세상만사 새옹지마라고 하지 않았던가. 역설적이게도 1994년 중간선거에서 민주당이 다수당의 지위를 잃음으로써 클린턴은 민주당으로부터 해방될 수 있었다. 어차피 의회에서 법안을 통과시키기 위해서는 다수당인 공화당과 협력할 수밖에 없게 된 것이었다. 이제 민주당의 정통노선에서 벗어나 중도노선으로 옮겨 가는 것이 불가피했다. 굴레에서 벗어나 자유롭고 폭넓게 움직이게 된 것, 이것은 절망 속에서 피어난 희망의 새싹이었다.

이를 구체화하기 위해 모리스는 클린턴에게 공화당 온건파와 막후채널을 가동하라고 권했다. 공화당의 온건파들이 지지하는 정책을 제시함으로써 그들과 강경파간의 갈등을 부추기고, 온건파들과 연대하면 법안 통과에 필요한 과반수를 확보할 수 있다는 계산 때문이었다. 파트너로는 공화당의 상원 부총무 트렌트 로트Trent Lott를 선택했다. 로트가 모리스와 막역한 사이였기 때문이었다. 모리스는 1995년 1월 로트를 만나, 막후채널 가동에 합의했다. 정치에서 정보는 곧 권력이라고 할 수 있다. 이것이 로트를 움직인 유인력이었다. 막후채널은 클린턴이 공화당의 지도자와 대화를 할 수 있는, 유용한 정보를 얻을 수 있는 통로가 됐다.

　　　　　　　　　1인자를 만든 참모들

모리스가 클린턴을 무대로 복귀시키기 위한 방법으로 제시한 또 하나는 '미테랑Mitterrand 모델'이었다. 프랑스의 미테랑 대통령은 1985년 총선에서 패배하고, 시라크Jacques Chirac 수상과 동거정부를 구성했다. 정당이 다르고, 이념도 다르고, 정책도 달랐다. 모든 사람들이 미테랑과 시라크가 사사건건 충돌할 것으로 전망했다. 이원집정제에서는 자연스러운 일이었다. 그러나 미테랑은 정면충돌이 아니라 '파도'가 지나가도록 내버려두는 방식을 취했다.

먼저 그는 시라크가 자신의 프로그램을 추진하고, 미테랑이 손수 국유화한 산업의 대부분을 시라크가 민영화하는 것을 순순히 허용했다. 미테랑은 시라크에게 승리를 안겨다준 국민적 불만을 하루라도 빨리 해소하기 위해서는 시라크 아젠다가 충분하게 실현되도록 협력해야 한다고 생각한 것이었다. 시라크가 방해 없이 일을 추진해 나가도록 도와줌으로써, 그에게 승리를 가져다준 이슈들이 더 이상 국민들의 관심을 끌지 않도록 만들어버렸다. 이 방식으로 미테랑은 1987년 대선에서 시라크를 이겼다.

모리스는 자신의 전략을 이렇게 요약했다.

"우리가 반드시 해야 할 일은 공화당이 1994년 중간선거에서 제기한 이슈들을 신속하게 추진하도록 도와줌으로써 공화당에게 승리를 안겨준 국민적 불만을 완화시키는 일이다. 파도가 해안을 휩쓸고 갈 때에는 내버려두는 게 상책이다. 그래야만 자연스럽게 그 에너지가 소진된다."

반대보다 대안 제시가 더 큰 무기

모방이 모방으로 끝나면 그건 답습에 불과하다. 답습은 겉모양만 흉내

내는 것일 뿐, 본래의 적실성이 사라진 것이다. 모방은 새로운 창조로 이어져야 한다. 귤화위지橘化爲枳라고 한다. 환경에 다르면 변형이나 개량이 필요하다. 모리스는 미테랑 모델을 그냥 답습하는 데 그치지 않았다. 미테랑처럼 단지 지켜보기만 하지 않고 새로운 대안을 제시했다. 즉 공화당이 어떤 이슈(예컨대 균형예산, 복지개혁)를 들고 나오면 무조건 반대만 하지 않고, 새로운 대안을 제시하는 전략이었다. '안 돼'가 아니라 '그것보다는 이게 낫다'는 자세였다. 이러한 대응전략은 매우 중요하다. 어떤 안을 놓고 찬반논쟁을 하는 것보다는 대안을 내놓고 어떤 안이 더 좋은지를 경쟁하는 구도가 국민들을 설득하는 데 훨씬 효과적이다. 너무나 당연한 원칙이지만, 너무도 쉽게 잊혀지는 원칙이기도 하다. 당시 클린턴을 둘러싸고 있는 백악관 참모들과 민주당 의원들이 그랬다. 그들은 클린턴에게 으레 하던 그대로 공화당과의 정면대결할 것을 요구했다. 클린턴은 중간에 끼어 어정쩡한 입장을 취했다.

설득에는 집요한 반복이 생명이다. 모리스는 끊임없이 클린턴을 설득했다. 마침내 클린턴도 받아들이기 시작했다. 모리스는 또 의회의 입법 없이도 할 수 있는 일에 매진하고, 외교영역에서 강력한 리더십을 보여주라고 권했다. 일하는 대통령, 국가를 대표하는 대통령의 모습은 정파를 초월한 통합자의 이미지를 낳는 첩경이다.

이제 남은 문제는 영부인 힐러리에 대한 국민적 비난이었다. 클린턴이 몰락하는 데는 힐러리 요인도 작용했다. 힐러리에 대한 대중적 불신은 대단했다. 사실 퍼스트레이디 문제는 가장 예민하고 다루기 어려운 '뜨거운 감자'였다. 여론조사에 따르면, 힐러리가 강해 보일수록 대통령은 약해 보였다. 일종의 제로섬 게임이었다. 힐러리에 대해 불만은 한 마디로 '누가 대통령인가?'하는 것이었다.

　　　　　　　　　　　1인자를 만든 참모들

'힐러리가 대중 앞에 나타나서는 안 된다.'

대통령 보좌관들이 취한 입장이었다. 반면 모리스가 제시한 해결책은 의표를 찌르는 것이었다.

'힐러리의 실체를 드러내자.'

힐러리는 그동안 백악관 국무회의나 정치영역에 빈번하게 등장했다. 그 결과 '숨겨진 권력'이라는 이미지가 형성되었다. 대통령의 이미지에도 해를 끼치고 있었다. 이것이 문제였다. 힐러리가 계속 대통령의 권한에 개입하도록 하고, 그 모습이 드러나지 않게끔 쉬쉬할 것인가, 아니면 힐러리의 역할을 재조정하고, 대중 앞에 나서도록 할 것인가? 모리스는 후자를 선택했다. 힐러리가 자신의 신념과 역할에 대해 보다 많이 이야기하는 것을 보면 볼수록 국민들은 힐러리를 좋아하게 될 것이라고 모리스는 판단했다. 역할을 분명히 제시하고, 공개석상에 당당하게 나서라! 힐러리도 이 방안을 좋아했다. 사실 힐러리 문제는 대통령의 인기회복 전략의 일환이자, 백악관의 절대 실세인 힐러리와 동맹을 맺고자 하는 보신책의 일환이기도 했다.

중도전략의 키워드는 중산층이다. 중간선거의 열풍이 채 식기도 전인 1994년 12월, 클린턴은 「중산층 권리장전」이란 연설을 통해 중도정책들을 제시했다. 정파를 초월하여 폭넓게 움직이는 방침이 구체적인 정책으로 나타난 것이었다. 반전의 시작이었다. 이 연설을 통해 클린턴은 모리스의 '중도노선' 전략에 따라 비로소 중도로 이동하기 시작했다.

연설의 핵심은 클린턴이 지향하는 '가치'를 공화당이 주장하는 '수단'을 통해 실현하는 것이었다. 예를 들면, 이런 식이었다. 더 많은 사람들이 대학교육을 받아야 한다는 것이나 노인들의 복지는 민주당이 오랫동안 고수해 온 가치였다. 대신 방법으로는 대학등록금에 대해서는 세금을 깎아 주고, 퇴직 후 노후를 위한 개인연금에 대해서는 과세를 하지 않는 등 감세減稅정책이란 공화당의 수단을 빌렸다. 이러한 노선변경의 근거는 여론조사를 통해 확인된 대중정서의 흐름이었다. 무릇 흐름을 놓치면 아무리 공을 들인 일도 부질없는 허사虛事가 되고 만다.

결과는 성공!

여론이 움직이기 시작했다. 대통령에 대한 지지도가 9%나 올라갔다. 중도노선을 주장한 모리스의 상큼한 첫 승리였다. 중도정책을 더 포괄적으로 제시한 1995년 시정연설로 지지도가 또다시 2% 상승했다. 이는 클린턴이 게임의 무대에 다시 복귀한 것을 의미했다.

그러나 2월 들어 다시 후퇴하는 조짐이 보이기 시작했다. 발단은 공화당에 있었다. 새 의회가 개원하자마자 공화당은 강력한 입법 드라이브를 통해 국민적 관심을 장악했다. 공화당이 하원의장 뉴트 깅리치Newt Gingrich를 중심으로 중간선거에서 공약한 각종 법안들을 신속하게 밀어붙이자, 민주당은 기계적으로 반대만 외치고 있었다. 이와 같은 첨예한 대립구도 속에서 대통령이 제3의 스탠스를 갖기란 쉽지 않았다. 대통령은 정쟁의 격랑 속으로 휩쓸려 들어갔다.

게다가 이런 분위기 탓인지 클린턴은 백악관 참모들과 민주당의 의견을 더 많이 수용했다. 그것은 민주당 본연의 강령과 원칙에 충실한 자세를 견지하는 것이었다. 대통령은 보이지 않은 채 당파대결만 덩그러니 부각되었고, 그러다 보니 오히려 깅리치가 대통령처럼 비쳐지는 상황이 연출되었다. 당연히 대통령의 인기도 하향세로 돌아섰다. 마침내 2~3월을 지나면서 장외로 나가떨어질 당시의 수준으로 되돌아가고 말았다. 모리스로선 허망하기 짝이 없었다.

과거로의 회귀. 이런 상태를 야기한 원인은 클린턴의 참모들에게 있었다. 이들은 민주당의 전통적인 지지그룹과 긴밀하게 연결되어 있어서, 대통령이 중도로 이동하지 못하도록 결사 저지했다. 백악관 참모들은 반反모리스 동맹을 맺고 있다고 해도 과언이 아닐 정도로 모리스를 싫어했다. 물론 노선에도 갈등이 있었지만, 공화당과 거래한 적이 있는 모리스의 전력에 대한 반감도 작용했다. 특히 1988년 대선에서 부시와 듀카키스가 맞붙었을 때, 모리스가 공화당의 우상 애트워터Lee Atwater를 도와 민주당이 앞서가던 선거를 지게끔 만든 데 대한 원한이 결정적이었다.

환상적 동맹 : 전략가 모리스-전술가 스테파노폴러스

모든 일이 의도된 기획과 준비된 시나리오대로 움직여지기란 쉽지 않다. 거의 불가능하다. 때론 예상치 못한 변수가 일의 진행을 통제하기도 한다. 그 변수가 득을 안길지, 실을 가져다줄지는 누구도 모른다. 다행히 이즈음의 클린턴에게는 득이 되는 변수가 발생했다. 오클라호마 폭탄테러가 발생했고, 러시아의 옐친 대통령과 정상회담을 가졌다. 모리스가 건의한 대로 클린턴은 이들 사건을 통해 강력한 국가 지도자의 이미지를 보여줄 수 있었다. 공약 입법화에 너무 서두르는 바람에 국민들이 우려를 나타내면서 깅리치의 인기도 식어 가고 있었다. 덕분에 클린턴은 다시 기력을 조금씩 회복해 가고 있었다.

그러나 상황이 조금 나아지고 있다고 해서 눈에 보이는 화근을 그냥 두고 갈 수는 없는 법이다. 모리스는 백악관 참모들을 그대로 놔두고선 한 발자국도 앞으로 나아갈 수 없다고 판단했다. 그는 먼저 백악관 내에서 동맹자를 규합하는 데 나섰다. 모리스는 우선 영부인 힐러리와 부통령 고어Gore의 지원을 이끌어냈다. 힐러리와 고어는 중도파였기에, 백악관을 장악하고 골수 리버럴들에게 적지 않은 반감을 가지고 있었다. 힐러리와 고어에게 참모들은 클린턴을 본래의 '신新민주당' 노선이 아니라 좌파노선으로 내모는 '어린 아이들'이었다. 때문에 그들이 모리스와 연대할 이유는 충분했다.

다음으로 백악관 참모들의 반反모리스 대오를 흩트려놓기 위해 그 핵심을 공략했다. 그 핵심은 '정책-전략 고문' 스테파노플러스George Stephanoplous였다. 스테파노플러스는 1992년 클린턴의 당선을 이끈 3인방의 하나로, 1961년 생 34살의 어린 나이에도 백악관 참모들의 조타수 역할을 하고 있었다.

언제나 틈은 있기 마련이다. 그 무렵 스테파노플러스가 대통령으로부터 불신을 받고 있었다. 대통령은 30대 초반이라는 그의 나이가 너무 어리다고 여겼을 뿐만 아니라, 그가 언론에 정보를 유출했을 것이라는 혐의를 품고 있었다. 스테파노플러스로서는 정책결정의 중심에 재진입하고자 했고, 그로 인해 모리스의 힘을 필요로 했다. 둘은 동맹을 맺었다. 가장 강력한 반대자였던 비서실장 파네타Panetta와는 대통령의 중재로 적절한 수준에서 타협했다. 모리스의 아이디어는 백악관의 검증을 받고, 또 모리스가 백악관의 이 방 저 방을 기웃거리지 않는 조건부 타협이었다.

스테파노플러스와 연합함으로써 모리스는 백악관 내에서 확실한 키를 잡았다. 일단 스테파노플러스가 모리스와 협력하기 시작하자 다른 백악관 참모들도 협조하기 시작했다. 1995년 가을부터 모리스의 역할은 제대로 굴러가기 시작했다. 모리스와 스테파노플러스 간의 역할분담은 절묘했다. 스테파노플러스의 강점은 내일의 재난을 예방하기 위해 오늘의 전투를 세심하게 관장하고, 좋은 쪽으로 보도가 나가도록 하는데 있었다. 공화당의 어떠한 공격에도 즉각 반격하는 '신속대응Rapid Response팀'을 이

　　　　　　　　　　　　　　　1인자를 만든 참모들

끌고 공화당 캠페인을 혼란에 빠뜨렸다. 그는 '매주 이겨야 하고, 매일 이겨야 하고, 매시간 이겨야 한다'고 말하며 놀라운 열정과 집중력을 보여주었다.

스테파노플러스는 전술에만 집착할 뿐, 전략에는 관심이 없었다. 전략은 모리스의 몫이었다. 모리스는 장기전략에 집중했다. 그러나 불행하게도 전략이라는 지평선만을 보고 걷다보니 길 위에 깔려 있는 조그만 돌에도 걸려 넘어지기 일쑤였다. 모리스는 매일매일 등장하는 난관의 엄혹함에 대해서는 잘 모르고 있었기에, 탱크처럼 거침없이 밀고 가려는 습성이 있었다. 반면에 스테파노플러스는 일상의 과제를 어떻게 처리해야 하는지에 대해 통달해 있었다. 모리스가 전략가라면, 스테파노플러스는 전술가였다.

모든 참모들 간에는 지도자의 눈과 귀를 장악하려는 치열한 경쟁이 있기 마련이다. 좋은 아이디어의 유무有無보다는 자신의 아이디어를 지도자나 후보가 '받아들이도록' 하는 것이 어쩌면 더 중요하기 때문이다. 모름지기 참모라면 '나의 좋은 생각을 지도자가 몰라준다'는 푸념을 해서는 안 된다. 좋은 아이디어를 지도자에게 설득하지 못하면, 그 순간부터 그는 능력 있는 참모가 아니다.

승리는 주어지는 게 아니라 만들어가는 것이다. 그렇다고 반드시 승리하는 비법이 있는 것도 아니다. 승리 팩터winning factors라고 생각되는 것을 찾아내어, 그것에 집중하는 것이 전부다. 일단 선택한 이상 한 치도 물러서서는 안 된다. 모리스는 승리 팩터로 TV를 통한 조기 정치광고를 선택했다. TV 정치광고는 후보자가 유권자에게 '직접' 다가갈 수 있다는 점 때문에 그 가치가 대단히 높다. 미디어 시대에 유권자와 직접 얼굴을 맞대는 이른바 '길거리 정치'에는 분명 한계가 있다. 아무리 좇아다녀도 만나는 사람의 숫자에 제약이 따른다. TV 정치광고가 갖는 또 다른 장점은 언론의 해석이나 분석과 같은 필터링filtering을 거치지 않고 유권자에게 메시지를 직접 전달할 수 있다는 점이다.

전략가의 최대 적은 도그마

클린턴은 역대 대통령 선거에서 유례가 없을 정도로 많은 돈을 광고에 지출했고, 또 일찍부터 광고를 내보냈다. 예비선거와 본선거를 포함해 1992년 대선에서 클린턴과 부시는 각각 TV 광고에 약 4천만 달러를 썼다. 1996년에 클린턴 선거캠프와 민주당전국위원회DNC가 TV광고에 쓴 돈을 합치면, 거의 8천5백만 달러를 상회하였다. 1992년에 치른 선거의 2배가 넘는 천문학적인 자금투입이었다.

'광고만이 구세주다.' 이것이 모리스의 생각이었다. 클린턴이 우선적으로 추진하고자 하는 법률이나 아젠다에 국민들이 관심을 갖도록 하기 위해서는 통상적인 정치광고 개시보다 훨씬 '일찍'부터 광고를 시작해야만 한다고 노래를 부르다시피 했다. 클린턴에게 적대적인 언론환경을 고려할 때 국민을 직접 겨냥한 아젠다 세팅agenda setting이 관건이고, 그 수단이 정치광고라는 논리였다. 정치광고는 대개 당내 경선을 거쳐 후보가 확정된 후부터 시작하는 것이 통례였다. 1996년 상반기에 후보가 결정될 것이므로 그 일 년 전인 1995년부터 광고를 내보내는 것은 사실 전례가 없는 것이었다. 비용도 걱정이었다.

때문에 백악관 참모들의 반론도 만만찮았다. 그들의 논지는 명료했다. "1996년 선거 때가 되면 1995년에 본 광고를 아무도 기억하지 못할 것이다." 높은 비용에 비해 득표효율이 의심스럽다는 지적이었다. 분명 일리가 있는 지적이기는 했으나 지나치게 원론적이었다. 클린턴이 처해 있는 위기 상황, 공화당 아젠다에 대한 국민적 인기, 언론 분위기 등을 감안하지 않은 섣부른 접근이었다.

모리스는 단호하게 쐐기를 박고 나섰다. "광고를 통해 당의 이슈들을 직접 가정으로 배달해 놓으면, 공화당의 이슈는 본격적인 선거전이 시작되기도 전에 고사할 것이다." 클린턴은 모리스의 전략을 수용했다. 1995년 7월 중순부터 선거 때까지 16개월 동안 클린턴 진영은 이슈 광고로 국민의 가슴속에 융단 폭격을 가했다. 광고는 '부동주swing states'에 집중됐다. 이 기간 동안, 이들 주에 거주하는 TV 시청자들은 1년 반 동안 3일에 한 번꼴, 일인당 평균 150번 내지 180번 광고를 본 정도였다. 미증유의 조기, 대규모 광고 공세였다.

'도덕'이라는 제목의 광고를 보면 클린턴 광고의 진가를 알 수 있다. 이 광고는 먼저 어린이들이 성조기를 일으켜 세우는 장면으로 시작한다. 배경음악이 점점 커지면서, 성우가 '우리 미국인들은 어떤 일을 단지 옳다는 이유 때문에 합니다'고 말한다. 다음 장면은 흑백으로 바뀐다. 공화당을 이끄는 하원의장 깅리치와 상원 원내총무 밥 돌Bob Dole이 의사당에 진을 치고 서있는 모습이 비친다. 성우가 '돌과 깅리치는?'이라고 한 뒤 말을 멈추면, '짠!'하는 배경음악과 함께 '의료보험 국고지원 삭감'이라는 굵은 글씨가 화면에 나온다. 다시 카메라는 백악관 집무실에 앉아 있는 클린턴을 클로즈업시킨다. "클린턴 대통령은 도덕적으로 옳은 일에 매진하고 있습니다."

훗날의 이야기지만, 선거가 임박해 공화당이 내보낸 광고는 별 효과를 거두지 못했다. 이미 때가 늦은 것이었다. 클린턴의 조기 광고가 선거 주제의 '기본틀'을 형성한 것이다. 닉슨은 "타이밍이 모든 것이다"라고 했다.

이처럼 조기 광고의 효과는 엄청났다. 여론조사 결과, 광고가 나간 주州와 나가지 않은 주 간의 지지도 격차는 놀라울 정도였다. 1996년 내내 클린턴의 지지도는 돌에 비해 평균 17% 정도 앞서고 있었는데, 광고가 나간 주는 27% 앞섰고 광고가 나가지 않은 주에서는 7% 앞섰다. 광고가 나가기 전까지 그 차이는 3%에 불과했다. 선거가 다가오자, 광고가 나간 주에서의 인기도가 광고가 나가지 않은 주까지 영향을 미쳤다. 파급효과였다. 비록 돈이 많이 들기는 했지만, 정치광고는 클린턴에게 유리한 판을 먼저 형성해주었다는 점에서 그 효과가 지대했다.

전체 판세를 좌우한 하나의 분수령은 예산전쟁이었다. 예산전쟁은 1995년 내내 지속되었지만, 특히 그 해 9월부터 이듬해 1월 초순까지 가장 극렬하게 진행됐다. 어떻게 재정적자를 줄이고, 균형예산balanced budget을 달성할 것인지를 둘러싼 싸움이었다. 1980년대 이후 3천억 달러에 달하는 막대한 규모의 재정적자는 가장 큰 국가적 이슈 중의 하나였다. 민주당은 재정지출 확대를 통한 복지확대에, 공화당은 복지축소를 통한 균형예산 달성에 각각 더 많은 가치 비중을 두고 있었다. 국민들은 균형예산이 필요하다고 공감하면서도, 동시에 재정적자의 주 원인인 복지축소도 곤란하다는 모순된 생각을 갖고 있었다.

유권자들은 먼저 공화당의 손을 들어 주었다. 공화당은 중간선거의 핵심공약으로 균형예산안을 이미 제시해 놓고 있는 반면에, 민주당에선 아무런 언급이 없었기 때문이었다. 예산전쟁에 들어가기 전인 1995년 5월 전략모임에서 모리스는 '클린턴이 균형예산에 반대하고 있다'고 믿는 국민여론을 보고했다. 적자예산을 편성하고, 균형예산안에 반대하는 것도 모자라, 적반하장격으로 공화당의 균형예산안을 공격하는 것이 클린턴의 이미지였다. '세금을 올리고, 재정지출을 늘리는' 전형적인 자유주의자

     1인자를 만든 참모들

의 이미지였다.

전략가의 최대 적은 도그마다. 도그마에 빠져 상황변화를 제대로 포착하지 못하거나, 시세나 흐름을 읽지 못하면 전략기획이나 유연한 전선 운영이 불가능하다. 특정 견해나 이론도 도그마가 될 수 있지만, 특정인에 대한 맹목적 추종이 더 무서운 도그마다. 그것이 충성이란 외양을 가질 땐 더 더욱 독성이 강하다. 모리스는 애당초 민주당의 정통적 입장이나 클린턴에 대한 추종과 거리가 멀었다. 또 대중정서에 대한 신비한 감수성을 타고난 모리스였기에 변화에 민감했다.

선택에 기로에서는 입장을 분명히 밝혀라!

모리스는 독자적인 균형예산안을 제시해야 한다고 주장했다. 균형예산 컨셉concept을 지지하는 여론을 수용하되, 그 재정적자 축소 방법을 놓고 공화당과 일전을 벌이자는 것이었다. 그가 주목한 것은 공화당이 노약자 의료보험Medicare에 대한 정부지원을 삭감하고, 환경 등에 대한 지출을 줄이는 방법을 취하고 있다는 점이었다. 공화당의 방법은 균형예산 찬반 논쟁 때문에 드러나지 않아서 그렇지 사실 여론에 거스르는 것이었다. 모리스의 속셈은 공화당의 아젠다인 균형예산 논쟁에서 민주당의 아젠다인 복지논쟁으로 전장을 옮기려는 것이었다.

반면 백악관 참모들은 명분론을 취했다. 일치된 목소리로 균형예산 컨셉 그 자체를 수용하면 안 된다는 주장을 폈다. 스테파노폴러스는 균형예산 컨셉을 수용하면 클린턴이 도덕적 우위를 잃게 될 것이라고 말했다. 그들은 균형예산과 복지축소를 하나의 등식, 패키지로 인식했다.

지루한 입씨름이 이어졌다. 그러나 대통령의 마음은 수용 쪽으로 기울었다. 클린턴도 대안을 제시하지 않으면 무기력해질 것이라는 점을 예리하게 포착하고 있었던 것이다. 고어도 수용을 지지했다. 그는 독자적인 대안을 제시하지 않으면 현재 진행되고 있는 주요한 논쟁에서 빠지게 된다는 점을 중시했다. 대통령이 주 논쟁에서 소외되면, 부동층 유권자들에게 다가갈 방법이 없다는 점에 착안한 것이었다. '대통령이 정국의 주요 논쟁에서 해결책을 제시하지 않는다면 그것 자체가 치명적 타격이다.' 고어는 이 점을 우려했다.

모리스는 자신의 뜻을 관철하고자 동맹체제를 전면 가동했다. 힐러리에게 도움을 요청했다. 그녀는 민주당 정통좌파와 결별하는 상황이 초래할 위험성을 걱정하면서도, 균형예산을 주장해야 한다는 입장이었다. 힐러리가 참으로 명언을 했다. "논쟁의 밖에서 서성거려는 안 된다. 논쟁 속으로 뛰어들어야 한다. 선택의 기로에서 입장을 분명하게 밝혀야 한다."

대통령은 최종 결단을 밝히지 않은 채 시간을 끌었다. 수용은 하되 언제나 그랬듯이 꼼꼼한 종합계획이 있어야 한다고 고집했다. 클린턴은 개념이나 대강에 만족하지 않았다. 모든 세부사항들이 정확하게 제자리에 배치되어 있지 않은 개괄적 주장을 멀리했다. 사실facts을 선호했다. 그는 믿을 수 없을 정도로 재빠르게, 그리고 정확하게 데이터를 흡수하고 기억했다. 수없이 많은 사실을 알고 있었고, 누군가로부터 들은 조언의 작은 뉘앙스까지도 완벽하게 소화했다. 클린턴은 혼자서 균형예산안을 짜기 시작했다.

거의 매일 관리예산처OMB의 참모들, 백악관의 경제참모들을 만나 상의했다. 예산의 모든 사항을 꼼꼼히 검토했다. 그의 노란 메모판에는 균형예산을 달성하기 위해 필요한 결정들이 연필로 빼곡히 적혀 있었다. 클린턴은 관리예산처의 그 누구에도 못지않을 정도로 예산 항목을 전부 파악하고 있는 대통령이었다. 과연 정책광policy wonk 클린턴다웠다. 마침내 6월, 클린턴은 독자적인 균형예산안을 발표했다.

클린턴과 공화당 간의 예산안을 둘러싼 기본적 차이는 균형예산에 대한 찬반에 있었다. 공화당은 찬성, 클린턴은 반대였다. 그러나 비록 균형예산을 달성하는 목표연도가 공화당안과 다르긴 했지만, 클린턴이 독자적인 균형예산안을 제출하자 찬반 대립은 없어졌다. 양측 간에 막후협상이 계속되면서 공화당은 광범위한 예산삭감을 포기하고, 대통령의 주장보다 약간 더 삭감하는 쪽으로 방향을 수정했다.

이쯤 되면 타협의 분위기가 무르익는 게 통례인데, 도대체 어떻게 된 일인지 사태는 엉뚱하게 흘러버렸다. 공화당은 더 이상의 수정을 거부했고, 대통령은 대통령대로 한 발짝도 물러서지 않았다. 마침내 예산전쟁이 본격화됐고, 급기야는 예산안이 통과되지 못해 정부가 문을 닫는 사태에 이르고 말았다.

왜 그랬을까? 발단은 전선에 대한 이해가 서로 다른 데에 있었다. 클린턴이 균형예산안을 독자적으로 제시하자, 공화당 강경파들은 그것을 항복의 시작으로 보았다. 자신들이 조금 양보하는 정도로 생색을 내면 클린턴이 덥석 받을 줄 알았다. 막후채널을 통해 모리스가 전하는 협상설도 공화당을 오판으로 유도했다. 그랬기에 클린턴이 작은 차이를 고수하며 버티자 계속 밀어붙여 백기투항을 요구했다. 깅리치는 일갈했다. "혁명가는 타협하지 않는다." 그들의 뇌리 속엔 옥쇄玉碎는 있어도 와전瓦全은 없었다.

그러나 클린턴은 판을 정확하게 읽고 있었다. 균형예산 컨셉을 수용한 이상 공화당 방안의 약점을 집요하게 파고드는 것이 중요했다. 균형예산에 대한 찬반논쟁은 방법을 둘러싼 우열논쟁으로 바뀌었다. 차이가 크냐

작으냐는 중요하지 않았다. 국민적 지지가 높은 복지예산을 수호한다는 원칙을 고수했다. 공화당이 놓친 것은 클린턴의 전의뿐만 아니라 전장이 바뀌었다는 사실이었다. 홍보전에서 클린턴은 공화당을 압도했다. 자신의 논리를 TV광고를 통해 효과적으로 전달함으로써, 공화당 삭감으로써 초래할 폐해를 구체적으로 알려 국민의 신뢰를 얻었다. 이 모든 것은 모리스 전략이 일궈낸 놀라운 승전보였다.

예산전쟁이 한창이던 1995년 10월부터 광고는 클린턴의 주포主砲였다. 공화당이 낸 안건에 대한 공격 포인트는 역시 여론조사를 통해 찾았다. 공화당이 낸 안건에서 유권자들이 가장 싫어하는 부분은 노약자 의료보험Medicare, 저소득층 의료보험Medicaid, 교육, 환경보호 등 4가지 분야에서의 예산삭감이었다. 광고는 이런 4가지 약점을 집중적으로 물고 늘어졌다.

독자적 균형예산안을 담은 광고도 내보냈다. 메시지는 반복이다. 클린턴의 광고는 '더 나은 방법'이 있다는 메시지를 끊임없이 반복했다. 이는 공화당의 앞마당에 곧장 밀고 들어가 정면승부를 거는 것이나 진배없었다. 광고를 통한 정면승부의 결과, 공화당이 전가의 보도로 삼아왔던 균형예산 이슈에 대한 공화당 지배는 수세에 몰리고 말았다. 아니 오히려 무너졌다. 앞마당을 내주고서야 어떻게 이기랴. 공화당의 무능을 탓해야 할지, 아니면 모리스의 천재성을 칭찬해야 할지……

이 대목에서 스테파노플러스가 모리스를 어떻게 평가했는지 들을 필요가 있다.

"그는 정확하게 처방을 내려주고, 눈에 보이는 결과를 약속했다. 그의 확실성은 클린턴의 고질적인 우유부단함을 치유할 수 있게 해주었다."

무릇 대통령은 대통의 리더십과 수령의 이미지를 보일 때 가장 강력하다. 클린턴이 외교문제에서 단호한 입장을 취하며 대통령다운 강력한 리더십을 보여준 것도 예산전쟁에 긍정적으로 작용했다. 보스니아에 대한 폭격과 뒤이은 정전, 이스라엘과 팔레스타인 간의 평화협정 체결, 교황 방문 등이 대통령을 대통령답게 보이게 만드는 데 기여했다. 스핀 컨트롤 spin control, 홍보조작도 한몫 했다. 예산전쟁 과정에서 클린턴과 공화당 지도부는 여러 차례 만나 격렬하게 논쟁했다. 공화당 지도부는 강하게 클린턴을 성토했다. 그러나 밖으로 비치는 모습은 '한수 가르치는' 클린턴의 이미지였다. 《타임》지에 게재된 한 장의 사진이 그 예다. 사진의 내용은, 손에 매직펜을 든 클린턴이 강의하는 교수처럼 보이고, 공화당의 인사들은 하나라도 더 배우려는 듯 클린턴의 강의에 열중하고 있는 모습이었다. 사진 한 장이 주는 효과는 여러 번의 연설이나 이벤트 보다 나았다.

때론 사소한 실수가 대세를 그르친다. 예산전쟁이 한창일 때, 강경파의 총수 깅리치가 바로 그런 실수를 저질렀다. 대통령 전용기를 타고 대통령과 함께 극우파에 의해 암살된 이스라엘 총리 라빈의 장례식에 참석했다가 돌아오는 길에, 대통령으로부터 받은 푸대접에 대해 불평한 것이었다. 깅리치가 기자들과 식사를 나누면서 자신은 비행기 뒤쪽에 앉아 25시간 동안 한 번도 대통령과 이야기를 나눌 기회가 없었다고 말했다. 내릴 때에도 대통령 전용기 후문을 이용해야 하는 홀대도 받았다고 투덜댔다. 그러면서 이런 수모 때문에라도 예산협상에서 보다 단호하게 대응할 것이고 말했다. 언론에서는 이 사실을 '울보 뉴트'Cry Newt로 다루었다. 지혜의 90%는 알맞은 때에 현명해 지는 것이다Nine tenth of wisdom is being wise in time. 백악관은 재빠르게 대통령과 깅리치가 다정스럽게 담소하고 있는 모습을 찍은 사진을 언론에 배포했다. 깅리치는 졸지에 거짓말쟁이가 되고 말았다. 깅리치의 인기는 곤두박질쳤다. 이래서 클린턴의 홍보팀은 역대 최강이란 평을 듣는다.

두 차례나 정부가 잠정적으로 문을 닫는 곡절을 거친 후, 마침내 전쟁은 공화당의 참담한 패배로 끝났다. 이것으로 1996년 대선의 성패는 갈린 것이나 다름없었다. '처음을 규정한 자가 나중을 규정한다He who defines first defines last'고 하던가! 여기에 딱 들어맞는 말이다.

대통령 스캔들을 잠재운 '가치 아젠다'란 면도칼

클린턴과 모리스가 아무리 환상의 듀엣이라고 할지라도 파경의 순간은 있었다.

1995년 후반, 예산전쟁에서의 승리가 눈앞에 보이기 시작하자 백악관 참모들이 다시 '모리스 죽이기'에 나섰다. 백악관 참모들에게 모리스는 외부 침입자였다. 그들의 마지막 공세가 시작되었다. '모리스가 크리스마스 전에 쫓겨 날 것이다'라는 말을 여기저기에서 하고 다녔다. 또 기자들에게 모리스가 호텔 미니바 영수증을 선거자금으로 지불하도록 요구했다는 등의 허위정보를 유출하기도 했다. 갑자기 언론에서 모리스가 외부 수입원에 대해 해명해야 한다고 떠들기 시작했다. 모리스는 정식 급여대상자가 아니었고, 백악관을 출입하는 정규출입증도 없었기 때문에 이러한 것을 밝힐 의무가 없었다. 그러나 모리스에 앞서 비슷한 역할을 했던 카빌이 재정진술서를 제출한 전례에 비추어, 백악관은 재정진술서 제출을 요구했다. 어느 누구의 진술서도 공개된 적이 없었는데도, 모리스의 진술서를 누군가가 언론에 공개했다.

또 다른 공격은 모리스가 음란 비디오를 빌려 보고, 그 비용을 선거비용에서 지불할 것을 요구했다는 것이었다. 공화당은 "클린턴이 주지사 시

　　　　　　　　　　　　　　1인자를 만든 참모들

절, 모리스는 그에게 여자를 주선해 주는 채홍사 역할을 했다"는 말을 퍼트리고 다녔다. 언론의 비난은 빗발쳤다. 공화당도 모리스를 해고하라고 요구했다. 클린턴이나 모리스 모두 견디기 힘든 파상공세였다.

2개의 비서실 차장 자리 중에서 한 개가 비었다. 스테파노플러스가 이 자리를 원했다. 스테파노플러스가 도와달라고 했을 때 모리스는 거절했다. 왜냐하면 그가 동료이긴 하지만, 동지는 아니라고 여겼기 때문이었다. 모리스의 좁은 속도 그 원인으로 작용했다. 그는 자기 사람을 앉히고 싶었다. 결국 대통령이 전前 부대변인을 차장으로 임명하자, 모리스는 그 사람이 반대편의 일원이라고 오해했다. 모리스에게는 모든 것이 자신을 죽이기 위한 음모로 보였다.

1995년 12월, 모리스는 클린턴에게 심하게 따졌다.

"생각과 전략이 다른 사람들을 중요한 자리에 임명해 놓고 어떻게 일을 하라는 것입니까?"

대통령은 대노했다.

"당신이 모든 분파주의의 원인이며, 부통령마저도 당신의 하수인으로 만들었다."

대통령은 모리스를 거칠게 몰아세웠다. 생각하면 할수록 모리스로선 억울하기 짝이 없었다.

'맞다. 백악관에서 내가 분파주의의 원인이다. 그러나 그 분파는 대통령이 만든 것이다. 대통령이 일을 망친 참모들을 견제하고, 노선을 바꾸기 위해 나를 백악관에 데려왔기 때문에 생긴 것이다. 따라서 분파를 형성하는 것은 선거에 이기기 위한 것이다.'

모리스는 떠나야할 시간이라고 판단했다. 대통령에게 사임한다는 말을 남긴 채, 그는 자신의 집으로 떠나버렸다. 클린턴이 전화로 사과했다.

모리스는 다시 복귀했다. 이 때 둘이 헤어졌더라면, 1996년의 선거결과는 어떻게 되었을까?

큰 장검과 조그만 면도칼이 있다. 어떤 게 이길까. 큰 장검은 칼이 아니다. 그냥 보여주기 위한 장식이며, 겁을 주기 위한 수단이다. 그러나 면도칼에는 살짝만 대어도 피가 난다. 살을 베는 수단인 것이다. 통치나 선거에선 장검을 휘두르면 그건 조자룡의 헌 칼이 되기 쉽다. 효용성에선 면도칼이 단연 앞선다. 클린턴과 모리스는 그들만의 면도칼을 개발했다. 바로 '가치 아젠다'이다.

클린턴이 마침내 승리한 가장 큰 이유는 '가치 아젠다value agenda'에 있다. 가치 아젠다란 일상생활 속에서 나타나는 아젠다 중에서 공동체의 가치와 관련된 것을 추출하고, 그에 대한 정책대안을 제시하는 것이었다. 때문에 간혹 다른 말로 '생활 이슈lifestyle issues'라고도 불린다.

17% 리드!

1996년 1월 31일의 시정연설 후, 클린턴은 공화당 후보를 17% 차이로 리드해 나가기 시작했다. 그 이전에는 2파전의 경우 근소한 차이였는데, 무엇 때문에 급상승한 것일까? 해답은 '가치 아젠다'에 있었다. 1995년 7월 조지타운 대학 연설에서 시작된 가치 아젠다는 1996년 시정연설에서 집대성되었다. 1996년 시정연설은 말 그대로 티핑 포인트tipping point였다. 이를 기점으로 가치 아젠다의 누적된 효과가 일거에 표출됐다. 연설 전에 50%였던 호감도가 연설 후에는 60%로 올랐다. 직무 평가도는 55%에서 60%로 올랐다. 유권자 지지도는 돌보다 9% 앞선 47%에서 17% 앞선 53%로 상승했다. 1996년 내내 클린턴 캠페인을 지배한 주제는 가치 아젠다였다.

정치는 일종의 요트항해다. 요트가 다른 배와 다른 것은 모터가 없다

     1인자를 만든 참모들

는 것이다. 오직 바람에 의지해서 항해해야 한다. 여론조사는 바로 바람의 방향을 알려주는 바람개비다. 정치에서 천재의 영감이라 일컫는 것도 결국은 작은 기미 혹은 눈에 띄지 않는 흐름을 포착하는 능력일 뿐이다. 따라서 전략가라면 여론조사를 통해 풍향을 정확하게 읽고, 지도자를 움직여 돛을 조정해야 한다. 가치 아젠다는 탁월한 전략가에 의한 정확한 여론조사의 개가였다.

1990년대 중반, 사회의 분위기가 바뀌고 있었다. 국민들은 임금 동결, 빈부 격차 등에 관심을 갖고 있긴 하지만 경제적으로 매우 자신에 차 있었다. 경제에 대한 만족도가 지난 10년 이래 최고였다. 정부에 대한 불만이 많고 클린턴을 불신하기는 하지만, 생활수준에 대해서는 만족하는 것으로 나타났다. 특히 이러한 현상은 10~20%의 유동층에서 확연하게 보였다. 전통적인 민주당 지지기반이 약 40%라고 할 때, 이들 유동층은 결정적 관건이었다. 이들은 경제보다 도덕 결핍증에 대해 심각한 우려를 표하고 있었다.

국민들은 사회에 새롭게 생겨난 문제, 생활 속의 가치와 관련된 문제들에 많은 관심을 갖고 있었다. 예를 들면 실직한 아버지가 부양가족들을 어떻게 재정적으로 책임질 것인지, 아이들을 쾌락과 폭력으로 내모는 TV 프로그램을 어떻게 중지시킬 것인지, 10대들의 흡연을 어떻게 예방할 것인지 등이었다. 사람들은 비록 대단하지는 않더라도 그들이 직접 맞부딪친 상황 속에서 체험한 가치를 공동체가 함께 공유할 때 감동한다. 국민들은 정부에게 행동을 요구하고 있었다.

이러한 문제들은 정치과정에서 무시되고 있고, 언론에 의해 사소한 것으로 치부되고 있었다. 그러나 불만은 사소한 것에서 비롯되기 마련이다. 국민들은 불만을 표출했다. 시인 프로스트는 '시는 슬픔에 관한 것이고,

정치는 불만에 관한 것이다'라고 했다. 불만을 파악하고, 그에 대한 해답을 주는 게 정치다. 가치 아젠다는 그런 불만을 해결하기 위한 클린턴과 모리스의 정치였다.

가치 아젠다의 관점에서 수많은 정책들이 검토되고, 실행되었다. 가정 폭력 예방, TV에서의 폭력 근절, 가족 간호 휴가제 도입, 10대 임신 방지, 범죄 예방, 10대 야간 통행금지, 학교 교복 착용, 무단결석 막기, 학교 개축 및 신축을 위한 정부기금마련, 컴퓨터 보급 확대, 학교의 야간 및 주말 개방, 불법 이민자 추방, 양자 입양시 세금 공제, 산후 24시간이상 병원체류 허용, 육류 안전검사 기준 확대, 맑은 물 공급, AIDS 연구를 위한 기금 마련 등등.

가치 아젠다는 장검이 아니라 면도칼이었다. 가치 아젠다는 8개월 동안 중단 없이 추진됐다. 언론에선 '지루한 소품small bore'으로 평가 절하했다. 한 기자는 '스몰딜small deal'이라고 비아냥거리기도 했다. 거대 집착 edifice complex에 빠진 언론이나 정치권은 가치 아젠다를 작고, 지루하게 느꼈을 것이다. 그러나 수없이 많은 작은 정책들을 지루할 정도로 계속해서 쏟아낸 것이야말로 클린턴이 국민의 마음을 얻은 요체였다. 국민들에게 그것은 삶을 실질적으로 개선하는 조치였다. 이렇듯 '작지만 가치 있는' 정책들이 1996년 클린턴을 미국의 최고 통치자로 재신임한 원동력이었다.

정작 자신은 스캔들로 실각하다

선거는 구도싸움이다. 내가 잘나고 못남도, 내 표가 많고 적음도 다 상대적이다. 내가 좀 못나도 상대보다 나으면 그만이다. 내 표가 과반수가 안

   1인자를 만든 참모들

되도 상대 표가 분산되면 그것으로 충분하다. 이것이 선거다. 이런 점에서 클린턴은 운이 좋았다. 1992년에는 페로가 출마하여 부시의 표를 갉아먹더니, 1996년에는 취약한 후보가 상대로 나서 주었다.

공화당의 밥 돌이 우여곡절 끝에 마침내 1996년 3월 공화당의 후보로 선출됐다. 이때 클린턴은 돌에 비해 이미 17%나 앞서고 있었다. 일방적 판세는 수세에 있는 자의 극한 투쟁을 부르기 마련이다. 1996년 5월말부터 공화당은 클린턴의 최대 약점인 스캔들에 승부를 걸기 시작했다. 스캔들에 대한 모리스의 대응책은 가치 아젠다를 강화시켜 나간다는 원칙을 고수하는 것이었다. 매주 새로운 제안과 행정조치executive action를 발표하고, 광고를 내보냈다. '신속대응' 임무를 책임지고 있는 스테파노플러스가 상대방의 공격을 매일매일 신속하게 반박했다. 모리스는 언론과 광고를 통해 매일매일 '메시지'가 흘러나오도록 했다.

5월과 6월, 클린턴은 가치 아젠다에 기초한 정책들을 계속 발표했다. 지역방범대원들에게 휴대폰 5만 5천 대 지급, 수업료 세액공제, 실업자 아버지에 대한 조치, 범죄 피해자들의 권리 보호, 전국적인 총기추적 체제의 가동 등이었다. 모든 국민들에게 중요한 이러한 제안들이 매일 매일 쏟아져 나오고, 국민들이 여기에 호응하자 스캔들 공세는 그 소구력을 상실해버렸다.

양쪽 모두 여론조사 결과에 신경을 곤두세웠다. 하지만 공화당의 스캔들공세가 이어진 6주 동안 클린턴의 지지도는 겨우 3% 떨어지는 것에 그쳤다. 결국 클린턴 대세의 분위기는 오히려 확고해졌다. 왜 스캔들이 미미한 영향 밖에 끼치지 못했을까? 그 이유는 유권자들의 삶에 가치 있는 일을 하는 대통령의 모습이 매일 TV를 통해 비치고 있었기 때문이었다. 즉 대통령이 쏟아내는 제안들이나 방침들이 유권자들의 삶에 지극히 유익한 것이었기에, 그들은 스캔들에 별로 비중을 두지 않게 되었던 것이다.

8월 민주당의 전당대회가 임박한 즈음 모리스는 《타임》지와 인터뷰했다. 《타임》지는 모리스를 표지인물로 다루면서 '대통령의 귀를 장악한 인물'라는 헤드라인과 모리스가 클린턴의 어깨 위에 앉아있는 삽화를 실었다. 인터뷰 기사를 놓고 이야기하면서, 클린턴은 모리스에게 말했다.

"당신은 루즈벨트의 하우Howe처럼 역사상 대통령과 가장 가깝게 지낸 사람이야."

하우는 백악관에서 루즈벨트와 함께 살 정도로 가까운 그의 정치 매니저였다. 모리스의 절대적 공헌을 인정한 비유였다. 모리스는 농으로 화답했다.

"저는 더 살고 싶은데요."

하우가 루즈벨트가 집권한 뒤 4년 만에 죽은 것을 이야기한 것이었다. 두 사람이 이런 농담을 주고받을 정도로 분위기는 좋았다. 모리스가 느긋해 할 만했다.

몰락은 어느 날 갑자기 닥쳤다.

호텔방에서 클린턴과 하우 운운하는 전화를 하고 있을 때, 모리스와 1년 동안 교제해 온 매춘부가 발코니에 있었다. 모리스가 발코니로 나와 '미안하다'며 마실 것이 필요한지 묻는 그 순간, 잡지 기자 한 명이 특종사진을 찍고 있었다. 승리를 눈앞에 두고 터진 스캔들이었다. 스캔들이 터지자, 한동안 정치를 농완하던 총잡이는 쓸쓸히 떠났다. 최대 공신에게 걸맞지 않은 불명예 퇴진이었다. 그러나 자업자득인 것을 누굴 탓하랴.

모리스의 스캔들은 두 가지 쓸쓸한 교훈을 준다. 품성적 결함은 재주 많은 자의 천형이기 쉽다. 클린턴의 르윈스키 스캔들도 이를 증명한다. 이게 하나다. 위기는 승리의 그림자다. 언제나 따라 다닌다. 이겼을 때, 뜻대로 됐을 때 조심해야 한다. 성시盛時 속에는 반드시 몰락의 바이러스가 스며들어 있다. 이것이 다른 하나다.

1996년 11월 모리스의 약속대로 클린턴은 재선에 성공했다. 클린턴은 본선에서 일반 지지율 49%, 선거인단의 379표를 얻었다. 돌이켜 보건대, 1994년 12월 클린턴은 33%의 지지를 받고 있었다. 1996년 2월 클린턴은 53%까지 치솟았다. 결국 약간 감소하기는 했으나 결국 선거 9개월 전의 여론조사가 예측한 그대로였다. 그것은 선거천재가 만든, 믿기 힘든 기적의 드라마였다.

클린턴이 전설적 인물 하우와 비교할 정도로 인정하는 모리스의 재능은 뭘까? 스테파노플러스는 모리스가 "어떻게 하면 승리하는지 아는" 인물이라고 평했다. 상대 진영인 돌 캠프의 캠페인 매니저는 그를 일컬어 아이디어를 보스의 가슴속에 심는 '위대한 세일즈맨'이라고 했다. 언론에서는 이렇게 평가했다.

"그가 10개의 아이디어를 제시하면 7개는 쓸모없고, 1개 내지 2개는 위험하다. 그러나 하나 내지 둘은 정치적 천재의 통찰력을 담고 있었다. 클린턴은 이를 분별할 줄 알았다. 이 한두 개가 클린턴의 선거운동에 동력을 제공했고, 나라를 변화시켰다."

한 사람의 인간으로서 모리스는 너무나 결함이 많았다. 그러나 정치가로서 그는 탁월했다. 불가능한 것을 가능으로 바꾸는 천재적 영감과 완숙한 기술을 보여주었다. 모리스, 그는 진정 신의 손이었다.

m e n t o r i n g

● 보스가 목표를 세우면 참모는 목표를 실현할 전략지도를 마련하라.

● 아이디어가 많은 게 중요한 것이 아니다. 보스가 아이디어를 받아들이도록 설득하는 것이 중요하다.

● 설득의 생명은 집요한 반복에 있다.

● 전략가에게 도그마는 최대의 적이다. 유연한 전술 운용만이 승리를 낚아챈다.

● 전략적 참모는 민심의 풍향을 읽고, 지도자를 움직여 돛을 조정할 줄 알아야 한다.

●

데이비드 액설로드 & 버락 오바마

2008년 11월 미국에서 처음으로 흑인이 대통령에 선출됐다. 그것은 기적이었다. 어느 날 흑인 풋내기 상원 의원이 느닷없이 대선 출마를 선언했다. 그 뒤 그는 거짓말처럼 최상, 최고의 권력자가 됐다. 그것은 쾌거였다. 버락 오바마의 이야기다. 그 오바마의 곁에 '도끼' 데이비드 액설로드가 있었다. 액설로드와 오바마는 한 팀을 이뤄 감동의 드라마를 그려냈다.

08

43% 대 13.2%, 미국과 한국을 가르는 차이

마음이 울적할 때

저녁 강물 같은 벗 하나 있었으면

날이 저무는데 마음 산그리메처럼 어두워올 때

내 그림자를 안고 조용히 흐르는 강물 같은 친구 하나 있었으면

울리지 않는 악기처럼 마음이 비어 있을 때

낮은 소리로 내게 오는 벗 하나 있었으면

그와 함께 노래가 되어 들에 가득 번지는 벗 하나 있었으면

오늘도 어제처럼 고개를 다 못 넘고 지쳐 있는데

달빛으로 다가와 등을 쓰다듬어주는 벗 하나 있었으면

그와 함께라면 칠흑 속에서도 다시 먼 길 갈 수 있는 벗 하나 있었으면.

시린 인생 함께 갈 동무가 있다면 얼마나 좋으랴. 거친 일생 같이 울 친구가 있다면 또 얼마나 좋으랴. 도종환이 〈벗 하나 있었으면〉에서 노래한 친구, 그런 친구가 있는 삶은 참 행복하다. 그 친구와 일을 도모해 성공하면 좋고, 실패해도 그만이다. 친구가 있다. 그 친구와 함께한 도전이 있다.

그렇다면 그것으로 족하다. 버락 오바마Barack Obama와 데이비드 액설
로드David Axelrod는 서로에게 그랬다. "우리 둘은 세계관이 같다. 상호 믿
음도 깊다." 오바마가 그들의 관계에 대해 한 말이다. 그들은 함께 도전해
서 함께 승리를 만들어냈다. 선거가 끝나고 오바마가 말했다. "데이비드
액설로드가 있었기에 승리가 가능했습니다."

'원하는 것 가운데 일부를 못 가지는 것은 행복의 필수조건이다.'

철학자 러셀의 말이다. 다 가지면 오히려 행복하지 않다. 만족은 방심
을 낳고, 정체로 귀결된다. 모자라야 갈망하고, 부족해야 희구한다. 그래
서 용기를 추스르게 되고, 희망을 부추기게 된다. 사람의 일생도 그렇다.
뭔가 부족해야 행복하지만, 그렇다고 해서 결핍에 안주하는 것이 행복은
아니다. 어차피 다 가지지 못하는 삶이다. 지금 약간 가졌다고 도전을 주
저하고, 결단을 위축할 게 아니다. 다 가지려 탐할 것은 아니지만, 더 나
아지기 위해 노력해야 한다. 그래야 발전이 있다. 또 뭔가 확실한 그림이
보이지 않을 때 되레 용감해져야 한다. 바로 그때, 스스로를 던져야 한다.
앞뒤를 잘 헤아려 깊이 생각하는 신중함이나 꾀가 없는 것이 무모無謀다.
때론 그 무모한 도전이 위대한 변화를 만들어낸다. 오바마가 그랬다. 아
무도 거들떠보지 않을 때 과감하게 대통령에 도전했다. 그리고 해냈다.

'지식인은 자기 마음을 살피는 사람이다.'

카뮈의 말이다. 빗대자면, 정치인은 다른 사람의 마음을 살피는 사람
이다. 마음을 읽고, 마음을 얻는 것이 정치의 요체다. 액설로드는 별명이
도끼ax다. 액설로드Axelrod란 이름의 첫 두 철자에서 따온 별명이다. 그
렇다고 도끼를 휘둘러 다른 사람을 다치게 하거나, 승리를 위해 물불 가
리지 않는 스타일을 뜻하는 것도 아니다. 유권자의 정서를 도끼로 찍듯
이 정확하게 파악하고, 도끼날처럼 예리하게 파고들기 때문에 붙은 별명

이다. 그는 부드럽고 온화하다. 자
신은 결코 웃지 않으면서도 농담
을 즐긴다. 별로 멋있어 보이지 않
는 콧수염으로 얼굴을 꾸미지만
아무리 봐도 잘생긴 얼굴은 아니
다. 그래도 마음은 따뜻한 사람이
다. 없고 약한 사람을 위해 애쓰며
살았다. 정치판에 뛰어든 이후 사
회적 열패자劣敗者인 흑인들과 일
했다. 빌 클린턴의 참모 딕 모리스
처럼 재기 발랄하지도 않고, 조지

데이비드 액설로드

부시의 참모 칼 로브처럼 용의주도하지도 않지만 최초의 흑인 대통령을
만들어냈다. 그가 만들어서 내건 구호가 이랬다. '그래, 우린 할 수 있어
Yes, we can.' 그가 해냈다.

　생각만큼 미국은 좋은 나라가 아니다. 불균형한 빈곤 대국이고, 불평
등한 복지 후진국이다. 하지만 지난 2008년 미국은 멋진 모습을 보여주
었다. 그래도 역시 미국이란 나라가 간단치 않구나, 이런 생각이 들게 했
다. 대통령 선거에서 흑인을 대통령으로 선출한 것이다. 불가능하게만 보
였던 그 일이 마침내 실현된 것이다. 꿈을 실현하는 집단 지성, 오늘날의
초강대국 미국을 만든 힘이다. 미국은 백인의 나라다. 백인이 절대 다수
를 점하고 있다. 83.4%를 차지하고 있다. 이 가운데 순수 백인은 77% 정
도고 나머지 6.4%는 히스패닉계다. 흑인은 12.4%다. 그 백인의 43%가
흑인 오바마를 찍었다. 30세 이하의 젊은 백인층에서는 무려 54%에 달
했다. 2001년부터 8년 동안 미국을 통치한 부시의 실정失政과 독선 때문

에 반사 효과를 누린 탓도 있다.

그러나 흑인 문제 때문에 내전까지 겪은 나라에서 백인의 절반 정도가 흑인을 선택했다는 것은 정말 대단한 것이다. 특히 TK라는 특정 세력이 오랫동안 권력을 독점하면서 교활하게 지역감정을 이용한 대한민국의 처지에서 보면 마냥 부러울 따름이다. 영남은 호남 출신 대통령 후보에 대해 13.2%(김대중), 10.2%(정동영)의 알량한 지지를 표했다. 지역감정은 '반공·반북', '시장'과 더불어 보수 세력이 시종일관 집권의 열쇠, 국정의 중추中樞로 삼고 있는 제1의 요결이었다.

소설『영원한 제국』이 처음 출간됐을 때 이문열이 썼다. 조선일보 칼럼에서 '오랜만에 나를 감동과 충격으로 밤새우게 만든 책'이라고 극찬했다. 그 덕분에 그 책이 떴다는 말이 나오기도 했다. 그럼 이문열이 왜 그랬을까. 그의 흉금을 정확하게 알 수는 없지만 촌탁忖度해 볼 수는 있다. 첫째 힌트는 족보族譜다. 이문열과 이인화는 족보가 비슷하다. 이문열은 영양 석보石保의 재령 이씨로 이른바 '골남'이다. 남인 중에서도 남인 정체성을 골수에 새기고 있는 남인이 골남이다. 이인화의 본성本姓은 류씨다. 안동 무실務實의 전주 류씨로 역시 골남으로 불리는 집안이다. 이문열과 이인화는 영남의 골남이라는 동질감을 갖고 있다.

둘째 힌트는 내용이다.『영원한 제국』은 정조正祖 사후 정계에서 퇴출당한 영남 남인의 비가悲歌, 혹은 남인의 후예인 작가가 노론에 대해 한풀이한 소설이란 소리를 듣는다. 당쟁의 최종 승리자 노론은 남인의 정치적 반대 세력이었다. 남인은 예나 지금이나 정조가 노론에 의해 독살됐다고 본다. 정조 사후 정권에서 소외되고 웅숭깊은 산골 벽촌 경북 땅에 찌그러져 있어야 했던 그들의 분노와 앙심이 그대로 표출된 소설이다. 이러니 이인화의『영원한 제국』은 이문열에게 남다른 의미로 다가왔을 것

　　　　　　　　　　　　　　　1인자를 만든 참모들

이다.

1800년 정조 사망 이후 남인은 중앙 정계에서 완전히 퇴출당했다. 상추 밭에 똥 싼 개처럼 아예 얼씬도 못했다. 남인들이 150여 년 만에 정치의 주역으로 재등장한 것은 박정희의 5·16 쿠데타 이후였다. 남인은 TK로 그 이름을 바꿨다. 박정희는 쿠데타로 권력을 장악했다. 그러나 마땅히 기댈 만한 친위 세력이 없었다. 이런 아쉬움을 달래기 위해 엄민영嚴敏永이란 사람이 아이디어를 냈다. 엄민영은 고등학교 시절 박정희와 학교는 달랐지만 한때 같은 하숙집에서 기거했다. 1915년생 엄민영이 2살 위였으나, 자치동갑으로 어울렸을 것이다. 엄민영은 일제하 공무원 생활을 거쳐 서울 법대 교수 등 학계에 몸담았다. 한국전쟁 때 미군 통역관을 하다가, 그 인연으로 미국 유학도 다녀왔다. 월간 『사상계』 편집위원도 지냈다. 4·19 후에는 참의원參議院 의원에 당선됐다. 당시 출입기자의 인물평이 있다.

"엄 의원은 신민당의 백남억 의원과 함께 참의원 내에서 쌍벽雙璧을 이루는 법학자다. 그가 미국에서 대학원을 졸업했다는 것만으로도 그의 법률에 대한 조예를 알 수 있다. 뿐만 아니라 일제 시 고등문관시험에 합격하여 전북 임실·무주 등의 군수를 역임한 바 있는 행정가이기도 하다. 해방 후 군정 시에는 전북 농산국장, 대한민국 수립 초창기에는 전라남도 농림국장으로서 농촌 개발에 수완을 보이기도 했다. 그 후 뜻한 바 있어 교육계에 투신하여 서울대학교 법과대학 교무과장에 재임하면서 법대를 비롯해 서울대 상대, 연세대 등에서 그의 전공인 행정법을 강의해왔다. 해박한 그의 지식과 투철한 법 이론은 대학생 간에 인기를 모은 바 있다.

그 후 7·29 총선거에서 3년 임기의 참의원에 당선됐다. 참의원에서의 인재의 빈곤을 탄하고 심지어 참의원의 무용론無用論까지 대두되는 판국에 졸속을 견제하고 참의원의 신중성과 진가를 발휘하는 데 없어서 아니 될 도량이다. 지난번 국회법 개정에 있어서 민의원民議院이 참의원에게 의안의 재심권再審權을 박탈하려고 기도했을 때, 그는 정연한 법 이론을 전개하여 민의원 의원들을 설복시켰다. 여당인 민주당에 소속해 있으면서도 그는 당익을 내세우지 않는 인텔리다."

쿠데타 당시 그는 일본에 체류 중이었다. 그는 박정희 이름을 보고 하숙집 생활을 기억해냈다. 부인을 박정희에게 보냈다. 그런 다음 박정희의 정치 고문이 됐다. 박정희는 엄민영에게 완전히 매료됐다. 귀로 듣고, 뇌리에 새겼다. 이때는 민정 이양移讓을 둘러싼 시점이라, 두 가지가 중요했다.

첫째는 민정 참여였다. 쿠데타 세력이 군정을 끝내고 민정에 참여하려면 조직, 즉 당을 새로 만들어야 했다. 박정희의 처조카 김종필은 이른바 군 주체 세력과 젊은 민간인 엘리트를 중심으로 한 정당 조직을 주장했다. 엄민영은 달랐다. 'JP 구상'을 이상론理想論으로 치부했다. 기성 정치인의 참여를 포함한 원내 중심의 정당을 주장했다. 대선에서 이긴 박정희는 저울질 끝에 총선을 앞두고 엄민영의 어드바이스를 채택했다. 이에 따라 공화당에 참여하게 된 구舊정객의 대표적인 인물이 이효상, 백남억, 김성곤, 박준규 등이다. 하나같이 경북 출신이다. 이때를 기점으로 TK가 대자적對自的 정치 실체로 등장했다. 이후 TK는 집권 세력의 동의어가 됐다.

둘째, 파벌 구도였다. 쿠데타 주도 세력 중에 경북 출신은 사실상 박정희 하나뿐이었다. 군정 초기 최대 라이벌이었던 장도영과 그 동조 세력은

     1인자를 만든 참모들

서북 출신이었다. 군정 후반기에 반기를 들었던 김동하, 박창암, 박임항 등은 관북 세력이었다. 직계라고 할 수 있는 김종필도 충청 출신이었다. 이런 이유 때문에 경북 세력을 발탁하고, 결집시키자는 엄민영의 아이디어는 박정희에게 먹혀들 수밖에 없었다. 처음으로 '지역'이 통치 기반의 중추가 됐다. 그것이 정치권 내 TK 세력의 출발이었다. 이렇듯 TK는 내부 권력투쟁을 위해 마련된 기획의 산물이었다.

그런데도 우리 정치와 사회를 왜곡한 정도에서는 미국의 인종 갈등에 못지않다. 미국의 백인은 다른 인종이자 다른 민족인 '깜둥이'를 43%나 지지했다. 대한민국의 영남은 같은 인종에다 같은 민족인 '깽깽이'를 10% 조금 넘게 지지했다. 한심하고 걱정스럽다. 그렇다면 누가 오바마의 기적을 만들어냈을까? 액설로드다.

도끼, 현실을 찍어내고 이상을 심다

액설로드의 직업은 정치 컨설턴트다. 클린턴을 지옥에서 구출했다고 하는 딕 모리스, 부시를 대통령 선거에서 두 번이나 승리로 이끈 칼 로브도 역시 정치 컨설턴트였다. 정치 컨설턴트, 정치인에게 어드바이스를 해주는 것을 직업으로 삼고 있는 사람들이다. 정치 컨설팅은 미국에서 뜨는 산업이다. 이제 몇몇 정치 컨설턴트는 유명 인사가 됐고, 어떤 경우엔 정치를 움직이는 키잡이로 대접받고 있다. 딕 모리스는 '가장 영향력 있는 시민'으로, 칼 로브는 '천재 소년boy genius', '공동 대통령co-president'으로까지 평가됐다.

칼 로브와 대선에서 두 번 붙은 사람이 밥 슈럼이다. 그는 민주당의 대표 컨설턴트로 불렸다. '슈럼 프라이머리Shrum primary'라는 말을 들을 정도로 그의 위세는 대단했다. 슈럼 프라이머리는 민주당의 주요 후보자들이 슈럼을 자신의 컨설턴트로 채용하기 위해 경쟁을 벌인 것을 예비선거에 빗대 표현한 것이다. 그러나 그는 2000년, 2004년 두 번 모두 졌다. 패배 후 그가 회고록을 냈다. 『핑계 대지 않겠다No Excuse』. 정직한 제목이다. 정치에서 패배는 오직 무능일 뿐이다.

선거는 기본적으로 후보들의 싸움이지만 동시에 컨설턴트를 비롯한 참모들의 대결이기도 하다. 때문에 참모 중에 특정 인물이 성패를 좌우한 인물로 부각되곤 한다. 1992년 대선에는 제임스 카빌이 클린턴 승리의 일등 공신으로 지목됐고, 그 이전 1988년에는 리 애트워터가 스포트라이트를 받았다. 2008년 대선에서도 어김없이 정치 컨설턴트들이 각축을 벌였다. 유례없이 치열하게 붙었던 민주당 당내 경선에서는 힐러리 진영의 마크 펜과 오바마 진영의 데이비드 액설로드가 맞붙었다. 액설로드는 오바마의 출마 선언 당시 33%포인트나 뒤졌던 판세를 뒤집고 무명의 신예 오바마를 대선 후보로 만들어냈다. 본선에서도 그는 매케인 진영의 스티브 슈미트를 꺾고 승리를 일궈냈다. 명실공히 킹메이커가 됐다. 참모로서 최고의 반열에 오른 것이다.

정치 컨설팅의 효시는 백스터와 휘태커다. 1933년 대공황의 물결이 휩쓸고 있었다. 캘리포니아 주 의회는 에너지 공급의 일정 부분을 공영화하는 법안을 통과시켰다. 에너지 공급을 담당하던 민간 기업들은 순순히 수용하려 하지 않았다. 법안을 백지화하기 위한 활동에 착수했다. 기자 출신의 레노에 백스터Lenoe Baxter와 홍보 전문가로 활동하던 클렘 휘태커Clem Whitaker를 고용했다. 법안에 대한 반대 여론을 조성하기로 한 것이다. 두 사람은 치밀한 캠페인을 펼쳤다. 마침내 주 의회는 주민들의 성화에 못 이겨 법안을 백지화해야 했다. 그 뒤 그들은 함께 컨설팅 회사를 차렸고, 나중에는 결혼까지 했다.

이들은 루스벨트가 추진하던 전 국민 의료보험 제도의 도입을 막는 캠페인도 펼쳤다. 의료 업계와 보험 업계가 공동으로 천문학적인 자금을 투입했다. "돈은 과연 용사다. 그것을 방해할 자는 없다." 셰익스피어의 이 말대로 돈을 쏟아붓자 곧 효과가 났다. 백스터와 휘태커의 전략대로 의료보험 제도가 공산주의적 발상임을 국민들에게 각인시키는 데 성공했다. 전 국민 의료보험 제도는 물거품이 됐다. 그 덕에 아직도 미국인 중 약 4천 7백만 명이 의료보험 혜택을 못 받고 있다.

1934년 사회 개혁가이자 소설가 업튼 싱클레어가 캘리포니아 주지사에 출마했다. 각종 여론조사에서 앞서나갔다. 백스터와 휘태커는 대대적인 흑색선전을 펼쳤다. 싱클레어가 어린 여자를 꼬드기고, 그를 지지하는 사람들이 친親소련 사회주의자라고 비방했다. 이른바 '스미어 캠페인 smear campaign'이다. 어떤 개인이나 집단의 평판, 신뢰성, 품성을 깎아내리는 캠페인이다. '남을 비방하는 것은 자기를 칭찬하는 부정직한 방법'이라는 듀랜트의 말 그대로다. 특히 후보가 마치 사회적으로 이미 낙인이 찍혀 있는 집단과 연계돼 있는 것처럼 비방하는 방법을 많이 사용한다. 키케로의 말처럼 비방보다 더 빠른 것도, 더 쉽게 입에서 나오는 것도, 더 신속히 받아들이는 것도, 더 멀리 퍼지는 것도 없기 때문이다. 이처럼 처음 정치 컨설턴트에 의한 캠페인은 진보적 정책이나 개혁 세력의 의지를 꺾는 수단이었다. 그러나 잘 쓰면 약, 못 쓰면 독이라던가. 누가 쓰느냐에 따라 얼마든지 유용할 수 있는 것이 정치 컨설팅이다. 액설로드가 이것을 보란 듯이 증명해 보였다.

근래 미국에서 선거에 나서려면 부득불不得不 컨설턴트를 고용해야 한다. 그게 대세가 됐다. 오바마는 액설로드를 선택했다. 정치인과 컨설턴트의 만남은 기본적으로 계약으로 맺어진 사업 관계다. 필요에 의해 거래하는 사이다. 그런데 액설로드와 오바마는 계약으로 맺어진 사이가 아니라 인생의 동반자였다. 푸른 하늘이 뭉게구름을 품듯, 꽃이 나비를 반기듯 둘의 만남은 운명적 만남이었다. 이 도령에 성춘향이라 느낌이 좋았고, 마음이 맞았다.

  '마음의 논리란 모순'이라는 말 그대로 마음이나 느낌의 상통에 어떤 논리적 이유가 있는 게 아니다. 그냥 좋고, 단지 싫을 뿐이다. 액설로드는 1955년생이다. 콧수염을 기른 반半대머리다. 오바마는 1961년생이다. 5년 터울이었다. 사랑은 두 마음이 한 몸이 되는 것이고, 우정은 두 몸이 한 마음이 되는 것이라고 했다. 그들은 인종과 나이를 넘어 우정을 나누는 신뢰의 아우雅友, 단아하고 점잖은 벗이 됐다. 하나의 꿈을 함께 좇는 '드림 파트너dream partner'가 됐다.

액설로드와 오바마, 흑인의 도시 시카고에서 만나다

액설로드는 뉴욕에서 태어났다. 1960년 그가 다섯 살 때 누나의 손에 이끌려 선거운동 집회를 보러 갔다. 연사는 존 F. 케네디였다. 그가 하는 말을 이해하지는 못했지만 액설로드는 왠지 모르게 영적靈的 감동을 받았다. 케네디를 처음 봤을 때의 그 흥분은 그에게 지울 수 없는 기억으로 남았다. 긴 인생을 틀 지우는 짧은 환희였다. 8년 후 열세 살이 되었을 때, 선거운동 자원봉사자로서 그는 옷깃 단추lapel button나 차량용 스티커를 나눠주는 일을 했다. 로버트 케네디의 선거운동이었다. 케네디 형제를 통해 가지게 된 정치적 이상주의는 그의 정체성이 됐다. 그것이 사실 나중에 오바마와도 가까워지는 밑바탕이었다.

　　　　　　　　　　　　　　　　　　　　1인자를 만든 참모들

액설로드는 시카고 대학을 나왔다. 정치학을 전공한 그는 졸업 후 언론사에 들어갔다. 8년 동안 정치부 기자, 논설위원으로 일했다. 기자로서도 뛰어났지만, 아름다운 문장으로 명성을 떨쳤다. 글 잘 쓰는 능력은 액설로드를 성공으로 이끈 중요한 자질이었다. 1996년 당시 클린턴 대통령이 재선 운동에 사용한 "21세기로 나아가는 다리 건설하기"란 구호도 그의 메모에서 나왔다고 한다.

언론에서 성공했지만 권태를 느꼈다. 얼마를 이룬 인생이든 권태를 느끼면 만사 귀찮다. "인생은 백 번을 거듭한다 해도 우리를 권태롭게 할 수 없을 만큼 그렇게 짧은 것이 아니다." 니체의 독설처럼 제법 긴 인생, 있는 힘을 다해 즐겁게 살아야 한다. 즐겁게 살기 위해서는 무엇보다 하고 싶은 일을 해야 한다. 안주 뒤에 일탈하기보다는 도전 속에 행복을 찾는 게 훨씬 현명하다. 액설로드는 보고, 관찰하고, 해석하는 것이 아니라 제 손으로 행하고, 결단하고, 창조하는 일이 하고 싶었다. 그는 1984년 정치에 뛰어들었다. 연방 상원 의원에 도전 중이던 폴 사이먼 캠프에 커뮤니케이션 담당자로 들어갔다. 금방 캠페인의 공동 매니저가 됐다. 정치가 적성에 맞았던 모양이다. 1985년 컨설팅 회사를 직접 설립했다.

이즈음 오바마는 컬럼비아 대학을 졸업하고 1985년 시카고로 가 지역 활동가community organizer로 투신했다. 그는 세상을 바꾸고 싶었고, 그 해법을 풀뿌리 조직에서 찾았다. "레이건과 그 앞잡이들이 더러운 짓을 벌이는 백악관에 변화가 필요하고, 양처럼 고분고분한 부패의 의회에 변화가 필요하며, 미친 듯이 한쪽으로만 치우친 나라 안의 분위기에도 변화가 필요하다. 변화는 저절로 오는 것이 아니라 조직된 풀뿌리에서만 나온다." 그의 고백이다. 현장에서, 길거리에서 직접 대중과 부딪히며 풀뿌리 정치, 운동 형태의 정치를 체득해나갔다. 그것은 그의 성공에 가장 중요한 밑거름이 됐다.

단풍 물든 숲 속에 두 갈래 길이 나 있었다.

몸이 하나니 두 길을 모두 다 가볼 수는 없어

나는 아쉬운 마음으로 오래도록 서서

잣나무 숲 속으로 접어든 한쪽 길이

굽어져 안 보이는 곳까지 바라다보고 있었다.

그리고는 하나의 길을 택했다.

그 길은 먼저 길과 똑같이 아름답고

풀이 우거져 사람을 부르는 듯했다

사람이 밟고 지나간 흔적은

먼저 길보다 좀 덜하기는 했지만….

그날 아침 두 길은 모두

아무런 발자국도 찍히지 않은 채

서리 맞은 낙엽에 덮여 깨끗하게 놓여 있었다.

먼저 길은 다른 날 걸어가 보리라 생각했지만

허나, 길은 길로 뻗어나가는 것이고

다시 돌아올 가망은 없었던 것이다.

오랜 세월이 흐른 뒤

나는 어디선가 한숨 쉬며 말하리라

두 갈래 길이 숲 속에 나 있어

나는 사람들이 덜 다닌 듯한 길을 택했었는데

결국 그것이 나의 운명을 바꾸어놓았더라고….

프로스트의 시, 〈가지 못한 길〉이다. 남들과 똑같은 길을 가서는 차이를 만들 수 없다. 다른 이들이 하는 대로 해서는 변화를 창조할 수 없다. 다른 길을 가야 하고, 다르게 해야 한다. 오바마는 사람이 다니지 않던, 다른 길을 선택했다. 그것이 그를 사상 최초의 흑인 대통령으로 만들어낸 동력이었다. 그것이 연방 상원 의원에 뽑힌 지 겨우 4년밖에 안 된 그를 대통령으로 만든 대장정의 시작이었다. 그는 1988년 하버드 로스쿨에 들어갔고, 1991년 졸업 후 다시 시카고로 돌아왔다.

1987년, 액설로드는 흑인으로서는 처음으로 시카고 시장에 도전한 해럴드 워싱턴의 캠페인에 참여했다. 이때가 흑인 정치인과 일하기 시작한 처음이었다. 그가 흑인 정치인과 일하기로 한 것은 블루 오션 전략blue ocean strategy의 일환일 수도 있다. 설사 그렇다손 치더라도 그의 이상주의와 휴머니티에 따른 선택이라는 점을 간과해서는 안 된다. 본인이 유태인이라는 점도 작용했을 것이다. 흑인이나 유태인이나 인종적 소수minority기는 마찬가지라 동병상련을 느꼈을 것이다.

이후 액설로드는 흑인 정치인들의 시장직 도전에서 중요한 역할을 수행했다. 디트로이트의 데니스 아처, 클리블랜드의 마이클 화이트, 워싱턴 DC의 앤서니 윌리엄, 휴스턴의 리 브라운, 필라델피아의 존 스트리트. 그는 1989년 시카고 시장에 도전한 리처드 데일리의 선거에도 참여했다. 이후 그의 가까운 조언자가 됐다. 흑인은 주로 도시에 산다. 슬럼가다. 그는 흑인 표를 모으고, 라틴계와 진보적 백인들을 끌어들여 승리를 만들어내는 최고의 도시 정치 전문가로 성장했다.

1992년 클린턴이 대선에 출마하면서 액설로드를 불렀으나 갈 수 없었다. 딸이 아팠기 때문이다. 1999년 고어가 대선 캠프로 그를 불렀을 때도 거절할 수밖에 없었다. 이번에는 아내가 아팠기 때문이다. 2004년 존 에드워즈의 대선 캠페인에 참여했다. 액설로드는 2001년부터 2007년까지 6년 동안 42회의 당내 경선이나 일반 선거에 참여해 33번 승리했다. 거의 80%에 육박하는 승률이다. 정치는 전쟁이다. 유혈流血의 스포츠다. 약육강식, 적자생존의 세계에서 그는 착하지만 이기지는 못하는 유선무능有善無能의 식자識者가 아니었다. 착하면서도 이길 줄도 아는 유선유능有善有能의 전사戰士였다.

액설로드와 오바마는 1992년에 처음 안면을 텄다. 오바마가 아직 주 의회에 진출하기 5년 전이다. 지역 활동가로 일하던 오바마가 클린턴 선거 캠페인에서 유권자 등록 운동을 전개하고 있었다. 이때 자원봉사자로 일하던 '강남 좌파' 아줌마가 있었다. 오바마가 나중에 최초의 흑인 대통령이 될 것이라고 여긴 그 아줌마가 액설로드에게 오바마를 만나보라고 어드바이스했다. 17년 뒤 오바마가 실제로 대통령이 됐으니, 그 여인의 작은 조언에서 세기世紀의 변화가 시작된 것이라고 해도 과언이 아니다.

오바마를 만났을 때 액설로드는 그가 다섯 살 때 매혹됐던 케네디를 연상했다. 영웅의 모습으로 미국 정치를 변화시킬 역사의 대리인으로 느껴졌다. "최초의 느낌이 언제나 가장 자연스런 것이다(루이 14세)." 두 사람은 모두 이상주의, 흑인에 대한 공감을 공통분모로 갖고 있었고, 강한 정서적 유대도 느꼈다. 둘 다 아버지가 자살했고, 시카고에서 사회적 삶을 시작했다. 액설로드는 필생의 인연을 만났다고 느꼈다. 둘은 친구가 됐다. 나폴레옹이 말했다. "정치의 세계에는 마음이란 없고 오로지 머리만 있다." 그러나 그들은 마음으로 맺어진 사이였다.

2003년 주 상원 의원 시절 오바마는 이라크 전쟁에 반대하는 연설을

                                    1인자를 만든 참모들

하기 전에 액설로드에게 어드바이스를 구했고, 자신의 자서전 원고를 검토해달라고 요청하기도 했다. 반전反戰 연설로 오바마는 진보 개혁 진영의 신뢰를 얻었고, 자서전으로 대중적 신망을 얻었다. 액설로드는 오바마가 살아온 이야기에 깊이 천착穿鑿했다. 쓸 만한 정치 재료로 삼기 위해 다듬었다. 오바마는 이데올로기나 도그마에 빠지지 않았다. 그에게 정치는 변화의 수단이지 권력이나 직업이 아니었다. 아웃사이더였다. 변화의 사자使者였다. 낙관주의와 젊고 신선한 역동성을 상징했다. 액설로드는 그 오바마를 통해 미국을 바꾸고자 마음먹었다.

오바마의 젊고 역동적인 이미지들은 선거 당시 화제가 됐다.

오바마의 정치 역정, 액설로드의 스토리 마케팅으로 꽃피우다

희망찬 사람은
그 자신이 희망이다

길 찾는 사람은
그 자신이 새 길이다

참 좋은 사람은

그 자신이 좋은 세상

사람에서 시작된다
다시 사람만이 희망이다

〈사람만이 희망이다〉, 박노해의 시다. 어려울 때일수록 사람에게서 희망을 찾고 싶은 건 동서와 고금, 남녀와 노소, 흑백이나 선악을 막론하고 공통된 정서다. 오바마는 테러, 전쟁, 양극화로 얼룩진 난세에 희망이 되고자 했다. 아등바등 고단한 삶을 바꾸는 변화의 아이콘이 되고자 했다. 2004년 오바마가 연방 상원 의원에 도전했다. 무모한 도전이었다. 비록 1996년부터 주州 상원 의원을 지낸 경력이 있었지만, 2000년 연방 하원 의원 당내 경선에서 일패一敗 끝에 여지없이 도지塗地할 정도로 오바마의 기반이 약했기 때문이었다. "2000년 선거 당시 오바마는 무리에서 떨어져 나온 늑대 같았죠. 지지도 많지 않았고, 치밀한 계획도 없었습니다." 선거를 지켜본 기자의 평이다.

그러나 시련 없이 성숙 없고, 패배 없이 발전이 어디 있으랴. 처음으로 일패도지란 말을 입에 담은 유방이 나중에 황제가 되듯이 오바마도 다시 일어났다. 4년 동안 오바마는 차근차근 준비했다. 오바마는 액설로드에게 도움을 청했다. 이미 마음을 나누고 영혼으로 에끼는 동반자였던 액설로드는 기꺼이 참여했다. 그는 미디어 컨설턴트 역할을 맡았다. "이 사람은 정말 특별하다. 만약 그를 상원에 당선시켜준다면, 그 일에 조금이라도 기여한다면 남은 인생 동안 자랑스러워할 것이다." 액설로드의 말이다. 그는 오바마가 지역 활동가로서의 경험을 내세워 흑인 표를 끌어들일 수 있고, 하버드 졸업 학력으로 백인들이 그를 인정하게 할 수 있을

　　　　　　　　　　　　　　　　　　　　　　1인자를 만든 참모들

것으로 판단했다. 그에게 오바마는 적절한 때에 만난 적절한 후보였다. 당내 경선이나 본선에서 유력 후보가 모두 이혼 과정을 둘러싼 스캔들 때문에 자멸自滅했기 때문에 손쉬운 싸움이었다. 압승했다. 그러나 액설 로드가 오바마를 변화와 희망의 상징으로 자리매김한 포지셔닝 positioning이 승리의 동인이었다. 당시 그가 창조해낸 구호가 '그래, 우린 할 수 있어Yes, we can'였다.

2004년엔 대선도 치렀다. 카리스마로 청중을 사로잡을 흑인 연사를 원했던 대선 후보 케리 진영에서 오바마에게 전화를 걸어 전당대회장에 서 연설해달라고 요청했다. "전화를 받은 오바마는 '내가 하고 싶은 얘기 는 정해져 있어요. 미국에서 태어났기 때문에 가능했던 내 인생 얘기를 할 겁니다'라고 말했다." 액설로드의 회고다. 이슈나 정책, 아젠다agenda 가 아니라 스토리로 승부하는 것은 오바마의 한결같은 원칙이었다. 액설 로드의 생각도 다르지 않았다.

2004년 7월 오바마가 민주당 전당대회에서 연사로 나섰다. 보기에 따 라선 뜻하지 않은 행운으로 보일 수도 있었지만, 사실 대중과 살을 맞대 며 교감해온 노력에 대한 보상이었다. 무릇 노력은 행운을 인도하는 표 지판이다. 마음이 초조하고 불안해 어찌할 바를 모르는 모양이 안절부 절이다. 어려움과 싫음이 에롬시롬이다. 연단에 선 오바마는 안절부절하 지 않았고, 에롬시롬도 없이 당당하고 자연스러웠다.

"저는 이렇게 말하고 싶습니다. 진보적인 미국, 보수적인 미국은 없습니 다. 미합중국이 있을 뿐입니다. 흑인의 미국, 백인의 미국, 라틴계의 미국, 아시아계의 미국이 아니라 미합중국입니다. 역경 속에서도 희망을 잃지 맙시다. 불안 속에서도 담대한 희망을 가집시다. 우리 모두는 성조기에 충성을 맹세하고 미합중국을 지키는 미국인입니다."

멋진 수사, 훌륭한 메시지였다. 게다가 타의 추종을 불허하는 오바마의 연설 솜씨까지…, 반응이 놀라울 정도로 좋았다. "나는 전당대회장 안을 걸어가고 있었어요. 전당대회란 건 정신없는 행사죠. 청중은 쉼 없이 웅성거리고 와글거립니다. 연설은 십중팔구 소음에 묻히죠. 하지만 오바마가 연설을 시작하자 사람들은 조용해졌고, 귀를 기울였고, 오바마의 말에 공감했습니다." 한때 대선에 도전했던 게리 하트의 술회다. 전당대회 연설을 계기로 오바마는 일약 전국적 스타가 됐다. 방송에서는 그를 타이거 우즈에 비유했다. '미국 최초의 흑인 대통령감이라는 말이 공공연히 나돈다'는 멘트까지 흘러나왔다. 연설문을 비롯해서 전당대회 연설은 액설로드와 함께 꼼꼼하게 검토하고 준비한 것이었다.

오바마와 액설로드는 음양陰陽의 조화를 이루었다. 그들은 모든 면에서 생각이 비슷했다. 액설로드는 오바마의 수호천사였고, 언제나 곁에서 필요한 지혜를 제공하는 어드바이저adviser였다. "그와 나는 기본적으로 세상을 보는 눈이 같다. 이 나라가 어떠해야 하는지, 우리가 어디로 나아가야 하는지에 대한 그의 생각을 나는 신뢰한다. 그것은 특정 정책에만 국한된 게 아니다. 정치가 어떻게 최상의 것을 끄집어낼 수 있는지에 대한 것이다." 오바마의 평이다.

대중과 커뮤니케이션하기 위해서는 설득하거나, 확신을 주기보다는 그 후보에 대해 있는 그대로 보여주는 게 낫다는 게 액설로드의 소신이다. 사람들은 이슈, 정책, 아이디어가 아니라 믿을 수 있는 진짜 모습, 퍼스널러티personality나 가치value에 디딘 모습을 받아들인다. 이것이 칼 로브

 1인자를 만든 참모들

가 부시를 두 번이나 승리로 이끈 비결이다. 캠페인은 이슈가 아니라 후보의 삶에 기초해야 한다. 안데르센이 말했던가. 누구의 일생이든 모두가 신의 손가락이 쓴 동화다. 꿈이 있고, 감동이 있다는 말이다. 삶은 생각과 행동과 가치의 응축이다. 살아온 삶을 조작할 수는 없다. 삶은 꿈도 연극도 아니고 가장 심각한 진실이다. 이념보다는 퍼스낼러티에 기반을 둔 캠페인이 신뢰를 확보하는 최선의 방법이다.

이런 지론을 가진 액설로드는 2006년 중간선거에서 민주당 선거 캠프에 합류했다. 절친한 친구이자 하원 의원인 람 이매뉴얼Rahm Emanuel이 이끈 민주당 하원 선거대책위원회의 수석 어드바이저로 일했다. 민주당은 그의 조언에 따라 거창한 이념이나 대변동을 내걸지 않았다. "액설로드가 기본적으로 하고자 하는 것은 정책을 어떻게 팔지 그 방법을 찾는 게 아니다. 그는 퍼스낼러티 문제를 고민한다. 어떻게 리더십을 팔아야 하나. 이것이 그의 고민이다." 이 선거에서 민주당은 이전보다 31석을 더 얻었다. 액설로드는 개인 차원에서 몇몇 선거에 직접 개입하기도 했다. 뉴욕 주지사에 출마한 엘리엇 스피처, 매사추세츠 주지사에 출마한 데발 패트릭을 당선시켰다.

액설로드, 흑인 대통령을 만들어내다

중간선거가 끝나고 이제 남은 건 대선이었다. 액설로드는 2008년 대선에 참여하지 않으려 했다. 왜냐하면 그때까지 민주당 경선에 참여한 후보들과 전부 이런저런 인연을 맺고 있었기 때문이다. 특히 힐러리에게는 남다른 신세를 지고 있었다. 어느 날 액설로드의 딸이 간질epilepsy이라는 판정을 받았다. 액설로드 부부는 같은 고통을 안고 있는 사람들과 함께 '간질 연구를 위한 시민 연대CURE'를 결성했다. 1999년 힐러리는 남편 클린턴이 탄핵 소동에 휘말려 있을 때에도 CURE 모금 행사에 참석했다. 어려운 상황에서도 약속을 지킨 것이었다. 힐러리는 또 정부 기관인 미국 국립보건원NIH이 치료법을 찾기 위한 세미나를 개최하도록 도와주기도 했다. "그것은 간질병을 위해 행해진 일 중 가장 중요한 것 중 하나였다." 액설로드 부인의 말이다. 선택은 하나를 얻고 많은 것을 포기하는 것이다. 액설로드에겐 많은 것을 포기해야할 만큼 중요하게 소명의식이 느껴지는 선거가 아니었다. 가족들과 더 많은 시간을 보내고 싶기도 했다. 그러나 세상사 어디 뜻대로만 되던가.

당돌唐突이란 말이 있다. 돌突은 개가 개구멍에서 갑자기 뛰쳐나오는 모양을 나타내는 글자로서 '갑자기'란 뜻을 갖고 있다. 당唐은 허풍, 황당, 공허의 뜻을 담고 있다. 갑자기, 느닷없다는 의미도 있다. 사전적 의미를 보면 갑작스럽게 허풍을 떠는 것이다. 당돌이란 단어는 전설적인 미녀 서시西施와 짝을 이뤄 '당돌서시'라는 형태로 처음 사용됐다. 상식적으로 이해되지 않는 과장된 비교를 뜻했다. 옛날 중국 진나라에 주의라는 인물이 있었다. 어느 날 한 친구가 찾아와서는 다른 사람들이 그를 악광에 견준다고 말해주었다. 악광은 진나라의 이름 높은 현인으로 사후에도 존경을 받고 있었다. 주의로서야 기분이 나쁠 것이 없었지만 겸양謙讓하는 마음에 이렇게 말했다. "아니, 자네 지금 무슨 말을 하는 겐가? 내가 어찌 감히 악광 그 분에게 비견될 수 있다는 것인가. 마치 무염을 서시에게 빗대는 꼴이지 않는가. 생각해보게나. 그것이 서시에게 얼마나 당돌한 짓인가를…."

서시는 미녀, 무염無鹽은 추녀의 대명사다. 서시는 허리가 가늘고, 얼굴이 아름다운 여성이지만, 무염은 검은 피부, 쑥 들어간 눈에 들창코인 못

     1인자를 만든 참모들

생긴 여성이다. 이처럼 도대체 비교가 안 된다는 것이 '당돌'이었다. 그것이 변해 이제는 예상을 뛰어넘는 엉뚱한 마음가짐이나 행동을 뜻한다. 오바마가 대통령 선거에 나간다는 것은 통념通念에서 볼 때, '당돌 힐러리' 격으로 얼토당토않은 짓이었다. 그러나 당돌한 짓이 파죽지세破竹之勢의 회오리로 변한 예가 어디 한둘이랴. 2007년 1월 오바마가 당돌하게도 대선 출마를 결심했다. 에멜무지로 출마해보려는 것이 아니었다. 처음부터 이기려고 덤벼들었다. 우려하는 주위의 앞짧은소리엔 아랑곳하지 않았다. 키호티즘quixotism의 발현이었다.

흔히 호시우행虎視牛行을 삶의 지표로 삼는다. 판단은 호랑이처럼 예리하게, 행동은 소처럼 신중하게 조심조심한다는 것이니 나쁘지 않다. 그런데, 이 말은 듣기엔 좋으나 사실 별 실효성이 없는 말이다. 일본식 한자 표현으로 식상한, 우리말로 싫증난 미사美辭요, 여구麗句일 뿐이다. 호랑이의 장점은 신속한 행동에 있다. 소의 장점은 느긋한

오바마 캠프는 영상물을 홍보에 효과적으로 활용했다.

처신에 있다. 그렇다면 차라리 '우시호행牛視虎行'이 맞다. 소처럼 어정어정하고 겉꾸림하다가도 어느 순간 백송고리 생치 차듯 잽싸게 달려들어 낚아채는 것이다. 호시우행은 겉이 번지르르한 말이나, 우시호행은 속이 실살스러운 말이다.

낚시질은 한가한 일이지만 생사여탈권을 쥐고 있으며, 바둑은 맑은 놀이지만 전쟁의 마음이 꿈틀댄다. 『채근담菜根譚』에 나오는 말이다. 낚시나 바둑은 한가한 듯이 보이는 오락이지만 그를 통해서 향후의 승부를 가늠 보는 것이다. 우시호행과 같은 말이다. 오바마는 상원 의원이 된 후 2년 동안 한가하게 세월을 보냈다. 논쟁에 휘말리는 걸 최대한 피하고, 차근차근 정치 경력을 쌓아나갔다. "첫 9개월간 일리노이 주州 밖에서 연설도 하지 않았어요. 토크쇼에도 안 나갔죠. 맡은 일을 게을리하면서 인기만 얻으려는 정치인으로 공격을 받을 수 있기 때문입니다. 오바마한테는 훨씬 큰 야망이 있었죠. 당내 지지 기반을 넓히고 대중의 미움을 사지 않기 위해 신경을 써야 했어요." 상원 의원 시절 비서실장의 말이다. 그러다가 대선이 다가오자 전격적으로 출마를 선언했다. "지금 흑인 대통령을 받아들일 준비가 안 됐다면 내가 죽을 때까지 그럴 거야. 내가 그런 선입견에 도전하겠어." 오바마의 결기決起였다. 오바마의 행보가 우시호행의 전형적인 예다.

오바마가 참모들과 지인들에게 출마 결심을 전화로 알렸다. 인생의 동반자가 출마하는데…, 그것은 액설로드에게 호불호好不好나 유·불리를 떠나 무조건 도와줘야 하는 천재지변天災地變이었다. 선택이 아니라 필연이었다. 액설로드는 만사 제쳐두고 뛰어들었다. "삶이 비극인지도 모르겠다. 그러나 내가 미칠 듯이 기뻐하는 그 순간에 집중하는 것이 중요하다." 그의 소회였다. 오바마의 출마는 영혼을 자극하는 역사적인 사건이라고 생

　　　　　　　　　　　　　　　　　　1인자를 만든 참모들

각했다. "내가 만약 오바마를 대통령으로 만든다면, 그것은 내 인생에서 정말 위대한 무엇인가를 성취하는 것이라고 생각했다."

결정을 뒷받침하는 갈망이 참모의 몫이다. 소식을 듣자마자 액설로드는 스튜디오로 향했다. 지난 4년간 그는 오바마의 일거수일투족을 일일이 카메라에 담아놓았다. 그걸 이용해 이제 인터넷에 배포할 5분짜리 출마 선언용 비디오를 만들 참이었다. "통상적인 캠페인을 하거나, 지금껏 보던 익숙한 후보로 비친다면 우리는 진다." 이것이 액설로드의 확신이었다. 후보의 인생 역정을 중요시하는 액설로드에겐 후보의 이력履歷 중에서 유권자와 호응할 만한 것을 찾아내는 '스토리 마케팅'에 천부적 재능이 있었다. 인생의 단편들에서 끄집어낸 기본 스토리를 벼리로 삼아 제반 캠페인을 하나로 묶어야 한다는 것이 소신이었다. "액설로드의 장점은 후보의 개인 스토리와 그들이 선거에서 전달하고자 하는 메시지 및 가치를 하나로 연결해내는 것이다." 그의 눈에 오바마는 여느 정치인과 달랐다. 미래를 상징하는 개척자였다. 이것을 드러내는 영상물이 돼야 한다는 게 액설로드의 생각이었다.

그러나 찍어놓은 영상의 대부분은 진부했다. 대부분 정치판에서 오랫동안 애용되던 구닥다리 이미지들이었다. 그렇다고 그만둘 수도 없는 일, 뒤지고 또 뒤졌다. 드디어 뭔가 찾아냈다. 2004년 오바마가 상원에 출마했을 때 찍힌 영상 중에 하나였다. 오바마가 손에 마이크를 들고 커피숍에 있던 몇몇 사람에게 자신을 소개하는 장면이었다. 오바마가 자신이 지역 활동가로 일했던 경험을 얘기했다. 반응이 즉각적이었다. "그래, 기억나요." 액설로드가 보기에 중요한 것은 공감 코드였다. 비록 오바마의 인생에서 중요한 부분은 아니라 할지라도, 사람들은 오바마가 지역에 헌신하기 위해 기업으로부터의 일자리 제안을 거절했다는 사실에 공감했다. 이로써 한 장면은 선택됐다.

액설로드는 시민의 반응을 딴 그림을 활용하는 것을 즐겼는데, 이때에도 거리 인터뷰를 선호했다. "오바마는 희망을 주는 것 같아요. 음… 알다시피 요즘은 뭔가 제대로 돌아가지 않잖아요." 젊은 히스패닉이 한 말이다. 액설로드는 떠듬거리는 말씨, 딸꾹질할 때처럼 중간중간 끊기는 호흡을 좋아했다. "그렇게 진짜로 보이는 것이 사람의 가슴에 닿는다." 또 한 장면이 결정됐다. 비디오를 보는 사람들은 질박한 그림에 매료된다는 것이 액설로드의 생각이었다. 비록 선명하지는 않지만, 오바마가 주 상원 복도에서 노숙자들과 이야기하는 장면을 찾아냈다. 또 한 장면 OK! 어느 햇살 좋은 날, 일리노이 길거리에서 키 큰 오바마가 작고 나이 지긋한 농부의 어깨 위에 손을 얹고, 다정히 걸어가는 모습을 멀리서 찍은 장면도 선택됐다. 비디오의 시작과 끝에는 2004년 민주당 전당대회에서 했던 오바마의 연설 장면을 잘라내 삽입했다. 중간중간에 오바마 부모와 할아버지의 출신 배경, 오바마의 어린 시절 등의 장면도 들어갔다. 작품이 드디어 완성됐다. 이 비디오를 보고 나서 정치인으로서 오바마에 대한 좋은 느낌을 갖도록 하는 것이 본래 목적은 아니었다. 그의 삶에 빠져들어, 그에 대해 알게 되었다는 느낌을 갖도록 하는 것이 목적이었다.

똑똑!

노크 소리가 들렸다. 방 안엔 오바마가 서성이고 있었다. 민주당 전당대회장에서 행할 후보 수락 연설을 연습하고 있던 참이었다. 바쁜 데 뭐지?

"룸서비스입니다. 샐러드를 주문하셨는데요."

딸깍, 마침 문가에 서 있던 오바마가 문을 열어주었다. 그러곤 돌아서

 1인자를 만든 참모들

서 방 안을 둘러보며 말했다.

"누가 시켰어요?"

방 안엔 연설문 작성자와 액설로드가 있었다. 액설로드가 멋쩍게 손을 들었다. 오바마가 샐러드를 그의 앞에 가져다주었다.

"여기 있어요, 도끼 씨. 미안합니다. 나 때문에 점심도 못 먹었군요."

그런 다음 오바마는 파안대소破顔大笑했다.

이처럼 오바마와 액설로드는 임의로운 사이였다. 믿고 안 믿고를 초월해 그 어떤 어림새도 없는 편한 친구 사이였다. 그들은 둘도 없는 친구, '또 다른 자아alter ego'였다. 액설로드는 오바마 캠프의 캠페인 매니저에 데이비드 플루프David Plouffe를 추천했다. 그는 컨설팅 회사에서 액설로드와 함께 일하는 동료였다. 액설로드는 캠프 내에서 여러 가지 일을 했다. TV나 라디오 광고를 만들었다. 연설문이나 성명서를 썼다. 전략을 짰다. 메시지를 고안했다. 비공식 대변인으로도 활동했다. 액설로드 개인적으로는 자신을 '메시지 파수꾼keeper of the message'이라고 불렀다. "오바마는 뭔가 극적인 효과를 즐기는 사람이 아니다. 일할 때 그런 것을 가진 사람이나 그룹을 찾지 않는다. 액설로드가 오바마에게 제공하는 것은 현실적인 것이다."

민주당이 그간 겪은 실패를 보면서 액설로드는 이렇게 결론지었다. "문제는 정교한 메시지가 아니다. 메신저가 그 메시지를 진정으로 담아내지 못하면 실패한다." 현대의 캠페인은 정책이나 업적에 관한 것이 아니다. 좀 더 마음에 와 닿는 것이어야 하고, 개인 삶의 내러티브에 기초해야 한다. 이런 것이 후보 중심의 메시지 전략이다. 이런 관점에서 오바마의 주제가 결정됐다. 변화Change! 희망hope! 이것이 액설로드가 오바마를 승리로 이끈 첫 번째 비결이었다.

그러나 아무리 애면글면해도 힘든 싸움이었다. 힐러리의 압도적 우세
는 계속됐다. 클린턴 재임 시절의 치적이 있었다. 미국의 역사에서 흑인
대통령보다는 여성 대통령이 먼저 나오는 게 순리라는 인식도 광범위했
다. 절대 강자 힐러리는 경험을 강조하는 '현직자 전략'을 선택했다.

대세론이나 선두 주자가 빠지기 쉬운 치명적 함정이 바로 이런 것이다.
닉슨이 케네디에게 이렇게 하다 졌다. 그들에겐 패착敗着이었지만 액설로
드나 오바마에겐 행운이었다. 스탠스stance가 메시지다. 사람들이 변화를
원하고 있을 때에 완전한 '워싱턴 인사이더'로 자신을 내세운 건 잘못이
었다. '미친 군중은 개선이 아니라 오로지 변화만 요구한다.' 가톨릭이라는
기성 체제에 도전해 개신교를 일궈낸 혁명가 루터가 말한 경험적 진리
다. 오바마의 변화 메시지가 부각될 선명한 예각銳角 구도가 형성됐다.

아무리 그렇다고 하더라도 33%포인트나 뒤져 있는데 금방 효과가 나
랴. 시간, 어떤 일이든 필요한 시간lead time이 있어야 하는 법이다. 허나
사람의 마음이 어디 그런가. 조급해지고, 옥셈에 빠지기 십상이다. 생각
만큼 지지율이 좁혀지지 않을 때에는 온갖 회의론이 고개를 들기 마련이
다. 불신이 알짱거리기 마련이다. 여기저기에서 각종 불만과 대안이 난무
하기 마련이다. 뒤진 후보가 선두 후보를 공격하지 않고 느긋하게 변화만
외치는 게 맞는 것일까. 정책에 알맹이가 없고 말만 무성하다고 공격당하
고 있지 않나. 전략을 바꿔야 하는 것은 아닌가. 이런 주장이 대두되는
것은 사실 자연스런 현상이다.

그러나 액설로드는 바꾸지 않았다. 한 가지 때문에 이기고, 백 가지 때
문에 진다고 했다. 이기는 요인 하나를 잡고 끝까지 가야 한다. 초지일관
에 일이관지一以貫之라 변화와 희망 메시지를 고수했다. "오바마는 일종의
'반도叛徒' 스탠스를 취해 지금까지 선거에서 이겨왔다. 따라서 반도 스탠

　　　　　　　　　　　　　　　　　　1인자를 만든 참모들

액설로드와 오바마

스는 오바마나 액설로드에게 거역할 수 없는 진리였다. 그들은 변화에 집중, 또 집중했다. 그들은 사람들이 여전히 변화를 갈망하고 있다는 데 도박을 걸었다." 후에 백악관 비서실장이 된 람 이매뉴얼의 회고다. 이것이 두 번째 비결이었다.

전략은 견지堅持가, 메시지는 반복이 생명이다. 오바마 진영은 어려울 때에도 후보 중심 전략, 변화 메시지를 계속 고수했다. 2008년 1월 마침내 아이오와 코커스caucas에서 승리를 가져왔다. "오바마는 새로운 걸 주었어요. 영감을 주었습니다. 그러나 힐러리는 기본적으로 일꾼이죠. 법안을 만들고 통과시키는 법을 잘 압니다. 반면 오바마는 시인이에요. 유권자들은, 특히 청년층은 일꾼보다 시인을 좋아하죠." 정치 컨설턴트 매슈 다우드Matthew Dowd의 평이다.

오바마 태풍이 불어닥치기 시작했다. 변화가 제일 중요한 투표 잣대라고 말한 사람이 코커스에 참가한 사람 중 절반을 넘었다. 그중 51%가 오바마를 찍었고, 19%가 힐러리를 찍었다. 힐러리 캠프는 코커스를 채택한 주를 경시하고 프라이머리를 실시하는 주에만 힘을 쏟았다. 그러나 액설로드는 코커스 주를 중시했다. 오바마는 코커스를 채택하고 있는 주 대부분에서 승리했다.

액설로드는 2004년 하워드 딘 경선에서 효과가 검증된 교훈도 잊지 않았다. 국민의 참여를 이끌어내고자 했다. 풀뿌리 조직을 육성했다. 오바마의 홈페이지는 지지자들이 자신의 블로그로 연결하거나, 개인 홈페이지를 만들도록 허용했다. 일반 지지자가 집에서 전화 홍보를 하는 것도 가능하도록 제작했다. 액설로드가 인터넷을 집중 활용한 덕분에 30세 이하의 유권자를 조직하고, 선거 자금 모금에 150만의 개미가 참여할 수 있었다. 힐러리가 고액 기부자, 거물들에게 의존했던 것에 비해 힘은 들었지만 효과는 더 컸다. 한쪽은 오만한 '캠페인campaign'이었고, 한쪽은 평등한 '운동movement'이었다. 캠페인이 의도적인 동원이라면, 운동은 자발적 참여다. 차원이 다르고, 열기가 다르고, 지향이 다르다. 캠페인을 넘어 운동이 된 것, 이것이 세 번째 비결이었다.

액설로드는 다른 사람의 의견을 듣고 존중하는 사람이다. 언제나 자신이 옳은지 걱정하고, 반대되는 입장을 찾아 귀를 기울였다. 덕분에 오바마 팀은 내부 갈등과 틈이 없는 완벽한 팀으로 움직일 수 있었다. 경선 상대편인 힐러리 진영의 계속되는 불화와 대비됐다. 안되는 캠페인의 선행지표先行指標 중 하나가 사람이 들고 나는 것이다. 경선 판도의 이상 기류에 당황한 힐러리가 캠페인 매니저를 바꾸는가 하면, 수석 전략가인 마크 펜이 부적절한 처신 때문에 그만두었다. 내부에서는 계속 강·온파 간에 전략이 엇갈렸다. 네거티브 전략을 쓸지 말지 갑론을박했다. 코커

　　　　　　　　　　　　　　　　　1인자를 만든 참모들

스 대회를 무시하는 실수를 저질렀다. 펜은 승자 독식이 아니라 득표에 따라 대의원 수를 나눠 가지는 민주당의 경선 룰에 대해서도 무지했다. 무지는 가장 악의적인 무능이다. 최고의 선수들이 모인 돈 많은 캠프였지만 내용적으론 오합지졸이었다. 이런 점에서 액설로드가 캠페인 매니저 플루프와 더불어, 오바마 캠프가 한 목소리를 내면서 일관된 흐름을 유지할 수 있게 한 것이 오바마 승리의 네 번째 비결이었다.

상냥한 최고, 액설로드

사실 2008년 대선은 민주당이 우세에 있었기 때문에 본선보다는 경선이 관건이었다. 2008년 6월 힐러리가 경선에서 도중하차함으로써 오바마가 민주당 후보로 확정됐다. 민주당 경선에서 아름드리 거목 힐러리를 꺾은 오바마의 기세는 대단했다. 로큰롤 같은 문화적 유행, 빌 게이츠와 같은 시대적 상징이 됐다. 당연히 본선에서의 승리를 장담하기에 충분했다. 실제 여론조사에도 오바마는 계속 앞서갔다.

그러나 칼 로브가 오랫동안 공들여 공화당 우위로 바꿔놓은 정치 지형은 녹록지 않았다. 공화당의 강점은 지지자들의 높은 투표율이었다. 여기에다 흑백 대결이란 인종 변수까지 동원하면 오바마의 승리는 장담하기 힘들었다. 한마디로 흐름은 오바마이나 현실은 낙관을 불허했다. 2008년 9월 공화당이 페일린Sarah Palin이란 젊은 여성을 맞춤 부통령 후보로 내세우면서 맹추격에 나섰다. 실제로 투표 적극층을 대상으로 하는 조사에선 매케인이 앞서기도 했다. 갤럽 조사에 따르면, 9월 8일 매케인이 10%포인트 앞섰다.

절대 위기! 이 와중에 미국에 금융 위기가 터졌다. 대선 판도에 엄청난 쓰나미가 몰아친 것이다. 9월 14일 리먼브라더스 파산과 메릴린치 매각이 그 시작이었다. 사태를 초래한 책임에서 자유롭지 못한 공화당의 매케인으로선 엉거벌린 채 주춤할 수밖에 없었다. 매케인은 캠페인을 중단하고 정부와 의회 간의 구제금융 법안 협상에 개입하려는 등 우왕좌왕했다. 담방담방 오두방정! 오바마는 처음 그대로 동요 없이 딱 버티고 의연한 스탠스를 취했다. 위기를 넉넉하게 헤쳐나갈 담대한 리더십을 보여주었다. 이로써 사실상 대선은 끝난 것이나 다름없었다.

앞서다가 뒤집히면 약이 오르고, 울화통이 터지기 마련이다. 감정의 부추김에 이성마저 합리적 판단력을 상실하곤 한다. 허나 이럴 때일수록 침착해야 한다. 허둥지둥은 금물이다. 추격당해 뒤집혔을 때에도 액설로드가 예의 변화와 희망 메시지를 고수한 것은 적절한 선택이었다. 30년 넘게 지속한 신자유주의 체제가, 공화당의 통치가 무너져내리는 상황이었다. 국민들은 분노했다. 사람은 슬플 때는 아무것도 하지 않지만 분노하면 변화를 초래한다. 반대 진영으로선 당연히 호들갑을 떨 수도 있었다. 만약 촐싹댔다면 오바마의 무경험만 부각됐을 것이다. 굳세게 버티거나 감당해내는 힘이 뚝심이다. 오바마는 결코 쉽지 않은 뚝심을 보여주었다.

다른 한편에선 액설로드가 강공強攻을 펼치기 시작했다. 광고를 통해 공화당의 매케인 후보의 약점, '경제 문외한이며 부시 정책의 추종자'라는 인식을 유권자에게 각인시켰다. "총싸움에 칼을 들고 가지 말라." 그러나 네거티브 캠페인을 적절하게 활용했을 뿐 거기에 몰입하지는 않았다. "너무 험악한 선거운동은 부작용을 낳는다." 이때 만약 전면적인 네거티브 캠페인으로 갔다면 아마 변화의 메시지는 실종되고, 오바마는 표류했을 것이다. 금융 위기에서도 오바마의 변화 메시지는 제대로 부각되지 않았을 것이다. 오바마의 내공이었고, 액설로드의 빛나는 통찰이었다. 오

　　　　　　　　　　　　　　　　　　1인자를 만든 참모들

바마는 일반 투표에서 69,456,897표(52.9%), 선거인단 수에서 전체 538명 중 365명을 얻어, 각각 59,934,814표(45.7%)와 173명을 얻은 메케인을 누르고 승리했다.

액설로드는 하루 종일 전화통을 붙잡고 산다. 아침 일찍부터 저녁 늦게까지 일한다. 일벌레다. 부드럽게 말하고, 상냥한 매너를 갖고 있다. 조용한 스타일이다. 훌륭한 유머 감각으로 자신을 다스린다. 그는 지금까지 150여 개 선거에서 승리를 만들어냈고, 마침내 대선 승리까지 일궈냈다. 그는 자타 공인의 이상주의자다. 자동차왕 포드가 말했다. "이상주의자는 남들이 번영하도록 도와주는 사람이다." 그런 점에서 그는 지나치게 교활하거나, 혹은 물불 가리지 않는 정치 세계에서는 보기 드문 캐릭터다.

그러나 그에 대한 비판도 있다. 상대방의 이혼 경력을 들춰내 선거 쟁점으로 삼아 승리했다는 지적도 있다. 그가 설립한 컨설팅 회사가 거액을 받고 기업 홍보에 열을 올리고 있다는 비난도 있다. 또 흑인 후보를 백인 유권자에 파는 기술은 있지만 정작 흑인 사회를 유리遊離시키고 있다는 공격도 있다. 그가 사상 처음으로 흑인으로 대통령에 당선된 풋내기 오바마를 역사에 기록될 만한 업적을 남길 위대한 대통령으로 만들어낼지는 두고 볼 일이다. 선거와 통치는 다르기 때문이다. 그는 대통령의 선임 고문senior advisor to the president으로 임명돼 오바마의 미국을 조타하고 있다.

부시 대통령의 참모 칼 로브는 미국을 분열시켰다. 보스 부시는 최악의 대통령으로 쓸쓸하게 물러났다. 참모 액설로드, 미국을 멋지게 바꿔놓기를 기대해본다. 링컨의 통합, 루스벨트의 개혁을 계승하면 좋겠다. 그와 보스 오바마가 워싱턴 여행을 끝내는 날, 박수 속에 웃으며 백악관을 떠날 수 있기를….

m e n t o r i n g

● 성패成敗를 화두로 삼지 말라. 시대를 움직이고, 역사를 만든다고 생각하라. 당장 이기고 지는 것에 매몰되면 이기고도 결국 지게 된다. 이긴 다음 뭔가 바꾸기 위해 승리하는 것이다. 승리가 되레 짐이 되지 않게 해야 한다.

● 돈키호테Don Quixote의 용기, 시시포스Sisyphos의 고역苦役을 잊지 말라. 불가능은 '지금 여기 없다' 는 뜻일 뿐이다. 용기를 내 두드리고 인내로 참아내면 꿈이란 놈 이 어깨동무하고, 행운이란 년이 팔짱 끼며 뱅그레 웃을 것이다.

● 같은 이슬을 먹어도 뱀은 독을 만들고, 벌은 꿀을 만든다. 승리하는 법을 배우는 데 주저하지 말라. 이기는 기술을 익히는 데 머뭇거리지 말라. 내가 비록 활용하지 는 않더라도 알아야 대처할 수 있다. 또 필요하면 이용해야만 한다.

● 인생은 과정이다. 지금의 모습에 맞춰 그 사람을 대하지 말라. 처음부터 큰 나무는 없다. 대저 사람에 대한 투자가 가장 큰 투자 아니던가. 애옥한 삶에 투자하고, 어 린 나무에 정성을 쏟으라.

● 많이 들으라. 한 입으로 말하고, 두 귀로 들으라고 했다. 경청은 참모의 기본 책무 다. 관찰은 참모의 기본 의무다. 말귀를 밝게 하고, 눈여겨봐야 제대로 어드바이스 할 수 있다.

필립 굴드 & 토니 블레어

1997년부터 영국의 집권당은 노동당이다. 13년째다. 그 이전 노동당은 18년 동안 야당 신세였다. 힘든 세월이었다. 패배에서 벗어나기 위해 안간힘을 썼다. 바꾸고, 바꾸고, 또 바꿨다. 그래도 승리는 남의 것이었다. 패배에 익숙해졌다. 다시 바꾸고, 바꾸고, 또 바꿨다. 신新노동당이 됐다. 그리고 마침내 이겼다. 노동당의 승리는 필립 굴드의 헌신적인 노력이 있었기에 가능했다.

09

변화에 익숙한 보수당, 변화에 인색한 노동당

패배!

또 패배!

역시 패배!

익숙한 패배!

4번의 연속 패배···, 지긋지긋했다. 1979년부터 1997년까지 무려 18년 동안 영국 노동당을 짓누른 불행이었다. 악몽 같은 세월이었다. 너나 할 것 없이 외아들 잡아먹은 할미 상相, 궁궐 지킨 내관內官의 상이었다.

그리고 승리!

꿈이런가. 1997년 총선에서 노동당은 만년 야당을 끝냈다. 남의 일만 같았던 승리였다. 실로 오랜만의 집권이었다. 모두들 희희낙락, 환호작약 歡呼雀躍했다.

토니 블레어, 고든 브라운, 피터 만델슨, 필립 굴드Philip Gould.

그 달콤한 승리는 이들이 만들어 추진한 '현대화modernization' 프로젝 트의 승리였다.

굴드는 명실공히 현대화의 '핵심 브레인core brain'이었다. 자타공인의 사실이다. 하지만 평가에서는 엇갈린다. 일부에서는 오직 승리하기 위해

필립 굴드

노동당의 철학과 이념을 내팽개친 우파 기회주의자로 매도한다. "강한 자가 이기는 것이 아니라 이긴 자가 강한 것이다." 이런 따위의 승리 지상주의에 매몰됐다는 소리도 듣는다. 명예로운 패배와 켕기는 승리 중에서 양자택일하라면 후자를 고를 굴드였다. 따라서 아주 틀린 비판도 아니다. 그러나 그런 측면만 있는 것은 아니다. 굴드는 수렁에 빠진 노동당을 되살린 인물로 칭찬받는다. 진보라는 이름으로 패배에 길든 노동당의 구태를 몰아낸 것은 그의 냉철한 분석 때문이라고 상미賞美하는 사람도 있다. 누군들 만구칭찬萬口稱讚하랴만, 과연 어느 것이 굴드의 진면목인지 궁금하다.

공자가 이런 말을 했다. "지도자는 천부적 광기를 지닌 정열을 가져야 하지만, 위대한 지도자의 조언자는 얼음처럼 냉철해야 한다." 굴드가 바로 얼음처럼 냉철한 참모다. 숱한 시련을 겪어 둥글둥글 몽돌이 될 법도 했다. 허나 그의 차가운 예지는 주어진 상황에 안주하지 않도록 끊임없이 채근했다. 그는 쉼 없이 스스로를 채찍질했다. 돌이켜봐도, 그가 어떻게 실망하지 않고, 포기하지 않고, 자학하지 않고 이겨냈을까 싶다.

1983년 6월 9일, 노동당은 또다시 패배했다.

노동당은 1900년 노동자의 이해를 대변하기 위해 창당됐다. 그 노동당이 노동자로부터 외면당한 결과였다. 1976년 노동당은 집권당이었다. 그때 그들은 국제통화기금IMF 구제금융을 초래할 정도로 국정에 실패했다. 때문에 1979년 정권을 내줘야 했다. 그러나 그것은 4년 뒤에 당한

　　　　　　　　1인자를 만든 참모들

패배에 비하면 약과였다. 1983년 선거에서 노동당은 더 참혹하게 몰랐했다. 1979년 총선도 패배한 선거지만, 이번에는 그에 비해서도 의석의 1/4을 잃어버렸다. 득표율은 9.3%포인트나 떨어졌다. 1945년 이래 최악의 급락이었다. 노동당이 진정으로 잃은 것은 단순히 집권이 아니라 국민의 신뢰였다. 특히 미래 정치의 수요층인 젊은 층과 너무 멀어진 것은 18년간 패배의 근본 원인이었다.

심야의 귀곡성鬼哭聲.

늦은 밤에 들리는 곡소리는 상상하기조차 싫다. 1983년 즈음, 국민의 눈에 비친 노동당은 이처럼 불편한 존재였다. 당의 이미지는 극단주의, 당내 분열 등 온갖 부정적인 것들로 덧칠돼 있었다. 마치 정지된 비디오 화면처럼 짜증나는 존재, 진상치였다. 노동당은 변화를 거부했다. 진보를 지향하는 노동당이 보수당보다 오히려 더 보수적이었다. "변화는 계속돼야 한다." 보수당은 이 명제에 충실했다. 하지만 노동당은 낡은 교조教條에 얽매여 옴짝달싹 못했다. 급기야 조롱마저 들어야 했다.

> "보수당은 권력을 쟁취하고 장악하기 위해 끊임없이 탐구해왔다. 그 덕분에 언제나 대중의 구미 변화에 효과적으로 조응할 수 있었다. 노동당이 중산층을 개척해낸 성과와 비교할 때, 보수당이 노동계급의 지지를 획득하는 데 훨씬 더 성공적이었다."

굴드가 노동당 살리기에 뛰어든 것도 당의 한심한 꼴을 지켜봐야 하는 안타까운 심정 때문이었다. 굴드를 노동당으로 인도한 것은 만델슨Peter Mandelson이었다. 그들은 1984년 디너파티에서 처음 만났다. 당시 만델슨은 방송기자였고, 굴드는 런던 경영대학원Lodon Business School 학생이었다. 그는 양친 모두 교사인 부모의 사랑으로 1950년에 이 세상에 왔다. 서섹스Sussex 대학을 졸업했고, 1981년부터 3년 동안 친구들과 광고 회사를 경영했다. 그러다 정치를 하기 위해 다시 학교에 다니고 있던 참이었다. 굴드는 세 살 어린 만델슨에게 매료됐다.

1년 뒤, 만델슨은 노동당의 홍보 책임자로 임명됐다. 졸업 후 굴드는 혼자서 정치 컨설팅 회사를 운영 중이었다. 허나 말이 운영이지 단 한 명의 고객도 없는 개점휴업 상태였다. 만델슨의 소식을 들은 굴드는 만델슨을 찾아갔다. 함께 일할 것을 자청했다. 최신 마케팅 기법과 홍보 기술로 노동당의 이미지를 개선해 승리하겠다는 당찬 포부로 가득 차 있었다. 그가 훗날 오랫동안 겪게 될 고통을 짐작이라도 했더라면 차마 그처럼 덤비지 않았을 것이다. 35세의 굴드, 일천한 경험의 풋내기 애송이는 역사의 격랑激浪 속으로 자신만만하게 걸어 들어갔다.

만델슨은 1940년대 노동당의 거물 정치인 허버트 모리슨Herbert Morrison의 외손자였다. 옥스퍼드 대학을 나왔다. 동성애자인 그는 홍보의 귀재, 마키아벨리의 적자嫡子였다. 그는 당 현대화 프로젝트를 솜씨 있게 포장해 판매하는 '스핀닥터spin doctor'였다. 만델슨은 항상 언론과 카메라에 주목했다. 무엇이 머리기사로 나와야 하는지 판단하는 것을 자신의 임무로 생각했다. TV 기자들이 어떤 그림을 찾고 있는지 알고자 했다. 그들에게 어떻게 하면 영향을 미칠 수 있을지 고민했다.

그는 당의 홍보 방식을 혁명적으로 전환했다. 즉, 현관문을 두드리거나 유인물을 돌리던 방식에서 탈피하고자 했다. 매스미디어를 홍보 수단으로 삼고자 했다. 홍보 목표도 새롭게 정립했다. 기존 지지자들의 결속을 다지는 것이 아니라 새로운 지지자를 찾아가는 것으로 바꿨다. 그와 굴드는 멋진 앙상블을 펼쳤다. 꽃 본 나비, 물 본 기러기였다. 혹자는 이렇

　　　　　　　　　　　　1인자를 만든 참모들

게 평가했다. "굴드가 진단·검사자
라면, 만델슨은 때로는 엄청난 정
치적 위험을 무릅쓰고 집도를 맡
았다." 둘은 호흡이 잘 맞았다. 안
도현이 〈그대에게 가고 싶다〉에서
노래한 마음이 그들의 마음이었
으리라.

피터 만델슨

진정 내가 그대를 생각하는 만큼
새날이 밝아오고
진정 내가 그대 가까이 다가가는 만큼
이 세상이 아름다워질 수 있다면
그리하여 마침내 그대와 내가
하나되어 우리라고 이름 부를 수 있는
그날이 온다면
봄이 올 때까지는 저 들에 쌓인 눈이
우리를 덮어줄 따뜻한 이불이라는 것도
나는 잊지 않으리

사랑이란
또 다른 길을 찾아 두리번거리지 않고
그리고 혼자서는 가지 않는 것
지치고 상처입고 구멍난 삶을 데리고
그대에게 가고 싶다

우리가 함께 만들어야 할 신천지

우리가 더불어 세워야 할 나라

사시사철 푸른 풀밭으로 불러다오

나도 한 마리 튼튼하고 착한 양이 되어

그대에게 가고 싶다

굴드가 맨 처음 한 일은 노동당이 직면한 안팎의 문제점을 명료하게 파악하는 것이었다. 그의 트레이드마크가 된 냉철한 분석의 시작이었다. 마치 좁쌀알을 대패질해서 먹겠다는 자세로 하나하나 꼼꼼하게 조사했다. 이를 위해 그는 4주 동안 30명 이상의 사람들과 만나 이야기를 들었다. 그 대상은 정치인, 언론인, 광고 기획사 임원, 여론조사 전문가, DM 전문가 등이었다. 또 당의 지도부와 면담도 했다. 지금까지의 여론조사 결과와 수많은 서류, 문건을 검토했다. 대개의 경우 첫 느낌이 가장 정확하다. 굴드의 냉철한 분석에 헐벗겨진 노동당의 실체는 한마디로 엉망진창이었다. 형편 무인지경이었다.

모든 것은 찬반, 진위, 흥망, 정부_{正否}를 동시에 갖고 있다. 따라서 무엇을 보느냐에 따라 다르게 보인다. 여기 물컵이 있다. 물이 반쯤 차 있다. 아직 물이 반이나 남은 것인가. 아니면, 벌써 물이 반이나 없어진 것인가. 보기 나름이다. 나쁜 점을 보면 비관하게 되고, 좋은 점을 보면 희망을 갖게 된다. 굴드는 당 총재인 닐 키녹Neil Kinnock에게서 희망을 발견했다. 그는 2년 전인 1983년 10월, 좌파의 거두 토니 벤Tony Benn을 누르고 당 총재가 됐다. 그는 곧바로 노동당 현대화를 위한 개혁 작업에 착수했다. 당 현대화는 대처Margaret Thatcher 총리가 신자유주의 개혁으로 바꿔놓은 영국의 현실을 인정해야만 집권할 수 있다는 논리였다. 시대가 바뀐

　　　　　　　　　　　　　　1인자를 만든 참모들

만큼 낡은 시대의 철 지난 교조를 일소하자는 것이었다. 하지만 좌파 세력은 사사건건 제동을 걸었다. 그들에겐 그 어떤 것보다 원칙이 중요했다. 그들에겐 노동당은 노동자의 정당, 사회민주주의를 견지하는 정당이어야 했다. 노조는 파업을 일으켰다. 현대화 작업은 지지부진할 수밖에 없었다. 굴드가 합류할 즈음, 키녹은 더디고 힘든 싸움을 계속하고 있었다.

굴드가 만난 사람들의 노동당에 대한 평은 참혹했다. 특히 민심 동향에 민감한 여론조사 전문가의 혹평이 제일 심했다. 듣기 민망할 정도였다.

"일방적인 핵 비非무장을 주장하는 노동당의 국방정책은 미친 짓이나 다름없다."

"노동당은 쓸데없는 일에 예산을 낭비하고 있다."

"동성애자를 위한 공원에 노동당이 수백만 파운드의 예산을 낭비하는 짓거리를 보면 정말 미치도록 화가 치민다."

"노동당의 집권은 노동당을 좌지우지하는 노조 위원장들의 손에 나라의 운영을 맡기는 꼴이다. 두렵다."

85년 12월, 굴드는 분석을 끝냈다. 결과를 담은 장문의 보고서를 제출했다. 그는 날이 시퍼렇게 선 칼날처럼 사각사각 문제점을 파헤쳤다. 노동당의 홍보 작업은 제대로 관리되지 못하고 있다. 지휘 계통 혼란 탓이다. 그간 노동당이 펼친 캠페인은 국민에게 아무런 영향을 미치지 못하고 있다. 홍보 컨셉concept은 지나치게 복잡한데다, 일관성도 부족하다. 능동적인 언론 대책도 없다. 전략적으로 선택된 표적 집단을 무시하고 있다. 그 누구도 광고의 잠재력에 대해 알지 못하고 있다. 이런 요지였다.

문제점만 잔뜩 나열하고 대책이 없으면 그건 자학이다. 절망하라는 권유와 다름없다. 지금보다 나아지기 위해 현재의 문제를 파악하는 것이다. 당연하게도 문제 진단은 부副고, 해결책 제시가 정正이다. 문제 파악에서 허우적댈 게 아니다. 굴드가 몇 가지 해법을 제시했다. 핵심은 예비 홍보국SCA, Shadow Communication Agency의 설치였다. SCA는 광고 기획자와 조사 전문가들을 참여시켜 구성했다. 전략 초안 마련, 여론조사 실시와 분석, 광고 제작 및 캠페인 테마 마련 등의 역할을 수행했다. 만델슨과 굴드가 주도하는 SCA는 노동당의 홍보와 관련된 모든 영역으로까지 담당 분야를 신속하게 넓혀갔다. 사회정책 캠페인을 준비했다. 예정된 보궐선거 준비, 경제정책 컨셉 마련, FGI(Focus Group Interview) 조사, 당 홍보 전략 개발 등도 떠맡았다. 초창기 SCA는 비밀리에 활동했다. 그러나 곧 당의 승인을 얻어 공식화됐다. 1986년 2월이었다.

그러나 당의 공식 조직으로 자리 잡게 되면서 부작용도 생겨났다. SCA가 자연스럽게 당내 갈등에 빠져들어 간 것이다. 형식상 전국집행위원회NEC 산하였지만, 내용적으로는 총재 직속 기구로 움직였다. NEC는 당내 좌파가 지배하는 기구였다. NEC는 그간 캠페인이나 홍보 따위를 지엽枝葉으로 취급하고, 그런 말단末端에 거의 관심을 보이지 않았다. 하지만 SCA가 점차 영역을 넓혀가자 NEC는 SCA를 직접적인 위협 요인으로 간주하기 시작했다. 예비 내각 장관들은 의구심을 나타내거나, 심지어 공공연히 적대감을 표출하기도 했다. 바야흐로 당 현대화 세력의 전위대前衛隊인 SCA가 좌우 갈등, 노선 투쟁의 소용돌이 속으로 뛰어든 셈이었다.

SCA는 이런 견제의 눈초리를 아랑곳하지 않았다. 대중의 입맛에 맞는

1인자를 만든 참모들

캠페인을 펼치고, 보궐선거에 FGI를 도입하는 등 마케팅 기법을 본격 도입했다. 당의 로고를 장미로 바꿨다. SCA는 노동당이 극렬 좌파의 수중에 있다는 일반의 인상을 바꾸는 데 이바지했다. 당에 활력도 불어넣었다. SCA는 '노동당—국민 제일주의 정당'이란 슬로건을 고안해냈다. 그러나 노동당 정치인들에게 이러한 것들은 한마디로 이단이었다. 그들에게 선거란 이기고 지는 게임이 아니었다. 전단, 행진, 연설, 대의명분이었다. 그러나 그것들은 사실 패배의 다른 이름이기도 했다. 좌파는 극렬하게 규탄했다. "이 당은 내가 입당했던 그 당이 아니야." 반면 언론은 호평했다. "3년 전 집권 의지마저 상실한 것처럼 보였던 노동당이 정치적 부활을 향해 긍정적인 발걸음을 처음으로 내디뎠다." 굴드로서는 기분 좋은 출발이었다.

내부의 적 좌파·노조와의 힘겨운 투쟁

1987년 선거가 다가오고 있었다.

첫인상, 첫 경험처럼 처음은 느낌이 색다르다. 두근두근 설레며 맞이하고, 오래오래 아스라이 기억된다. 처음 맞이하는 선거에 굴드의 가슴은 벅차올랐다. 기다리던 '처녀 도전'이었다. 초심자의 강점은 겁 없는 패기에 있다. 누구나 익숙하게 받아들이는 당연지사當然之事를 거부하는 신선함도 강점이다. 굴드가 그랬다. 그는 공격적인 캠페인을 일찌감치 시작해야 한다고 건의했다. 전략의 최우선 초점은 보수당 정부의 업적을 깎아내리는 것이 되어야 한다고 생각했다. 주主 전선은 키녹 대對 대처가 돼야 한다고 주장했다. 대처의 장기 집권으로 그녀에 대한 반대가 점점 늘고 있었다. 굴드는 이런 분위기를 증폭하기 위한 네거티브 캠페인도 필요하다

고 강변했다. 그러나 당의 생각은 달랐다. 여론조사에서 8%포인트나 앞
서는데 뭐하러 무리하느냐는 시각이었다. 방심이었다. 좌파의 견제도 한
몫했다. 당은 어영부영한 채 효율적으로 움직이지 못했다.

전당대회에서 과거의 정책을 고스란히 답습했다. 사실 이것이 결정타
였다. 보수당이 기다린 것이 바로 이런 빌미였다. 선거 때만 되면 보수당
이 전가傳家의 보도寶刀로 휘두르는 것이 노동당의 극단주의, 세금 인상
과 허약한 국방정책이었다. 이번에도 노동당이 같은 노선을 취하자 그들
은 노동당의 약점을 잽싸게 파고들었다. 대대적인 공격에 나섰다. 가히
파상 공세, 융단폭격이었다. 노동당에 대한 공포감fear이 보수당에 대한
혐오감dislike을 압도하기 시작했다. '이젠 바꿀 때가 되지 않았습니까?'
노동당의 이 슬로건도 유권자들에게 과감한 행동을 촉구하기엔 임팩트
가 약했다. 굴드가 대안을 제시했다. '지금 이 나라는 변화를 필요로 하
고 있습니다. 노동당에 투표하십시오!' 당은 거부했다. 키녹 총재는 총리
감다운 리더십을 보여주지 못했다.

노동당은 또 패배했다. 삼진 아웃이었다. 선거 패배는 육친을 잃는 고
통과 비슷하다. 깊고, 길며, 공허한 상처를 남긴다. 꿈에 부풀었던 굴드로
서는 정말 아픈 패배였다. 이길 수 있는 선거였기에 쓰라림은 더했다. 역
설적이지만, 탓할 사람이 있으면 속은 더 상한다. 원망할 대상이 있으면
화가 더 치민다. 어리바리한 지도부, 왕배야덕배야 시끄러운 좌파가 미웠
다. 그러나 어디 첫술에 배부르랴. 한 번의 패배로 절망하긴 너무 일렀다.
굴드는 마음을 다시 다잡았다. 다시 분석에 몰두했다. 왜 패배했는지, 승
리를 위해서는 무엇을 해야 하는지 규명하는 데 집중했다. 결론은 변화
부족이었다. "노동당이 충분히 넓고, 빠르게 변하지 않았기 때문에 패했
다." 굴드는 지금까지 도입한 최신 선거 기법만으로 당이 변했다고 할 수

                           1인자를 만든 참모들

는 없다는 결론도 얻었다. 기술적 차원을 넘어 머리부터 발끝까지 바꾸는 환골탈태換骨奪胎로 가야 한다고 판단했다. 이때부터 그는 보다 큰 그림을 그리기 시작했다. 선거 승리를 위한 마케팅 기법 활용을 넘어, 당 개혁을 위한 이론 개발로 나아갔다. 이제 그는 기술자가 아니라 전략가로 움직였다.

화마火魔가 휩쓸고 간 산 능선에 가보면 작은 싹들이 수줍은 듯 살포시 고개를 내미는 모습을 볼 수 있다. 온통 검은색 사이에 위태로워 보이는 파란색은 내려앉은 가슴 달래주는 희망이다. 비바람에 시달려 만신창이가 된 허름한 뱃전에 서 있던 굴드가 희미한 등대 불빛을 발견했다. 블레어Tony Blair의 등장과 만델슨의 부각이 그것이었다.

1987년 총선에서 만델슨은 엔진이었다. 굴드는 항법 장치였다. 키녹 총재의 지원으로 만델슨에게 상당한 권한이 집중됐었다. 만델슨은 의원을 비롯해 당직자들이 언론에 출연하려면 SCA를 거치게 했다. 그는 길목의 파수꾼이었다. 1987년 캠페인에서 그는 능수하고 능란했다. 때문에 그는 신화적 존재로 여겨졌다. 지지자들은 그를 천재라고 생각했다. 그러나 비판자들은 '적의에 가득 찬 꺼림칙한 마키아벨리스트', '어둠 속의 황태자'에 빗댔다. 하지만 어쨌든 선거 후 만델슨의 영향력은 더욱 확대됐다. 만델슨의 파트너인 굴드의 입지도 덩달아 탄탄해졌다.

참모가 자기 몫을 정확히 파악해 매진하는 모습은 아름답다. 반대로 사방을 두리번거리거나, 마파람에 돼지 불알 놀듯 여기저기 기웃거리는 꼴은 추하다. 굴드가 해야 할 몫은 냉철한 분석이었고, 그는 그 일에 시종일관 충실했다. 찧고 까불거나 들맞추지 않았다. 그는 오직 일에 매달렸다. 객관적이고 과학적인 근거에 입각해 문제를 파악하고, 현상을 분석했다. 그리고 검증된 사실에 기초해 대안을 모색했다. 그는 신新중산층 전략을 당의 진로로 제시했다.

"인구통계학적인 변화를 분석하고, 이 변화가 노동당에 어떤 영향을 끼치는지 확인해야 한다. 그리고 라이프스타일과 가치 기준 및 태도가 어떻게 변했는지 살펴봐야 한다. 노동당이 통상적인 인구통계학적 기반을 넘어서는 지지를 확보하기 위해 해야 할 일이 무엇인지를 찾아내야 한다. 노동당의 전통적 지지 기반은 전체 인구에서 차지하는 비중이 점차 감소하고 있다. 그러므로 새로운 지지층을 확보해야 한다. 바로 신新 중산층이다."

세상은 하루가 다르게 변한다. 그에 따라 살아가는 방식도 달라진다. 우리가 모르고 있을 뿐, 일상은 생각보다 먼저 변한다. 결국 조직이든 사람이든 일상이 저만치 앞서가는데도 모르면 도태되기 마련이다. 때문에 변화는 선택이 아니라 당위當爲다. 인구통계학적 분석은 변화의 방향을 가늠하기 위한 작업이었다.

물론 다르게 파악할 점도 있다. 하나하나의 변화에 대응하다 보면 근본이 희미해질 우려가 있다. 원칙이 흐려질 염려는 결코 기우杞憂가 아니다. 변화를 유행이라고 생각해보라. 유행을 좇다 보면 어느새 내 것이 없어지고 만다. 『장자』에 나오는 한단지보邯鄲之步가 이런 잘못을 지적하는 것이다. 아침저녁 변하는 게 인심 아니던가. 따라서 변화하자는 주장에 대한 반론은 불가피하다. 좌파는 굴드의 노선을 중산층에 항복하는 것으로 이해했다. 그들의 단언은 서릿발처럼 으스스했다. "결코 노동당을 장사꾼들에게 넘겨줄 수 없다. 우리의 오랜 정책을 여론조사 따위에 의해 폄훼貶毁해서는 안 된다." 그들에게 굴드의 전략은 순간의 승리를 위해 영혼을 파는 야바위에 지나지 않았다. 용서할 수 없는 '우파 개량주의改

1인자를 만든 참모들

良主義'로 받아들였다. '보수는 부패에서 망하고, 진보는 분열에서 망한다.' 이런 경구가 떠오르는 대목이다. 하지만 굴드와 만델슨은 한 치도 물러서지 않았다. 썩은 기둥 골 두고 서까래 갈아댄다고 새집 되랴. 애초의 방침을 밀고 나갔다. 여론조사와 인구통계학적인 검토에 착수했다. 4개월이 소요되는 방대한 일이었다. 영국민 전체에 대한 철저하고 방대한 검시 autopsy 작업이었다.

조사 결과는 놀라웠다.

보수당의 지지도는 예나 지금이나 거의 변함이 없었다. 반면, 노동당의 지지도는 20년 동안 17%포인트나 떨어졌다. 노동당은 노동계급뿐만 아니라 모든 계층으로부터 외면당하고 있었다. 노동당에 투표하는 유권자조차도 그저 습관적으로 그렇게 할 뿐이었다. 노동당 지지자의 29%는 노동당이 '노동계급의 정당'이기 때문에 투표했다. 20%는 항상 노동당에 찍었기 때문에 투표했다. 그러나 보수당 투표자들은 달랐다. 그들은 대처 때문에, 정부가 일을 잘하고 있기 때문에, 인플레이션을 제대로 통제하고 있기 때문에, 보수당이 경제를 운영할 줄 알기 때문에 투표한다고 했다. 단지 7%만이 습관적으로 투표한다고 했다.

국민이 노동당 지지를 철회한 첫째 이유는 극단주의였다. 둘째는 노동조합의 지배와 당의 분열, 셋째는 국방 문제, 마지막은 허약한 리더십이었다. 사람들은 노동당이 자신들의 생활수준을 떨어뜨리고, 주택과 주식을 구입할 자유를 제한할 것이라고 믿고 있었다. 그리고 한때 노동당을 지지했다가 돌아선 사람들이 노동당에 대해 가장 적대적인 태도를 취하고 있었다. 육체노동자의 수는 감소하고 있었고, 자가自家 보유자는 증가하고 있었다. 주식 보유, 민간 병원, 사립학교 등이 훨씬 더 보편화하고 있었다.

국민은 대처 정부의 막대한 조세 삭감을 환영했다. 빈곤을 더 이상 중요한 사회문제로 인식하지 않았다. 부의 재분배를 위해 조세제도를 활용하는 것에 상당한 거부감을 갖고 있었다. 이들은 노동당이 집권하면 세금이 늘어날 것으로 우려하고 있었다.

당 현대화에 박차를 가하다

SCA는 당의 시급한 과제로 '정책 재검토Policy review'를 제안했다. 정책 재검토는 '여론에 귀 기울이기'라는 기치를 내걸고 출범했다. 인구통계학적 조사로 드러난 사회경제적 구조 변화에 대해 노동당이 적극 대응하는 것을 뜻했다. 과거의 정책·정강政綱에 대한 전면적인 재검토였다. 한마디로 정책 재검토는 낡은 정강·정책·당헌을 쓸어버림으로써 과거와 결별하는 사업이었다. 이는 SCA가 당의 근본적인 체질 개선에 나선 것이었다. 격렬한 당내 투쟁이 불가피했다. 불협화음이나 잡음을 두려워하면 개선도 없다고 생각하며 굴드는 전의를 가다듬었다.

예상대로 불평과 불만이 잇따랐다. 특히 강경 좌파 그룹이 제일 심하게 반발했다. 그러나 강경 좌파 그룹은 당 분란의 주역일 뿐 대안 제시가 없는 무책임한 집단으로 간주되면서, 당내 기반을 상실해가고 있던 터라 크게 반발하지 못했다. 하지만 가장 큰 걸림돌은 NEC였다. 당의 정책 결정은 전통적으로 좌파가 지배하는 NEC의 소관이었기 때문이다. 아무리 정책을 재검토하더라도 최종 단계에서 NEC에 의해 제동이 걸릴 우려도 적지 않았다. 그러나 잇따라 선거에서 패했는데 NEC라고 낡은 교조만 고집하기는 어려웠다. 키녹 총재의 철저한 결단과 만델슨의 적극적인 예기銳氣에 의해 정책 재검토는 2년여 동안 강력하게 추진됐다. SCA는

　　　　　　　　　　　1인자를 만든 참모들

여론조사로 정책 재검토의 발걸음을 연신 재촉했다. 정책 재검토 결과, 노동당은 반反유럽 정책에서 탈피했다. 일방적인 핵 비非무장론도 마찬가지 운명을 밟았다. 조세정책도 손질했다. 예비 내각의 재무 장관 스미스 John Smith가 형벌에 가까운 높은 세율은 더 이상 없을 것임을 공개적으로 천명했다. 껄끄러운 노조 문제에 대해서도 진전을 이뤄냈다. 보수당 정부가 노조 활동을 제한하기 위한 노조 개혁안을 제안해놓은 참이었는데, 노동당은 이 안의 일부를 수용하기로 했다.

손뼉이 마주쳐야 소리가 나듯, 싸움도 이편저편이 있어야 일어난다. 당내 우파가 추진한 노동당 현대화는 당내 좌파 및 노조와의 투쟁을 야기했다. 좌파와 노조는 지구당과 NEC 등을 구조적으로 지배하고 있었다. 이 구조를 깨지 않으면 현대화의 진전은 불가능했다. 당내 권력투쟁의 정점에 해당하는 것이 당 구조 개편이다. 당의 구조를 혁신하기 위한 시도는 당내 민주화란 이름으로 포장됐다. 하지만 현대화 세력이 집요했다면 좌파도 완강했다. 개혁은 번번이 실패했다.

승리가 만병통치약이면, 패배는 절대 명제命題다. 한 번의 패배는 실수다. 병가지상사다. 그러나 두 번, 세 번 지는 것은 구조적 문제다. 연이은 패배는 뭔가 잘못됐다는 것을 증명하는 것이다. 따라서 연패 앞에서는 그 누구도 자유로울 수 없다. 1987년 선거의 패배는 당 개혁의 추동력으로 작용했다. 덕분에 중대한 조치가 도입될 수 있었다. '1인 1표제OMOV, one man one vote'였다. 기존의 블록 투표Block Vote를 폐기하고, 당직자나 공직 후보를 선출할 때 당원 누구나 1표씩을 가지고 참여할 수 있도록 하는 것이다. 이렇게 하면 의원 후보자 선출 권한과 현직 의원에 대한 재신임 권한을 행사하는 주체가 바뀐다. 지구당의 중심적 정책 기관이며 중견 간부의 집합소인 지구당 집행위원회로부터, 지구당의 일반 당원에게로 이전하는 것이다. 블록 투표를 통해 당 통제력을 행사해온 노조의 힘을 약화시키기 위해서는 불가피한 조치였다. 이 개혁 조치는 키녹이 1983년에 도입하려 했으나 한 차례 실패한 바 있었다.

새로 도입된 1인 1표제는 우선 지구당이 의원 후보를 선출할 때 일반 당원의 투표 비중이 60%를 차지하도록 했다. 또 당 총재 등 당 지도부 선출과 NEC 선거, 그리고 당 대회에 파견할 대표자 선출과 관련해서는 지구당의 모든 개인 당원이 사전에 투표로써 자신의 의사를 표시할 수 있도록 했다. 현직 의원의 재신임 절차도 사전에 지역구 일반 당원의 과반수 요청이 있어야 비로소 시작되도록 했다. 일반 당원의 참여로 당내 좌파를 몰아내고, 총재의 리더십을 강화하는 조치였다.

이 조치로 인해 당내 인적 청산 작업은 가속화됐다. 대중은 행동을 요구한다. 손에 잡히는 증거를 원한다. 변화를 외치는 담론談論만으로는 대중의 기대를 충족시킬 수 없다. 정치에서 행동은 정책 변경에서 시작되고, 인물 교체에서 매듭지어진다. 정책 재검토와 1인 1표제는 노동당 변화의 양대 기제基劑였다.

이러한 성과에도 1987년 말, 당은 다시 광범위한 침체에 빠져들었다. 당은 내분에 휩싸였고, 총재의 리더십은 도전에 직면했다. 선거가 아직 멀었음에도 당 내외에서 다음 선거에서 노동당이 패배할 것이란 성급한 전망이 득세했다. 상황은 악화일로로 치달았다. 6월 말 실시된 한 언론의 여론조사에서 노동당은 보수당에 15%포인트나 뒤처졌다. 키녹은 대처에게 17%포인트 뒤져 있었다. 키녹이 물러날 때라는 주장이 여기저기서 터져 나왔다. 굴드는 이런 주장에 동조하지 않았다. 대안이 없었다. 그나마 키녹이 최선이었다. 오히려 만델슨과 더불어 키녹에게 강력한 리더십 발휘를 촉구했다. 그러나 달라진 것은 없었다. 일모도원日暮途遠, 갈 길은 먼데 해는 저물고…. 일락서산日落西山, 마음은 급한데 해는 떨어지고….

굴드는 권력투쟁에 끼어들지 않으려고 조심했다. 비록 현대화론의 이론가였지만 편쌈꾼이 되기는 싫었던 것이다. 노선을 분명히 하는 것과 이 전투구에 개입하는 것은 다른 차원이다. 그는 언제나 조용한 몸짓으로 일관했다. 냉철한 분석으로 현대화의 갈 길을 헤쳐나가는 데에 몰두했다.

전환 없이는 팡파르도 없다

총선을 3년여 앞둔 1989년 2월, 굴드는 '신노동당New Labour' 컨셉을 제안했다. 과거의 낡은 노동당과 단호하게 절연하겠다는 의미를 담은 구호였다. 훌륭한 발상이었다. 그러나 당내 형편을 고려할 때 아직 때가 일러도 너무 이른 것이었다. 새싹이 나고, 몽우리를 맺고, 꽃이 피고, 그런 다음 열매를 맺는다. 아이디어도 마찬가지다. 굴드의 신노동당 컨셉도 더 때를 기다려야 했다.

고진감래苦盡甘來라고 했지만, 감래甘來의 기미는커녕 심지어 고진苦盡의 징후도 없었다. 언제쯤 고생이 끝날는지, 굴드의 답답함이야 말해 무엇하리. 그러나 그는 고통 속에서 깨닫고, 시련 안에서 단단해졌다. 신노동당 컨셉을 둘러싼 논란은 그에게 인식의 지평을 넓혀주었다. 한 가지 결론에 도달하게 된 것이다. 결국 문제는 리더였다. 강력한 개혁 리더가 등장해야만 당 현대화 작업도 신속하게 추진될 수 있다는 사실이었다.

굴드는 총선 승리를 위해선 당이 환탈換奪해야 한다고 다시 한 번 주장했다. 당내 논란을 두려워하지 말자고 외쳤다.

"사람들은 오직 노동당이 변화했다고 확신할 때만 노동당을 지지할 것이다. 오직 대담하고 선명한 변화만이 이런 확신을 이끌어낼 수 있다. 때문에 발표된 정책을 둘러싼 당내 불평은 오히려 투표 호소력을 높일 것이다. 그것이야말로 노동당이 변하고 있다는 증거이기 때문이다."

굴드가 이런 주장을 하자 대부분은 비웃었다. 어차피 이기기 어려운 선거인데 뭐하러 혼자서 용쓰느냐는 식이었다. 자멸의 독버섯, 패배주의였다. 그러나 굴드로선 결코 가만히 앉아서 패배를 기다릴 수는 없었다. 그는 정책 재검토에 착안했다. 즉, 정책 재검토 작업의 성과를 선거에 맞춰 국민 앞에 제시하는 것이었다. 만델슨은 굴드의 입장을 지지했다. 당의 모든 홍보를 정책 재검토에 맞췄다. 그 성과를 선명하게 보여주려고 노력했다. 그 결과 노동당이 변화하고 있다는 사실을 사람들이 조금씩 인식하기 시작했다. 1989년 5월의 여론조사에서, 노동당은 보수당에 2%포인트 앞섰다. 6월의 유럽의회 선거에서 노동당은 14개 의석을 늘렸다. 보수당은 14개 의석을 잃었다. 정책 재검토 홍보가 만들어낸 승리였다. 승리에 익숙해져야 승리할 수 있는 법, 이런 점에서 굴드에겐 의미 있는 소득이었다.

그러나 순항하던 정책 재검토 작업이 암초에 걸리고 말았다. 좌파가 비록 약세라고 하나 그래도 더 이상의 정책 재검토를 용인하지 않을 힘을 갖고 있었다. 예비 내각의 노동 장관이 노조 개혁을 거부했다. 그는 방송에 출연해 노조 개혁안에 반대한다고 천명했다. 그들이 정면 도전의 포문을 연 것이었다. 반발은 초반에 잡아야 한다. 경질更迭이 불가피했다. 1989년 가을 블레어가 그 자리를 승계했다. 블레어로서는 처음으로 어려운 문제에 뛰어든 셈이었다. 노조 운동가와 당원 사이에 수없이 많은

　　　　　　　　　　　　　　　　　　　1인자를 만든 참모들

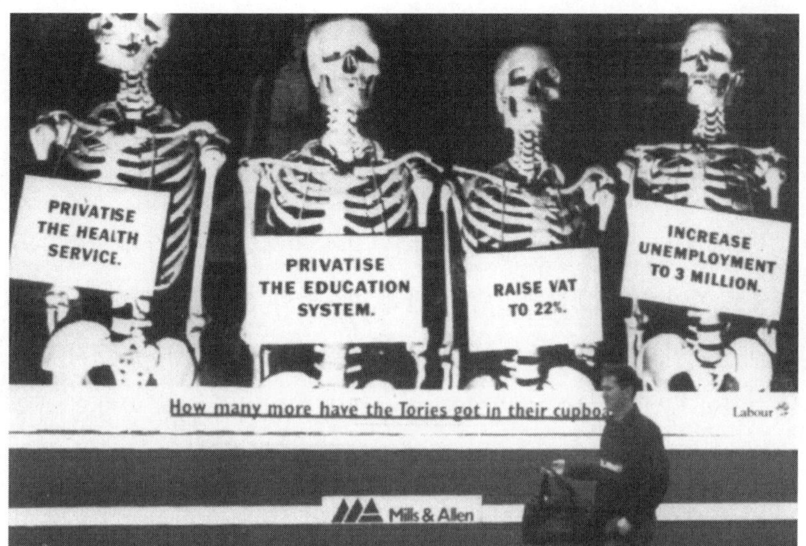

1992년 노동당의 네거티브 캠페인 포스터

적을 만들고, 끝내 주변 인물로 전락할 위험도 있었다. 그러나 리스크가 커야 이익도 큰 법이다. 위험을 회피하고, 난제를 우회해서는 리더십이 생겨날 수 없다. 블레어는 난감한 상황을 회피하지 않았다. 예민한 문제에 직접 뛰어들어 정면 승부를 걸었다. 그리고 승리했다.

"노조는 혜택이 아니라 정의를 얻게 될 것이다."

블레어의 노조 개혁에 대한 관점은 이처럼 분명했다. 블레어는 믿을 수 있고, 필요한 때 만날 수 있는 사람이 됐다. 어떻게? 그가 노조로부터 신뢰를 얻은 비결은 열린 자세였다. 블레어가 모든 주요 노조 지도자들을 방문하는 것은 보통이었다. 숱한 대화는 상례常例였다. 노조 지도자들은 블레어와 친근해졌다. 그들은 노동당을 어디로 끌고 가야 하는지에 대한 그의 단호한 입장을 잘 알게 됐다. "의미 있는 전환 없이는 팡파르도, 훈장도 없다." 블레어의 간결한 메시지였다. 1990년 9월, 노동조합 총회에서 노조 대부분은 노동관계법 개정에 블레어를 지지하기로 결정했다. 블레어로선 지도자의 반열에 오를 밑천을 확보한 승리였다. 패할 수도, 이길 수도 있다. 그러나 도전이 없으면 승리도 없다. 어부지리만 노리다간 어리바리 끝날 것이다. 블레어가 이런 교훈을 말해주고 있다.

정책 재검토를 둘러싼 당내 갈등은 점차 격해졌다. 급기야 만델슨의 축출로 이어졌다. 1988년 초부터 만델슨은 의회 진출을 열망했다. 한 사람의 정치인으로서 대중의 바다에 풍덩 뛰어들 때가 됐다고 생각했다. 소모적인 당내 투쟁으로 거의 탈진 상태에 있었기에 이런 열망은 더욱 절실했다. 자신이 밀려나고 있다고 느끼던 터였다. 그가 좌파의 표적이었던 탓에 총재 주위에서나 지도부도 그를 부담스러워 했다. 1989년 말 하틀풀 지역의 국회의원 후보로 선출되자 그는 이듬해 4월 당직에서 물러났다. 마침내 10월, 송별 파티도 없이 당무에서 완전히 손을 뗐다. 사실상 추방이었다. 이처럼 노동당의 총구는 아직 안으로 향해 있었다.

만델슨이 떠나자 굴드의 역할도 당연히 축소됐다. 만델슨의 빈자리는 컸다. 전투를 지휘할 실무 총책이 사라지자 파트너인 전략가도 힘이 빠졌다. 굴드에겐 선거 패배의 아픔보다 동료를 잃은 아픔이 더 맵고 시렸다. 이쯤 되면 보따리를 쌀 만도 하건만 굴드는 당을 떠나지 않고 버티기로 했다.

내가 잘해서 이기기도 하지만 상대가 못해서 이기기도 한다. 보수당이 내부 갈등에 휩싸였다. 대처가 밀어붙인 인두세poll tax의 악영향이 절대적이었다. 노동당은 여론조사에서 10%포인트 이상 앞서고 있었다. 내각 운영, 유럽 문제, 인두세 등을 놓고 대처 총리와 보수당 중진들 간에 표출된 갈등도 보수당의 열세를 부채질했다. 이대로 가면 총선에서 이길 수 있을 것처럼 보였다. 보수당이 최후의 카드를 내밀었다. 1990년 11월 '존

   1인자를 만든 참모들

경받지만 사랑받지 못하는 여인' 대처 수상을 11년 만에 퇴진시킨 것이다. 메이저John Major가 승계했다. 보수당은 원성이 자자하던 인두세도 포기했다. 면모面貌 일신一新이었다. 그러자 너무나 당연하다는 듯이 분위기가 보수당 쪽으로 넘어갔다. 엄청난 썰물이었다. 보수당이 노동당의 최대 약점인 세금 문제를 다시 물고 늘어졌다. 노동당은 허둥댔다. 대세가 넘어가고 있었다. 그러나 노동당은 땅띔도 못한 채 막연한 낙관에 헤벌쭉하고 있었다.

노동당은 지고 싶어 안달하는 것 같았다. 당은 혼란스러웠다. 서로 헐뜯기 바빴다. 정책 재검토는 국민이 요구하는 수준까지 나아가지 못했다. 국방정책은 바뀌었지만, 노동조합이나 국유화, 세금과 지출 등 핵심적인 부분에서는 여전히 과거에 발목이 잡혀 있었다. 이런 상황에서 결과는 너무도 자명했다. 1992년 선거에서 노동당은 또 패배했다. 연이은 네 번째 패배였다. 노동당의 득표율은 1931년 이래 최저인 34.5%였다. 정권을 빼앗긴 1979년의 38%에도 훨씬 못 미쳤다. 역사의 신은 매정하다. 준비되지 않은 자에게 결코 승리를 허락하지 않는다. 노동당은 아직 준비가 되어 있지 않았다. 그나마 다행인 것은 만델슨이 의회에 진출한 것이었다.

굴드, 미국 민주당의 선거운동을 배우러 가다

선거에서 패배하자 마치 기다렸다는 듯이 상호 비방이 시작됐다. 선거를 주도한 세력과 노선에 대한 비판이 들불처럼 일어났다. SCA를 지원해주고, 그들이 이끈 선거운동에 대해 칭찬하고, SCA와 공동으로 일하고, SCA가 하는 모든 일에 동의했던 사람들마저 등을 돌렸다. 언론도 거들었다. 말리는 시누이가 고추보다 더 매운 법이다. 비아냥대고, 이죽거렸다. 패배하지 않아도 되는 선거에서 노동당이 패배한 이유가 SCA 때문이라고 공격했다. SCA는 역적으로 몰렸다. 당의 공식 보고서에 이렇게 기술될 정도였다. "앞으로는 정치적 현실을 무시한 채 소위 승리 비법을 제공한다는 사람들에게 현혹돼서는 안 된다." 1992년 10월, 당 현대화의 전위대 SCA도 6년간의 활동을 마감했다. 무대에서 사라졌다.

굴드에게도 엄청난 비난과 모욕이 쏟아졌다. 개혁이든 승리든 다 팽개치고 싶었다. 만델슨이 전화로 격려했다. 큰 힘이 됐다. 용기가 거창한 논리에서 비롯되는 것은 아니다. 한마디 말, 따뜻한 눈짓, 그윽한 표정만으로 충분하다. 굴드는 다시 기력을 회복했다. 다시 냉철한 분석에 착수했다. 왜 졌는지를 규명하고자 했다. 여론조사를 해보니 결과는 명쾌했다. 노동당은 여전히 노동조합의 볼모로 인식됐다. 파업과 인플레이션, 강경 좌파의 당으로 비춰지고 있었다. "우리도 노동당을 버렸지만 노동당도 우리를 저버렸다." 이런 것이 유권자들의 생각이었다. 노동당과 유권자들은 서로 등을 돌린 채 다른 방향을 바라보고 있었다.

어떤 경우 내가 틀렸으면 하고 바랄 때가 있다. 내 결론에 따르면 험한 길을 걸어야 할 경우 그렇다. 그러나 약해지면 안 된다. 혼자만의 아집은 아닌지 덜컥 겁이 날 때도 그렇다. 허나 그렇다고 해서 주저앉으면 안 된다. 궁지에 몰린 굴드였지만 그는 자신의 냉철한 분석에 따른 결론을 포기할 수는 없었다.

"노동당이 승리하기 위해선 완벽하게 변해야만 한다. 당명 변경을 비롯한 모든 대안을 검토해야 한다. 노동당은 너무 많이 변해서 패배한 것이 아니라, 너무 적게 변해서 패했다."

　　　　　　　　　　　　　　1인자를 만든 참모들

사실을 면밀히 따져봄으로써 자신의 생각이 옳다는 것을 새삼 확인했다. 그러나 그것이 그를 더 허탈하게 했다. 몰라서 졌으면 분하지는 않을 텐데…. 이럴 때는 잠시 떠나 머리를 식히는 것도 괜찮다. 굴드는 한숨 돌리고, 외국의 캠페인에 대해 공부도 할 겸 미국으로 건너갔다. 클린턴의 선거운동본부가 있는 리틀록으로 향했다. 마음은 편치 않았다. 선거에서 패배하고, 당에서 불신임 받은 캠페이너campaigner라는 자괴감 때문이었다.

그러나 그는 기대 이상의 환대를 받았다. 그들이 말했다. "여기 있는 모든 사람은 대통령 선거에서 두세 차례 이상 패배한 경험이 있다. 패배에서 무엇을 배우느냐가 중요하다. 우리는 당신에게서 배우고 싶다." 클린턴 캠프는 화목한 분위기였을 뿐만 아니라 놀랄 정도로 효율적이었다. 부시를 짓밟아버릴 만큼 거칠고, 잘 조화되고, 자기 확신으로 가득 찼다. 다른 세계에 들어선 느낌이었다.

미국 공화당은 영국 보수당의 캠페인 기법을 벤치마킹하고 있었다. 보수당의 기법은 굴드에게 너무나 익숙한 것이었다. 막판 뒤집기의 쓰라린 경험을 이미 당해본 그였다. 선거 5일 전 굴드가 절박한 심정으로 조언했다.

"부시의 실정에 대한 국민의 분노를 다시 한 번 환기시키고, 부시의 재집권에 대한 공포감을 극대화해야 합니다. 일반 국민이 클린턴에 대해 갖는 불안감을 극복하는 유일한 방법은 부시에 대한 공포감을 자극하는 것입니다. 따라서 남은 며칠 동안 부시의 실정을 집중 부각하는 방식으로 전환해야 합니다. 최대한 공격적으로 거칠게 몰아붙이세요."

클린턴은 승리했다. 1992년 클린턴의 선거는 진보 세력이 승리할 수 있는 방법을 보여주었다. 승리 체험을 통해 다시 전의로 무장한 굴드가 다시 런던으로 돌아왔다. 그는 클린턴의 선거운동을 요약하고, 노동당의 전략적 방향을 제시한 보고서를 당 지도부에 제출했다. 노동당은 앞이 아니라 뒤를 보고, 주류가 아니라 소수를 위하고, 경제를 적절하게 운영할 수 없는 당으로 받아들여지고 있다고 지적했다.

굴드는 다시 한 번 당의 근본적인 변화를 요구했다.

"정치적으로 노동당은 '일하는 보통 사람들'의 욕구에 적절히 연계될 필요가 있다. 이것은 평범한 유권자들의 삶을 곤란한 입장에 방치하는 것이 아니라 향상시키는 것에 결부돼야 한다. 이것이 '신대중주의new populism'이다. 노동당은 과거에 속박된 당에서 미래로 나아가는 당으로 전환함으로써 새롭게 대중에게 다가갈 수 있다. 변화된 노동당만이 영국 유권자들과 새로운 신뢰 관계를 구축할 수 있는 기반이다. 그리고 이 변화는 대중 앞에 명백하게 드러나는 것이어야 한다. 노동당이 자기 스스로 자신을 변화시키고 있음을 공개적으로 천명할 때까지는 아직 완전하게 변화한 것이 아니다."

키녹이 물러나고 존 스미스가 총재직을 물려받았다. 그는 개혁파였다. 예비 내각의 재무 장관으로 정책 재검토를 사실상 주도했던 그였다. 그러나 총재로서 그는 우유부단했다. 연이은 선거 패배, 1인 1표제의 도입 등으로 좌파가 세를 잃어가고 있었다. 그럼에도 그는 당내 단합이란 미몽迷夢에 빠져 있었다. 그의 논리는 새가 날기 위해선 좌우 날개의 균형이 필요하다는 것이었다. 하지만 그것은 절충이요 미봉이었다. 애매曖昧도 극

　　　　　　　　　1인자를 만든 참모들

단만큼 위험한 것이다. 당 현대화 작업은 주춤거렸다. 개혁이 내용이라면 리더십은 그것을 담는 형식이다. 스미스는 당 현대화를 이끌 지도자로는 깜냥이 부족했다.

이런 와중에도 블레어와 그의 평생 동지 고든 브라운Gordon Brown은 열심히 성장하고 있었다. 블레어는 '법과 질서' 이슈에서 보수당을 압도했다. 브라운은 세금과 경제정책들을 현대화하고 있었다. 비록 여론조사에서 노동당이 앞서고 있었지만, 그렇다고 흔들림 없이 승리로 나아가고 있는 것은 아니었다. 블레어와 브라운은 이 사실을 알고 있었다. 스미스가 당 개혁에 분명한 입장을 취하도록 노력했으나 받아들여지지 않았다. 그들은 분통을 터트렸다. 굴드도 숨이 막히긴 마찬가지였다. 춘래불사춘春來不似春이라, 아직 때를 기다려야 했다.

스미스 총재의 개혁 드라이브가 지지부진하긴 했지만, 하나의 진전은 있었다. 노조가 당 대회에서 행사하던 투표 지분을 단체 당원의 비율과 무관하게 70%로 제한한 것이다. 나머지 30%를 지구당의 일반 당원이 행사하도록 했다. 총재·부총재 선출을 위한 선거인단 구성에서도 노조·의회 노동당·지구당 지분이 1/3씩 배정되도록 해 노조의 지분을 40%선에서 더욱 축소했다. 의원 후보자 선출을 위한 지역 선거인단과 당 대회에서 관례적으로 용인되던 노조의 블록 투표제를 폐지하고 완전한 1당원 1표제를 도입했다. 이로써 노조의 힘은 결정적으로 약화됐다.

어느 순간 물살이 빨라지는 게 역사다. 스미스 당수가 갑작스럽게 사망했다. 바빠졌다. 현대화 세력은 당을 완전 장악할 수 있는 기회로 받아들였다. 당권을 잡고 당 개혁을 더욱 힘차게 밀어붙이면 총선 승리가 손에 잡힐 수 있다고 생각했다. 당연히 현대화 세력의 적자인 블레어와 브라운 간의 후보 단일화가 초미의 관심사로 떠올랐다. 당 내외 시선은 자연스레 이들의 일거수일투족에 쏠렸다.

블레어가 이론가 브라운을 압도하다

블레어와 브라운은 1983년 총선에서 30대 초반의 나이로 처음 의정 단상에 진출했다. 그 후 그들의 발전은 눈부신 것이었다. 블레어는 53년 생, 브라운은 51년 생으로 이른바 '68 학생운동' 세대다. 1987년 선거까지만 해도 그들은 그저 스쳐가는 인물에 불과했다. 그러나 선거가 끝나자마자 그들은 중심적 위치로 부상했다. 정책 재검토 과정에서 보여준 능력은 발군이었다. 블레어와 브라운은 참신성의 상징으로 보였다. 대중의 마음을 사로잡는 능력이 있었다. 특히 블레어는 합리적 설명을 초월해 대중과 교섭할 줄 아는 능력을 갖추고 있었다. 지도자에게 논리는 때로 구속이고, 장애다. 너무 논리에 구애될 필요 없다. 지도자는 논리보다 열정을 가져야 한다. 정서적으로 대중과 호흡하는 능력을 갖춰야 한다. 블레어에겐 이런 자질이 충분했다. 이런 자질이 블레어가 지도자로 부상하게 된 결정적 요인이었다.

1992년, 그들은 나란히 노동당 내 권력 기반의 결정판이라고 할 NEC 위원으로 선출됐다. 두 사람 가운데 브라운이 언제나 한발 앞서갔다. 1992년 예비 내각 선거에서 브라운은 1위, 블레어는 2위였다. NEC 선거에서는 브라운이 3위, 블레어는 턱걸이 7위였다. 브라운은 출신 지역이 같다는 이유로 스미스의 총애까지 받았다. 블레어와의 관계에서도 브라운은 일종의 스승이었다. 브라운이 말하면 블레어는 듣는 편이었다. 둘이 함께 호주로 휴가를 갔을 때, 그들을 지켜본 호주 정치인이 이렇게 평했다. "블레어 편에서 먼저 브라운의 정치적 깊이와 크기가 앞선다는 사

　　　　　　　　　　　　　　　　1인자를 만든 참모들

실을 받아들이는 것처럼 보였다. 여기 있었던 기간 내내 블레어는 브라운에게 경의를 표하며 양보했다."

블레어가 지도자 후보로서 부상했음에도, 여전히 그의 앞에는 브라운이 현대화 세력의 대표로서 버티고 있었다. 블레어가 예비 내각의 내무 장관으로 성장 가도를 달리고 있긴 했다. 하지만 현대화 세력의 희망은 여전히 예비 내각의 재무 장관인 브라운이었다. 만약 브라운이 추락하면, 당을 현대화하려는 모든 기대도 함께 사라질 것으로 생각될 지경이었다. 1992년까지는 틀림없이 그랬다.

굴드는 블레어보다 브라운과 더 친했다. 그가 브라운에게 이끌린 것은 단순히 정치적 필요성 때문이 아니었다. 그를 만날 때면 마음이 편했기 때문이었다. 그는 언제나 더 많은 무엇을 요구했다. 더 많은 아이디어, 더 많은 노력, 더 많은 리서치 등등 분석가가 선호하는 것들이었다. 반면, 블레어는 덜 편했다. 그는 사교성이 떨어졌다. 작은 이야기들에는 도통 관심이 없었다. 그의 관심은 거대한 것이었다. 노동당이 제대로 하고 있는지, 수권受權 준비를 갖췄는지 등이었다. 그는 상대방이 듣고 싶지 않은 어려운 질문을 해대고, 분명한 대답을 듣고자 하는 버릇이 있었다. 답이 떨어지지 않는 문제에 대한 질문은 언제나 곤혹스럽다. 굴드가 브라운에게 더 끌린 것은 인지상정이었다.

1992년을 기점으로 블레어는 브라운을 추월하기 시작했다. 블레어는 비상한 통찰력으로 이러한 흐름을 정확하게 포착하고 있었다. 지도자로 성공하려면 두 가지 계기가 적시에 만나야 한다. 기회를 포착하는 재능과 재능을 실현할 기회가 그것이다. 기회가 왔을 때 그것을 잡아챈 블레어의 재능은 놀라운 것이었다. 선택의 순간이 왔다. 그는 순식간에 자신을 승자로 만들어버렸다. 대학 시절 록 밴드를 이끌던 '날라리' 블레어가

68 운동의 대표적 이론가 브라운을 넘어선 것이다. 역시 지도자의 자질은 설명할 수 없는 그 무엇이다.

출마를 앞두고, 블레어는 자신보다 브라운이 앞선 순위라는 세간의 인식 때문에 잠시 고민했다. 그러나 곧바로 자신이 나서야 한다는 결론에 도달했다. 하긴 리더가 되는 데 순서란 게 있을 리 만무하다. 블레어의 전략은 이랬다. 먼저 출마를 선언한다. 그리고 현대화 세력의 후보는 1명이어야 한다는 입장을 피력한다. 내가 물러나는 일은 있을 수 없다고 단언한다. 브라운이 총재 경선에 나설지는 브라운 스스로 결정할 문제다. 합의에 의한 단일화는 없다. 블레어 전략의 장점은 순식간에 브라운을 수세에 몰아넣은 것이었다. 브라운으로선 출마가 자칫 분열 행위로 비칠 우려마저 생긴 꼴이었다. 짧은 순간에 블레어의 출마는 기정사실, 브라운의 양보는 의무가 돼버렸다. 브라운은 만델슨이 배후에서 블레어를 돕고 있다고 의심했다. 키녹이 압력을 넣고 있다고 생각했다. 현대화파派의 맹장들이 블레어를 지지하자 의심꾸러기마냥 의심은 더욱 커졌다. 단일화가 무산될 수도 있는 중대 기로였다.

우정을 지키고, 대의에 따를 것인가. 아니면 염원대로 출마를 강행할 것인가. 굴드도 선택을 회피할 수 없었다. 개인적으로는 브라운과 훨씬 친했기에 브라운의 손을 들어주는 게 당연해 보였다. 하지만 웬걸 그는 블레어를 선택했다. 국민 정서를 감안하고, 변화와 새로운 시작을 위해서는 블레어가 적임자라고 판단했다. 요컨대, 블레어가 더 참신하고 역동적으로 보인다는 게 이유였다. 역시 냉철한 분석의 굴드다운 선택이었다.

"스미스 총재의 사망 이후 노동당의 유일한 전략적 기회는 노동당이 변화를 선도하는 정당, 역동적인 정당이 되는 것이다. 이러한 사실은 국민 정

　　　　　　　　　　　　1인자를 만든 참모들

서나 당내의 당원 다수가 인정하고 있다. 지금 이 순간, 블레어만이 윌슨 이후 그 어떤 노동자 지도자들보다 완벽하게 이러한 분위기에 적합한 인물이다. 브라운은 스미스와 블레어 사이의 임시 지도자에 불과할 따름이다. 요컨대, 지

브라운 현 영국 수상과 블레어 전 영국 수상. 브라운은 블레어 집권 시 재무 장관을 지냈다.

금 이 순간에는 모든 전략적 결정이 국민 정서와 당내 분위기의 기초 위에서 내려져야 한다."

양자 간의 대립은 깊어져 갔다. 서로 상대방이 사퇴할 것이란 기사를 만들어내느라 혈안이 됐다. 블레어는 브라운을 계속 압박했다. "내가 용퇴하는 일은 있을 수 없으며, 따라서 상처 입고 분열하는 경선을 강요할 것인지 여부는 브라운의 선택에 달렸다." 자칫 분열로 자멸할 우려마저 제기될 정도로 상황은 악화됐다.

마침내 둘이 만났다. 다음날 브라운은 불출마를 선언했다. 개인적 야심보다 노동당의 승리를 위한 대승적 결단이었다. 남은 것은 우아한 그림의 연출이었다. 두 사람이 담쟁이넝쿨로 둘러싸인 하원 분수대 주변을 함께 거니는 장면이 보도됐다. 어깨를 나란히 하고 정담을 나누는 모습은 연장자가 멋있게 양보한 것처럼 보였다. 보기 좋은 그림이었다. 홍보의 성과였다. 브라운은 블레어의 총재 출마 연설문까지 손수 작성하는 의리를 보여주었다.

총재 경선팀이 구성됐다. 다른 사람들을 의식해 공개적으로 움직이지

는 않았지만 역시 총지휘자는 만델슨이었다. 굴드도 합류했다. 1994년 7월 21일, 블레어는 57%의 득표율로 당선됐다. 마침내 41세의 패기만만한 블레어가 총재에 선출됨으로써 좌파 및 과거와의 투쟁은 종료됐다. 젊고 힘 있는 당으로 탈바꿈했다. 굴드로선 천신만고 끝에 얻은 기회였다. 10년 동안 싸우면서 검증해온 이론과 전략을 온전하게 실현할 기회가 마침내 온 것이었다.

'블레어 효과'를 선거 승리의 핵심 요소로

굴드는 경선 이후에도 블레어와 함께 일했다. 블레어가 말했다. "과거의 노동당 당수는 타협했기에 패배했다. 나는 패배하고 정치를 떠날지언정 영합하지는 않을 것이다." 굴드가 말했다. "총재께서 앞으로 2년 동안 일관되고, 명료하며, 단호하고, 정직하다면 승리할 것입니다." 블레어는 본능적으로 어떤 상황, 어떤 사상, 어떤 사람이든 금방 본질을 파악하고, 곧장 핵심을 찌른다. 결과에 상관없이 자신의 직관에 따른다. 때문에 때로는 완고하고 융통성이 없는 것처럼 보이기도 한다. 이런 점에서 냉철한 분석을 특장으로 하는 굴드는 블레어에게 더없이 소중한 참모였다. 둘은 보스와 참모로서 절장보단截長補短의 관계였다.

　굴드는 변화 전략을 제시했다. 37~39%의 기존 고정표를 다지는 공고화 전략에서 벗어나, 새로운 계층으로 접근해 42~43%를 얻어 승리하는 것이 변화 전략의 골자였다. 그 요체는 변화와 대중주의를 결합한 신노동당 창출이었다. 변화는 정책 수정과 지도자의 모습을 잣대로 대중에 체감된다. 대중주의는 보통 사람들의 열망을 얼마나 정책과 리더십이 수용하느냐는 것이다. "정당의 토대는 대중이며, 이념이 아니라 대중의 실질

　　　　　　　　　　　　1인자를 만든 참모들

적 이해와 요구를 반영하는 정당이 되어야 한다." 일찍이 굴드가 제안한 신노동당 컨셉이 단순한 담론을 넘어 비로소 당의 새로운 정체성으로 자리 잡기 시작했다.

굴드는 블레어를 홍보의 핵심 테마로 삼았다. 소위 '후보 요인candidate factor'에서 경쟁 우위를 확신한 까닭이었다. 블레어에게는 "신선하고, 변화 의식이 있으며, 자기 확신이 있다는 점에서 일종의 다른 유형의 정치인"이라는 강점이 있었다. 경쟁자 메이저는 유약하고, 소심해 보였다. '이미지 피로증症'을 노정露呈하고 있었다. 둘 사이의 경쟁에 초점을 맞추는 것은 노동당에 훨씬 유리한 구도였다. 이처럼 굴드가 '블레어 효과Blair effect'를 선거 승리의 핵심요소로 배치한 것은 탁월한 선택이었다. 정책에 대해서도 고삐를 늦추지 않았다. 더 변화할 것을 요구했다. "국민들은 정권이 바뀌어야 한다고 생각하면서도 노동당을 충분히 신뢰하지 않고 있다. 보수당에 식상했지만 노동당에 대해서는 노조, 세금 등을 이유로 여전히 공포감을 갖고 있는 게 사실이다."

1995년 4월, 블레어의 등장으로 상승하던 분위기는 조금씩 악화됐다. 반전의 돌파구가 필요했다. 굴드는 당헌 제4조의 수정을 촉구했다. 당헌 제4조는 생산, 분배, 교환 수단의 공공 소유를 당의 목표로 명시한 사회주의적 조항이었다. 당헌 제4조 수정은 노동당의 변화를 가늠하는 시금석이었다. 당헌 제4조 개정에 대한 관심이 고조됐다. 정치인과 유권자 간의 직접 접촉을 뜻하는 쌍방 소통이야말로 민주정치의 골간骨幹이다. 블레어는 당원들과 직접 접촉하기 시작했다. 당헌 제4조 개정안이 우여곡절 끝에 완성됐다. 신新당헌 제4조는 역동적 시장경제, 경쟁 원리 등을 지지했다. 1995년 4월 임시 전당대회에서 당헌 제4조 개정안은 65%의 지지 속에 통과됐다. 드디어 구舊노동당의 심장이 제거된 것이었다. 노동당에서 사회주의는 죽었다.

그러자 노동당의 상승세가 다시 뚜렷해졌다. 그러나 굴드는 끊임없이 변화할 것을 요구했다. 즉, 노조의 손아귀에서 놀아나고, 세금을 인상하고, 범죄나 국방 문제에 허약하게 대응한다는 낡은 이미지에서 탈피할 것을 요구한 것이다. 굴드는 또 그 변화를 지속적으로 국민들에게 공개할 것을 요구했다. 변화된 정책을 국민이 인식할 수 있도록 반복적으로, 꾸준하게 확인시켜줘야 불신을 털어낼 수 있다는 것이다.

문제는 다시 정책이었다. 굴드는 강력한 정책 드라이브를 주문했다.

"주요 이슈에 대한 새로운 정책 공세가 필요하다. 말만으로는 불충분하다. 말로서는 유권자들의 냉소주의와 저항을 극복할 수 없다. 말을 넘어서 행동으로 나아가야 한다. 즉, 정책 프로그램을 제시하고, 당내 반대를 제압하고, 당 전체의 지지를 획득해야 한다."

블레어가 굴드의 제안을 수용했다. 강력하게 밀어붙이기 시작했다. 그리고 마침내 1996년 7월 『영국의 재생New Life for Britain』이란 이름의 정책 자료집이 탄생했다. 정책 공세는 1997년의 정책 자료집 『미래의 영국 창조Leading Britain into the Future』로 이어졌다.

굴드가 가장 우려한 노동당의 아킬레스건은 세금 이슈였다. 보수당이 선거 때마다 터트린 폭탄의 뇌관이었다. 그것은 '세금을 올리고, 재정 지출을 늘리는' 노동당의 낡은 이미지를 타파하는 문제였다. 이것은 단순히 선거 전략·전술적 차원의 문제가 아니었다. 대처가 이식한 신자유주의 노선을 수용할 것이냐, 혹은 예의 사회민주주의 복지국가 노선으로 갈 것이냐 하는 원칙의 문제였다. 결국 어느 노선을 취하느냐에 따라 집

　　　　　　　　　1인자를 만든 참모들

권 후 국가 운영 기조가 달라지기 때문이었다.

18년 만에 완벽한 승리를 일궈낸 굴드

1996년 5월부터 노동당이 먼저 포문을 열었다. 광고를 게재했다. 보수당이 세금을 인상했다며 공격했다. 노동당이 세금 인상 자체를 공격한 것부터가 변화였다. 그러나 끈질기고 악착스러운 것이 고정관념이다. 어지간해서는 좀처럼 바뀌지 않는 것이 타성적 사고다. 여전히 '구관이 명관'이라는 인식이 끈질기게 노동당을 괴롭혔다. 게다가 11월부터 보수당이 반격을 개시했다. 으레 하던 그대로 노동당은 세금을 올리는 정당이라는 공격이었다. 그들은 보통 가구가 1년에 1,200파운드의 세금을 더 내야 하는 것이 노동당의 공약이라고 혹평했다. 하지만 노동당은 이제 과거의 노동당이 아니었다. 노동당은 즉각 반격했다. 보수당 정권이 1992년 이후 22회나 세금을 올렸고, 보수당 정권 하에서 한 가구당 2,120파운드의 손실을 입었다고 공격했다. 노동당의 공격이 효과를 발휘하기 시작했다. 이로써 노동당은 세금 이슈에서도 승기를 잡아나갔다.

남은 과제는 노동당의 독자적인 조세 플랜tax plan을 제시하는 것이었다. 1997년 1월, 브라운이 조세 플랜을 밝히는 자리에서 선언했다. "노동당은 기본 세율이나 최고 세율을 결코 인상하지 않겠다." 보수당으로선 결정적인 무기, 전가의 보도를 잃어버린 꼴이었다. 3월, 세금 이슈에서 노동당은 보수당보다 11%포인트 앞선 지지를 획득했다. 1992년에는 상상도 못했던 세금 전쟁에서의 승리가 현실로 나타난 것이었다.

1997년 3월 총선 일정이 발표됐다. 굴드의 가슴은 두근두근 뛰었다. 또 조마조마 겁이 났다. 지는 것이 어느새 습관이 돼 새가슴이 된 것일까.

두려움과 기대가 동시에 온몸의 실핏줄을 타고 돌면서 팽팽한 긴장감을 가득히 채워놓았다. 선거운동 초반에 드러난 여론조사 결과는 노동당이 평균적으로 약 22%포인트 앞서고 있음을 보여주었다.

5월 1일 총선이 치러졌다. 결과는 노동당의 대승, 엄청난 대승이었다. 총 659석의 하원 의석 가운데 노동당은 하원 의장을 제외하고서도 418석을 얻었다. 1992년 총선보다 무려 146석이나 더 많은 의석을 확보했다. 노동당이 확보한 44%의 득표율과 1,350만의 득표수는 5년 전 선거에 비해 각각 8%포인트와 200만이 많은 수치였다. 보수당이 얻은 165석은 1906년의 157석 이래 가장 낮은 기록이었다. 31%라는 득표율 역시 1832년의 29.4% 이래 최저 수준이었다. 굴드가 목표한 수치와 노동당의 실제 득표율은 단 1%포인트의 오차밖에 나지 않았다. 그만큼 굴드의 냉철한 분석은 정확했다.

꿀맛 같은 승리! 굴드가 노동당에 들어간 지 13년 만이었다. 경험 없는 풋내기로서 패배와 질시를 견뎌내긴 쉽지 않았을 것이다. 그러나 그는 잘 참아냈다. 엄청난 압박과 수모를 당하면서도 자신의 소신을 굽히지 않았다. 시종일관 노동당 개혁과 정치 지형 재편이란 목표에 충실했다. 그리고 마침내 승리를 만들어냈다.

블레어 그룹의 2인자는 브라운이었다. 최측근 참모는 만델슨과 캠벨 Alastair Campbell이었다. 그러나 전략 개발의 이론가는 단연 굴드였다. 당을 개혁하고, 지도자를 전면에 내세우고, 강력한 정책 드라이브를 펼침으로써 다수 진보 연합progressive majority coalition을 새롭게 편성한 것은 굴드의 전략이었다. 이 연합은 2009년 현재까지 노동당이 장기 집권하는 기반이 됐다. 이런 점에서 굴드는 신노동당 건설의 브레인이라 하겠다.

     1인자를 만든 참모들

2008년 9월 굴드는 그동안의 헌신적인
노력을 인정받아 특별 공로상
을 수상했다.

나폴레옹에게 물었다.

"누가 최고의 전략가입니까?"

나폴레옹이 대답했다.

"승자다!"

역사에는 정답이 없다. 단지 선택만 있다. 굴드는 자신이 옳다고 생각한 선택에 충실했다. 이기기 위한 수단으로서의 변화가 아니라 뿌리까지 변화해야 이길 수 있다고 생각했다. 끝내 승리했고, 그는 최고의 전략가가 됐다. 그는 냉철한 분석으로 현대화의 실천적 좌표를 설정하고, 실행 프로그램을 짰다. 그가 기여한 현대화 노선이 정말 영국 국민에게 삶의 향상을 가져다주었는지는 아직 두고 볼 일이다. 어떤 결과가 나오든, 굴드라는 참모가 13년 동안 노력해서 승리를 만들어냈다는 것이다. 그 승리가 아직도 계속되고 있다는 것이다. 18년 만의 정권 교체와 10년이 넘는 장기 집권, 이 정도면 일급 참모 아닌가.

mentoring

- 참모는 평정심composure을 잃지 않아야 한다. 차가운 이성이 늘 마음의 평정을 유지하도록 해야 한다. 그러나 냉혈은 나쁘다. 참모는 또 뜨거운 심장을 가져야 한다. 그러나 버럭 신경질을 잘 내는 버릇, 간벽癇癖은 좋지 않다.

- 자신을 알고, 자기 일에 충실하라. 내가 잘하는 일을 해야 한다. 그리고 그 일만큼은 천재지변이 닥쳐도 완수해야 한다.

- 시작했으면 끝을 보는 게 좋다. 세상에 쉬운 일이 어디 있으랴. 죽을 만큼 힘들 때에도 포기하지 말라. 잠시 쉬었다가 다시 시작하라. 그러면 새로운 지평이 열릴 것이다.

- 영혼 없는 기술자가 되지 말라. 우스워지거나, 비참해진다.

- 역지사지易地思之하라. 그러나 송양지인宋襄之仁은 맹하다. 일이관지一以貫之하라. 그러나 교주고슬膠柱鼓瑟은 둔하다. 매진일로邁進一路하라. 그러나 우공이산愚公移山은 심하다.

위대한 참모가 조직의 성패를 좌우한다

참모는 모謀에 참여하는 사람이다. 모는 뭔가. 사전에 나오는 모의 뜻이다. 지략, 계략, 계책, 본보기, 꾀하다, 도모하다, 모색하다, 묻다, 살피다, 의논하다, 상의하다, 속이다, 모이다, 접촉하다 등 다양하고 많다. 모의 여러 가지 뜻 중에서 단 한 가지라도 걸치지 않는 사람은 없다. 그러므로 모든 사람이 참모다. 또 모의 여러 뜻은 참모의 기능을 말해준다. 결코 뒤에서 획책하는 것이 모가 아니다. 참모의 일은 세상 사람 누구나 하는 것이다.

극소수의 사람을 제외하면, 거의 모든 사람은 참모이면서 리더다. 과장이면 그 과에서는 리더이지만, 부장의 참모다. 모든 직원은 CEO의 참모다. 그 CEO도 회사의 주인인 주주의 참모다. 평사원이 집에서는 리더인 경우가 많다. 남자라면 특히 그렇다. 조직에서 평직원이 산악회, 축구회 같은 동우회나 친목 모임에서 리더인 경우도 허다하다. 이처럼 리더나 참모는 역할 개념이기 때문에 고정된 것이 아니다. 스스로를 하나의 역할에 가두지 않는 것이 좋다. 참모 역할에 대해 잘 알면 리더 역할을 더 잘할 수 있다. 리더 구실에 대해 정통하면 참모 구실을 더 잘할 수 있다.

여기 기획팀이 있다. 팀장은 리더다. 따라서 리더십은 당연히 팀장의 몫이다. 팀원은 참모다. 그들은 팀장의 리더십에 잘 따르기만 하면 된다. 이른바 팔로우십followship이다. 과연 그런가? 한마디로 웃기는 이야기다. 팀장은 한 사람이고, 팀원은 다수다. 1인을 제외한 모든 이의 능력을 사장死藏하는 허망한 논리다. 리더십은 절대로 리더의 전유물, 그만의 특권이 아니다. 어떤 자리에 있든, 어떤 직급이든 누구나 리더십을 발휘할 수 있다. 리더십에는 리더의 리더십과 참모의 리더십 두 가지가 있다. 리더십 있는 팀원이라면 얼마든지 리더를 압도할 수 있다. 아니 해야 한다. 이것이 참모 리더십이다.

참모 리더십은 보스보다 먼저 생각하고, 리더보다 멀리 내다보고, 상사보다 재빠르게 움직이는 것이다. 리더십 있는 참모가 리더를 옳은 방향으로 움직이게 유도한다. 그럼으로써 전체에게 혜택이 돌아가는 승리를 일궈내는 것이다. 참모에겐 결정권이 없다는 것이 제약인 것은 사실이다. 그러나 그것 때문에 스스로를 위축하고, 행동을 자제하고, 생각마저 줄일 필요는 없다. 그런 사람에게 발전이나 미래는 없다. 주제넘은 놈이 성공하고, 당돌한 놈이 승리한다. 항상 지금의 나보다 높은 직급의 관점에 익숙해져야 한다. 직급이나 직책에 구애받지 말고 능동적으로 사고하고, 주체적으로 판단하고, 적극적으로 행동해야 한다. 누구든 참모 리더십을 발휘해야 성공할 수 있다. 어느 조직이든 참모 리더십을 활성화해야 승자가 될 수 있다.

참모는 부하나 한낱 졸개가 아니다. 참모를 단순히 보스에게 속한 부속품, 혹은 종복從僕 내지는 마름 정도로 여기는 건 잘못이다. 혼자 잘난 사람 없고, 나 홀로 성공한 사람 없다. 보스와 참모는 역할과 기능만 다를 뿐 대등한 파트너다. 어쩌면 더 중요한지도 모른다. 『삼국지』를 읽어도 유비보다 참모 제갈공명이 더 멋있다. 손권은 육손이나 주유 덕에 버텼다. 도요토미 히데요시와 도쿠가와 이에야스 간의 대결에서 더욱 흥미로운 것은 이시다 미쓰나리와 혼다 마사노부가 펼치는 참모 간의 지략 대결이다. 시인詩人을 영어로 음차音借하면 see in이 된다고 한다. 속을 들여다보는 사람이라…, 제법 그럴싸하다. 참모를 음차하면 'charm mo'가 된다. 'mo'는 more의 준말이다. 결국 참모는 더 매력적인 사람이 된다. 재미 삼아 말놀이한 것이긴 하지만 그래도 진면목을 잘 드러내주는 것 같다.

왜 참모에 대해 주목해야 하나.

간단하다. 모두가 참모이기 때문이다. 어떤 조직에서든 극점의 한 명을 제외하면 모두 참모다. 직급이나 직책에 상관없이 부여되는 역할이다. 그러니 참모에 대해 관심을 갖지 않는 게 이상하다. 이유는 또 있다. 역사상 숱한 성공 스토리, 승리 드라마가 참모에 의해 주도됐다. 멍청한 리더조차도 참모를 잘 만나 이름을 드높이게 된 경우가 허다하다. 거의 모두가 참모이고, 참모가 결정적 역할을 한다는 엄연한 사실을 두고, 리더와 그의 리더십만 열심히 공부하는 것은 바보짓이다. 남의 다리 긁는 것이다. 따라서 이제는 리더로서의 리더십뿐만 아니라 참모로서의 리더십에 주목해야 한다.

참모 리더십에서 주목해야 할 또 다른 측면이 있다. 바로 스태프 마인드staff mind다. 내 주위의 참모들을 잘 활용하는 것이다. 나아가 비록 내 참모가 아닐지라도 내 주위에 있는 많은 사람, 각양각색의 군상을 내 참모로 활용하는 것이다. 반대의 경우도 있다. 내가 보스에게 최고의 참모가 되는 것이다. 나아가 설사 보스참모의 사이가 아니더라도 그의 참모로서 역할해주는 것이다. 내 참모를 잘 활용하고, 그의 참모가 돼주는 것이 스태프 마인드다. 인생을 성공으로 이끄는 비결이다.

　이러한 태도가 참모에 대한 과도한 예우인가? 그렇지 않다. 불후의 명작 『사기』를 남긴 사마천은 참모 혹은 2인자를 정당하게 대접했다. 대표적인 것이 안자晏子에 대한 언급이다. "오늘날 안자가 살아 있다면, 나는 그를 위해서 말고삐를 잡는 마부가 되어도 좋을 만큼 흠모한다." 안자는 제나라 영공·장공·경공을 50년에 걸쳐 도운 참모다. 관자管子에 대해서도 칭찬을 아끼지 않았다. "군주의 잘한 점을 좇아 더 잘하게 하고 잘못된 점은 바로잡아주어야만 군주와 신하가 서로 친해질 수 있다고 했는데, 이것이 어찌 관자를 두고 하는 말이 아니겠는가?" 관자는 제환공을 춘추시대 천하의 패자로 만든 그의 40년 참모다.

　당 태종 이세민은 자신을 도운 방현령房玄齡과 위징魏徵에 대해 이렇게 말했다. "나를 도와 천하를 평정하고 온갖 고난과 어려움 속에서도 사방으로 다니며 전력을 치른 공로로 말하자면 방현령만 한 사람이 없다. 국가에 충성을 다하면서 수많은 지모와 정략을 내어 규간規諫함으로써 천하를 안정시키고 백성을 복되게 했으며 짐으로 하여금 오늘날의 대업을 이뤄 천하의 칭송과 명망을 얻게 한 공로로 말하자면 위징만 한 사람이 없다. 옛날의 어떤 치국현신治國賢臣도 이 두 사람을 능가하지 못할 것이다."

　미국 대통령을 지낸 트루먼의 자신의 참모 마셜G. C. Marshall에 대한 평은 또 어떤가. "내가 죽으면 마셜이 나를 자신의 부관으로 임명해 그가 나를 위해 했던 일들을 내가 그를 위해 할 수 있게 되기를 진심으로 바란다." 마셜은 트루먼 밑에서 국무 장관, 국방 장관을 지냈다. 모택동을 도

　　　　　　　　　　1인자를 만든 참모들

운 주은래에 대해 닉슨은 이렇게 평가했다. "모택동이 없었다면 중국의 혁명은 결코 불붙지 않았을 것이다. 하지만 주은래가 없었다면 그 불길은 다 타서 재가 되고 말았을 것이다." 참모의 역할은 이처럼 위대하다. 몸을 낮춰 헌신하는 것이기에 더 아름답다.

여기 9개의 점이 있다. 4개의 직선을 연속해서 그어 9개의 점을 모두 관통하는 방법은 무엇일까. 단, 선을 긋다가 종이에서 펜을 떼면 안 된다. 힌트는 눈에 보이는 것에만 집착하지 말라는 것이다. 이 문제에 유능한 참모의 비결이 있다.

축록자 불견산逐鹿者 不見山, 사슴을 쫓는 자는 산을 보지 못한다는 말이다. 축록자가 보스다. 열심히 사슴을 쫓느라 전후좌우를 살필 겨를이 없다. 견산자見山者가 참모다. 사방을 두루 살펴야 한다. 바둑이나 장기의 훈수처럼, 참모는 보스와 적당한 거리를 두고 대국을 조망해야 한다. 얼음처럼 냉정해야 하고, 태산처럼 진중해야 한다. 출싹대거나, 감정에 휘둘려선 안 된다. 참모는 보스의 눈과 귀다. 때문에 눈을 어지럽히고, 귀를 어둡게 하는 것은 참모의 금기 사항이다. '천천히 신속하게' 움직이란 말처럼 평상심을 갖고 기민하게 대처해야 한다.

크게 보면, 참모에는 세 가지 유형 혹은 등급이 있다.

첫째는 경세가經世家 혹은 전략가strategist다. 경세가는 말 그대로 세상과 시대를 경영하는 사람이다. 전략가는 전체 흐름을 조절·운영하는 사람이다. 경세가의 전형 정도전은 무려 5백 년 동안 지속한 국가 운영 시스템을 마련했다. 무릇 경세가라면 최소 한 세대는 지속할 시스템이나 정책을 만들어낼 경륜이 있어야 한다. 전략가의 사표 장량은 수많은 전투에서 패했지만 전쟁을 승리로 이끌었다. 대저 전략가라면 작은 성패에 집착하지 않고 전체 대국을 관장할 수 있어야 한다. 경세가와 전략가는 지조를 중시한다. 보스에게 휘둘리지 않고, 세태에 휩쓸리지 않고, 이해에 매달리지 않는다. 보스를 이끌어간다. '노No'를 주저하지 않는다. 루스벨트의 참모 하우가 그 수범垂範이다. 공功을 다투지 않는다. 충성 경쟁도 없다. 오직 공심위상攻心爲上의 정도를 걷는다. 참모 리더십을 온전하게 발휘하는 참모다.

공심위상은 『삼국지』에서 유래한 말이다. 제갈공명이 친히 군대를 이끌고 남방의 이민족이 일으킨 반란을 평정하러 갔다. 출발에 앞서 아끼는 참모인 마속을 불러 의견을 구했다. 읍참마속泣斬馬謖의 주인공인 그 마속이다. 마속이 대답했다. "용병의 길은 마음을 공략함을 위로 여기며, 성을 공격함을 아래로 합니다. 바라건대 공이여, 그 마음을 복종시켜야 합니다." 여기서 '용병의 길은 마음을 공략함을 최고로 여긴다用兵之道 攻心爲上'는 명언이 탄생했다.

공명의 생각도 그와 같았다. 공명은 적을 가볍게 쳐부수고, 적의 수괴를 사로잡았다. 그러나 그는 잡은 수괴를 풀어주었다. 그리곤 싸워서 또 잡고, 또 풀어주었다. 이것을 일곱 번이나 반복했다. 이른바 칠종칠금七縱七擒의 고사다. 일곱 번째 잡히고 나서야 그 수괴는 진심으로 승복했다. 마음으로 굴복한 것이었다. 이후 그는 단 한 번도 공명을 적대하지 않았

   1인자를 만든 참모들

다고 한다. 이게 바로 공심위상의 묘리妙理다.

공심위상은 현대 마케팅에도 적용되고, 대인 관계에도 적용된다. 요즘 소비자들은 물건만 보지 않는다. 그 기업에 대한 신뢰도가 매우 중요하게 작용한다. 소비자들은 하자를 숨기는 기업보다 솔직히 털어놓고 시정하는 기업을 신뢰한다. '공정 무역'이나 '착한 소비'라는 개념도 마찬가지 맥락에서 나온 것이다. 사람을 사귈 때에도 능력 있는 친구보다 마음을 여는 친구가 더 소중하기 마련이다. 거래처의 담당자를 공략하려면 그 사람의 마음을 얻어야 한다. 보험업계나 자동차 세일즈에서 성공한 사람들을 보라. 대부분 고객의 마음을 감동시켰기 때문이다.

참모의 둘째 유형은 책사策士다. 책사는 일을 도모하기 위한 책策과 약략略을 짜내는 사람이다. 책이나 약은 모두 꾀를 뜻한다. 꾀는 일을 잘 꾸며내거나 해결해내거나 하는, 묘한 생각이나 수단이다. 하우스와 모리스가 이 유형이다. 유능한 책사라면 권도權道, 계교, 권모술수에만 능해선 안된다. 억지나 힘을 능사로 삼아서도 안 된다. 물 흐르듯 자연스럽게 풀어나가야 한다. 아닌 것을 고집해서도 안 되고, 틀린 것을 강요해서도 안 된다. 자신이 선택한 가치에 대해서는 추호의 흔들림도 용납하지 않는 까닭에, 경우에 따라서는 극단적 행위도 서슴지 않는다. 하지만 극히 제한된 경우에만 그렇게 한다. 맺힌 것을 풀어주고, 굽은 것을 펴주고, 막힌 것을 뚫어주어야 한다. 굴드처럼 시종일관 충언을 즐긴다. 항상 마스터플랜을 준비해두고 있다. 다만, 일부 책사에게 재승덕才勝德의 모습이 가끔 보이는 게 단점이다. 부덕不德은 재주 많은 사람에게 하늘이 내린 일종의 천형天刑이다.

셋째는 모사꾼이다. 모사謀士는 짧은 순간에 유용한 간계나 미봉彌縫의 술수를 꾸미는 사람이다. 이간, 음해, 강압, 왜곡, 사기, 거짓말에 능숙하다. 멀리 보지 못하고, 잔꾀에 밝다. 권력에 집執하고, 자리를 탐貪한다. 옳고 그름보다는 유·불리만 따진다. 머리만 있고, 가슴은 없다. 아첨과 변설辨說에 능하다. 모사꾼은 참모 중에서 능력과 품격이 떨어지는 하류다.

아무리 능력이 탁월한 참모라고 할지라도 자경自警, 자계自戒, 자존自尊을 갖지 않으면 모사꾼일 뿐이다. 자신의 안위에 몰강스레 집착하면 모리배에 불과하다.

무릇 참모에 굴하고 천하를 얻는다兢天下而屈臣고 했다. 마키아벨리가 말했다. "보스가 명성을 얻는 것은 보스 자신의 소질이 아니라 측근의 좋은 조언에 의한다." 한비자가 말했다. "수준이 낮은 보스는 자신의 능력을 다하고, 평범한 보스는 타인의 힘을 다하며, 뛰어난 보스는 타인의 지혜를 다한다下君盡己之能, 中君盡人之力, 上君盡人之智." 다른 사람의 조언을 잘 듣는 게 성공의 요체라는 말이다. 미국의 대사업가 카네기가 자기 묘비에 이런 글을 남겨달라고 했다. "여기 자기보다 더 능력 있는 사람들을 쓰는 기술을 터득한 사람이 잠들다." 과연 그 기술이 뭘까. 잘 듣는 것이다. 최고로 예우해주는 것이다. 참모에게 머리를 숙이는 것이다. 어차피 나를 위해 일하는데 주지 못할 게 뭐 있으랴. 리더가 펼치는 리더십의 시작은 좋은 참모를 구해 그에게 귀를 열어주는 것이다.

보스는 참모를 소중히 여겨야 한다. 애지중지해야 한다. 익숙해지다 보면 소홀해지는 것이 사람 마음이다. 작은 홀대 때문에 크게 상처받는다. 예컨대, 보스가 곁에 있는 참모의 충언보다 어쩌다 주어지는 촌평을 무겁게 여기면 참모는 입을 닫게 된다. 건의를 수용하지는 않더라도 미적거

   1인자를 만든 참모들

리며 말도 없이 흐지부지 뭉개는 묵살默殺, pocket veto은 특히 조심해야 한다. 묵살은 말 그대로 말없이 죽이는 행위다. 어떤 것이든 결론을 줘야 한다. 무릇 상대를 귀하게 여기는 것만큼 확실한 동기부여는 없다. 마음이 다치면 그 어떤 보상으로도 치유되지 않는다. 잘못을 탓하고, 실수를 나무라는 것은 좋다. 하지만 마음에 못을 박는 행위는 금물이다.

참모 리더십은 보스를 제대로 설득할 수 있느냐에 달렸다. 좋은 아이디어를 계발해 보스에게 그냥 전하는 것만으로 끝나는 게 아니다. 보스와 참모의 관계는 주고받는give & take 단순 게임이 아니라 밀고 당기는push & pull 복합 게임이다. 보스의 캐릭터와 스타일을 면밀하게 연구해 그에 맞는 설득 기법을 찾아내야 한다. 필요하다면 다양한 방법을 동원해야 한다. 때론 강권強勸하고, 때론 집요하게 반복하며, 때론 말다툼도 마다 않고, 때론 조리 있게 설명하며, 때론 협박하고, 때론 용기를 주는 등 때에 따라 가장 적절한 수단을 동원해야 한다. 이것이 바로『중용』에서 말하는 시중時中이다. 만해 한용운 선생은 시중을 '수시처중隨時處中'이라고 풀이했다. 즉, 때時에 따라 중中으로 대처한다는 것이다. 어쨌든, 중을 찾아내 보스를 설득함으로써 결국 자신의 뜻대로 움직이게 하는 참모가 유능한 참모다.

그때그때 경우에 따라 편하고 쉽게 이용하는 수단과 방법이 방편이다. 스님이 법을 전하는 데 다양한 방법을 구사하는 방편설법方便說法처럼 참모도 방편에 능해야 한다. 그러나 분명히 할 것이 있다. 아첨은 방편이 될 수 없다. 아첨은 참모가 해서는 안 될 짓이다. 아첨은 비겁한 굴종이다. 미국 속어 스노우 잡snow job은 뻔지르르한 말이나 아부를 통해 속이거나 설득하는 행위를 뜻한다. 스노우 잡, 감언이설, 교언영색은 참모가 멀리해야 할 것들이다. 보스든 참모든 일단 아부에 길들면 그것만 찾기 마련이다. 때문에 경계하고, 자제해야 한다.

　위대한 역사에는 위대한 참모가 있었다. 위대한 참모의 멋진 리더십이 있었다. 그 스토리를 들여다보면, 몇 가지 참모 리더십의 요점telling point 을 얻을 수 있다. 참모 리더십의 원칙으로 삼아도 좋을 것이다.

　첫째 원칙은 마음을 얻는 데 주력하라는 것이다. 사람의 마음은 바다요, 사람의 일은 배다. 바다가 요동치면 배는 전복되기 마련이다. "물은 배를 띄울 수도 있고, 뒤집을 수도 있다水能載舟, 亦能覆舟." 아무리 큰 배라도 마찬가지다. 마음을 잃으면 몰락만 있을 뿐이다. 흥망의 요체가 사람의 마음에 있다. 너와 나, 장삼張三이나 이사李四, 김지이지, 이놈 저놈, 어중이 떠중이, 필부나 초부樵夫 할 것 없이 모두 똑같다. 마음을 중시하는 것은 곧 사람을 사랑하는 것이다. 사랑한다는 말은 원래 생각한다는 뜻이었다. 그 중에서도 사람을 생각한다는 뜻이었다. 그러니 사랑 중에 사람을 사랑하는 것이야말로 가장 원초적인 것이다.

　어떤 일이든 그에 관련된 사람이 있기 마련이다. 그 사람의 마음을 얻는 방법을 찾아내는 것이 참모의 기능이다. 일국을 창업하거나 한 나라를 다스리는 것에 관련된 사람은 백성이다. 백성의 마음은 민심이다. 유방이 진 제국의 도성인 관중關中에 입성해서 아방궁에 머물려고 할 때 장량이 단호하게 제지했다. 민심을 얻기 위해서였다. 일체의 약탈을 금한 것도 같은 이유에서였다. 장량이 연전연패의 유방을 황제로 만들 수 있었던 가장 큰 이유는 민심을 확보하는 데에 충실했기 때문이다.

　순욱은 제갈공명조차도 어찌지 못할 정도의 조조 패권 구도를 일찌

　　　　　　　　　　　　　　　　　　1인자를 만든 참모들

감치 정착시켰다. 그 비결은 천자를 옹위해 안정을 도모하라尊王安民는 민의에 따른 것이었다. 정도전이 제일 먼저 토지개혁을 추진한 이유도 민심을 의식한 것이었다. 하우스가 윌슨을 도와 적극적인 개혁 조치를 밀어붙인 것이나, 하우가 노동자·농민의 이익을 대변한 것도 같은 이치다. 필립 굴드가 시종일관 당 현대화를 외친 것도 싫든 좋든 이미 변화한 국민의 마음에 조응하려면 그것이 불가피하다고 판단했기 때문이었다.

참모 리더십의 둘째 원칙은 자신의 판단에 충실하라는 것이다. 주관과 객관은 상호 보완해야 하며, 상호 견제해야 한다. 객관을 무시하고 주관이 설 수 없다. 그러나 주관이 없고 객관만 존재한다면 삶은 무의미하다. 모두 똑같은 붕어빵 인생이나 닮은꼴 삶은 있을 수도 없고, 있어서도 안 된다. 내 생각대로, 내 하고 싶은 대로 사는 게 인생이다. 우리는 주관을 드러내는 데 지나치게 인색하다. 객관에 짓눌려 다름을 지레 포기한다. '다들 그렇게 살잖아. 별 수 있어. 나도 현실에 따라야지.' 옳지 않다. 틀린 생각이다. 내 인생은 내가 산다. 누가 대신 살아줄 수 없다. 혼자서 왔다가 혼자서 가고, 빈손으로 왔다가 빈손으로 간다. 그렇다면 내 것으로, 주관으로 승부해야 한다. 다른 헛꿈 꾸지 말라.

참모는 선비여야 한다. 신분이나 계층으로서 선비가 되라는 것이 아니다. 올곧은 정신을 가진 인격체로서 선비가 되라는 것이다. 바른 선비는 어떠해야 하나? 호사카 유지라는 사람의 정리다.

"선비는 자신이 학문을 연마하는 가운데서 얻은 소신을 거침없이 주장할 수 있는 사람이어야 한다. 그러므로 자신의 신념에 어긋나는 언행을 강요받을 수 있는 관직을 탐낸다면 그 사람은 선비라고 할 수 없다. 선비란 출세나 명예보다 자신의 소신을 인생관과 언행의 중심축으로 삼고 사는 사람이다. 그리고 관직을 얻었다고 해도 자신의 신념을 굽히지 말아야 하며 윗사람에게 아부하지 않고 소신 있게 행동하는 사람이어야 한다."

주관을 중시하는 것이 이해타산이나 자기 보신을 앞세우라는 것은 아니다. 또 자신의 판단에 충실하라고 해서 아집이나 독선에 빠져도 좋다는 것도 아니다. 주관과 독선의 경계는 사실 모호하다. 양자를 구분하는 기준은 없다. 결과만으로 구분하기도, 따르는 사람의 숫자로 준별峻別하기도 어렵다. 그렇다면 어떻게 해야 하는가. 할 수 있는 한 세심하게 살피고, 최대한 신중하게 선택하는 게 최선이다. 결과는 하늘에 맡길 따름이다. 공자도 이렇게 말했다. "군자는 천하에 대하여 무조건 꼭 그래야 한다는 것도 없으며, 절대로 안 된다는 것도 없다. 도리에 견주어 실행한다君子之於天下也 無適也 無莫也 義之與比."

참모 리더십의 셋째 원칙, 자리를 탐해서는 안 된다.

자리는 음식과 같다. 음식을 허겁지겁 삼키면 체하기 십상이다. 식은 죽도 후후 불어서 먹어야 한다. 또 음식이란 것이 기름진 산해진미를 먹어야 배가 부른 게 아니다. 오히려 살만 찌고, 질병에 약해진다. 많이 먹으면 먹을수록 배가 커진다. 한번 배가 커지면 계속 많이 먹어야 한다. 악순환이다. 따라서 바른 자세로 천천히, 그리고 적당히 먹어야 한다. 자리나 벼슬이나 직책도 과욕은 좋지 않다.

참모가 자리를 탐하지 않아야 하는 이유는 또 있다. 아무리 좋은 참모의 탁견卓見이라도 보스가 채택하지 않으면 무용지물이다. 세상에 어느

　　　　1인자를 만든 참모들

보스나 리더도 자기 자리를 빼앗기고 싶어하지 않는다. 참모에게 좋은 자리를 양보할 생각이 없다. 따라서 참모가 자리를 놓고 보스와 경쟁하는 것은 역린逆鱗을 건드리는 것이다. 용의 턱 아래에 거슬러 난 비늘이 역린이다.『한비자』에 나오는 말이다. 이것을 건드리면 용이 노한다. 당연히 조심하고, 경계해야 한다.

지피지기는 지피知彼하고 지기知己하는 것이다. 둘 중에서 지기가 더 어렵다. 마음을 비우기가 어렵기 때문이다. 만약 욕심을 털어낸다면 나를 가장 잘 아는 것은 결국 나다. 잘 헤아리면 과연 내가 그 자리를 감당할 수 있는지 알 수 있다. 기회가 주어졌다고 해서 스스로를 헤아려보지 않고 덥석 받을 일이 아니다. 누군들 욕심이야 왜 없겠는가. 심성이 가장 지독한 게 '인사人事의 신神'이다. 인사의 신은 잘못된 인사에 대해 결코 용서하는 법이 없다. 끝까지 악착을 부리는 악신이다. 감당할 수 없는 재목이라면 기필코 패가망신시킨다. 어떤 경우 차디찬 감방에 밀어 넣기도 한다. 죽음을 강요하기도 한다. 인사의 신은 나아가 인사권자에게도 책임을 가혹하게 묻는다. 참모에게 자리를 잘못 주어 몰락한 사람이 어디 한둘인가.

권력을 즐기지 말라. 참모 리더십의 넷째 원칙이다.

무엇인가 이루기 위해서는 권력이 필요하다. 그런데 권력이란 마약이다. 잘 쓰면 약이지만, 과하게 쓰면 중독된다. 심신을 갉아먹어 마침내 죽음에 이르게 한다. 권력은 매순간 자제하고, 경계해야 한다. 권력은 예외 없이 대가를 요구한다. 행사한 것보다 훨씬 많은 대가를 강요한다. 권력은 극도로 아껴써야 한다. 약간의 틈만 허용해도 권력은 도덕과 법의식을 마비시킨다.

우리말에 허발이란 말이 있다. 몹시 굶주려 있거나 궁해 체면 없이 함부로 먹거나 덤비는 것을 말한다. 권력에 허발하면 안 된다. 교활狡猾은 상상의 동물이다. 교狡의 모양은 개다. 온몸에 표범의 무늬가 있으며, 머리에는 소뿔을 달고 있다. 활猾은 교의 친구다. 생김새는 사람이다. 온몸에 돼지털이 숭숭 나 있고, 동굴 속에 살며 겨울잠을 잔다. 교와 활은 길을 가다가 호랑이를 만나면 몸을 똘똘 뭉쳐 조그만 공처럼 변해서 제 발로 호랑이 입속으로 뛰어들어 내장을 마구 파먹는다. 호랑이가 그 아픔을 견디지 못해 뒹굴다가 죽으면 그제야 유유히 걸어 나와 미소를 짓는다. 여기서 교활한 미소라는 관용구가 생겨났다. 권력이란 놈이 곧 교활이란 짐승과 같다. 권력을 통째로 삼키면 안 된다. 권력을 독점하고, 농단하면 그 사람을 끝내 죽음으로 내몰고 만다. 권력의 교활한 미소에 당하지 않도록 조심해야 한다.

권력에 대해선 먼저 자진해서 불화를 조장하는 것이 최선이다. 그것은 바로 절제와 경계다. 장량은 항상 몸을 낮추었다. 그래서 '화광동진 곡기장신和光同塵 曲己藏身'이란 평을 듣는다. '날카로운 빛을 발하는 재능을 가졌으면서도 그것을 부드럽게 하여 속세의 먼지처럼 몸을 낮춘 채 스스로를 굽혔다.' 권력이란 칼에는 날만 있을 뿐 손잡이가 따로 없다. 따라서 담백한 처신, 그것만이 성공한 참모가 유종의 미를 거둘 수 있는 유일한 비결이다.

다섯째, 서두르지 말라. 일찍 핀 꽃이 먼저 시들기 마련이다. 물론 피어야 할 때는 피어야 한다. 일찍 시들기 싫어 일찍 피는 것을 두려워 할 필요는 없다. 또 아직 꽃을 피우지 못하고 있다고 해서 낙담할 필요도 없다. 서두를 것도 없다. 꽃은 언젠가 핀다. 정작 걱정할 것은 다른 것이다. 피기

전에 어떤 삶을 살았느냐가 얼마나 화려한 꽃을 피울지를 결정한다는 사실이다. 지금에 충실해야 한다. 미친 듯이 곰파고, 죽으라고 준비해야 한다. 나중에는 시간이 없다. 골이 깊어야 산이 높다.

참모는 보스를 '추종followship'해선 안 된다. '한발 앞서야one-upmanship' 한다. 쫄랑쫄랑 따라다니며 지시나 받을 게 아니라 한발 먼저 생각하고 움직여야 한다. 유능한 참모는 기존의 해답, 다수의 통념을 그냥 받아들이지 않는다. 눈에 보이는 틀에 얽매이지 않는다. 여기에 앞에서 던진 문제의 해답이 있다. 즉, 9개의 점이 은연중에 형성한 테두리 안에서만 해답을 찾지 말라는 것이다. 먼저 보고, 넓게 보고, 뒤집어 보고, 깊이 보고, 다시 보는 것이 유능한 참모의 성공 비결이다.

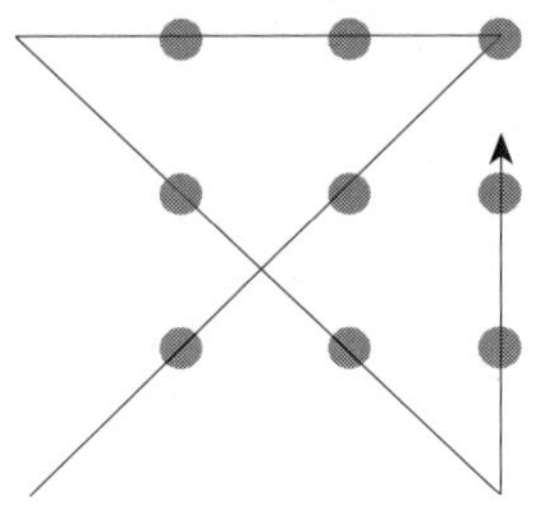

보스와 참모는 적당한 긴장 속에서 아름다운 결실을 얻는다.

소위 '개원의 치開元之治'를 자랑하는 당 현종에게는 두 명의 명신이 있었다. 요숭姚崇과 송경宋璟이다. 현종은 두 사람이 문안을 오면 비록 신하인 그들이지만 반드시 자리에서 일어나 맞았다. 퇴근할 때도 반드시 궁전의 처마까지 나가 배웅했다. 훗날 한휴韓休가 두 사람의 뒤를 이었다. 그는 너무도 엄격했다. 직언을 서슴지 않아 현종이 불편해 할 정도였다.

한 신하가 말했다.

"한휴가 재상이 된 뒤로 폐하는 매우 수척해지셨습니다."

언중유골言中有骨이라, 한휴를 경질하라는 뜻이 포함돼 있었다.

현종이 대답했다.

"한휴 덕분에 나는 야위었다. 그러나 천하는 살찌지 않았는가."

이것이 참모 리더십이다.

| 참고 문헌 |

강준만,『이건희 시대』, 인물과사상사, 2006.

강효석 편저, 권영대 외 역,『조선왕조 오백년의 선비정신 상/하』, 화산문화, 1996.

고세훈,『영국노동당사』, 나남출판, 1999.

김병윤,『고르디우스의 매듭』, 두레스경영연구소, 2007.

김성홍·우인호,『이건희 개혁 10년』, 김영사, 2003.

김용장,『또 하나의 삼국지』, 범우사, 1997.

김용철 외,『삼성왕국의 게릴라들』, 프레시안북, 2008.

김용택 편,『삶이 너에게 해답을 가져다 줄 것이다』, 마음의숲, 2008.

김용택,『시가 내게로 왔다 2』, 마음산책, 2008.

김유 편,『정정당당』, 박문각, 1995.

김진섭,『조선건국기 재상열전』, 지성사, 1998.

김충식,『남산의 부장들』, 동아일보사, 1992.

김홍경,『조선초기 관학파의 유학사상』, 한길사, 1996.

나관중, 이문열 평역,『삼국지 1~10』, 민음사, 1989.

노면 오거스틴·케네스 아델만, 홍윤주 역,『셰익스피어를 모르면 21세기 경영은 없
　　다』, 푸른샘, 2000.

니코스 카잔차키스, 이윤기 역,『그리스인 조르바』, 열린책들, 2006.

데이빗 히넌·워렌 베니스, 최경규 역,『위대한 이인자들』, 좋은책만들기, 2000.

렁청진 편저, 김태성 역,『변경』, 더난출판, 2003.

마가미 료우조오, 유승분 역,『중국의 인간전략』, 명인, 1992.

말콤 클래드웰, 임옥희 역,『티핑 포인트』, 이끌리오, 2000.

모리야 히로시, 김승일 역,『인물삼국지』, 범우사, 1999.

바바라 터크먼, 김인성 역,『세계 역사를 바꾼 짐머만의 전보』, 평민사, 2003.

박기봉 역주,『맹자』, 비봉출판사, 1992.

박숙희 편저,『뜻도 모르고 자주 쓰는 우리말 사전』, 책이있는마을, 2005.

박영규,『한권으로 읽은 고려왕조실록』, 들녘, 1996.

박윤규,『우리 역사를 움직인 20인의 재상』, 미래M&B, 1999.

박정기,『어느 할아버지의 평범한 리더십 이야기』, 을지서적, 1997

버락 오바마, 이경식 역,『내 아버지로부터의 꿈』, 랜덤하우스, 2008

버락 오바마, 홍수원 역,『담대한 희망』, 랜덤하우스, 2008.

변태섭,『수험한국사』, 법문사, 1990.

부남철,『조선시대 7인의 정치사상』, 사계절, 1996.

사마천, 김원중 역,『사기열전 상/하』, 을유문화사, 2003.

사마천, 김진연 편역,『사기 2』, 서해문집, 2002

사카이야 다이치, 양억관 역,『일본을 이끌어 온 12인물』, 자유포럼, 1997.

슈테판 츠바이크, 안인희 역,『정신의 탐험가들』, 푸른숲, 2000.

스콧 피츠제럴드, 김욱동 역,『위대한 개츠비』, 민음사, 2006.

스티븐 베크너, 김경종·최남호 역,『경제대통령 그린스펀』, 한울, 2001.

시바 료타로, 양억관 역,『항우와 유방 1~3』, 달궁, 2002.

시오노 나나미, 오정환 역,『미키아벨리 어록』, 한길사, 1996.

신봉승,『신봉승의 조선사 나들이』, 답게, 1996.

신연우·신영란,『제왕들의 책사』, 생각하는백성, 2001.

심백준·담량소, 정원기 외 역,『삼국지 사전』, 범우사, 2000.

안도현,『그 작고 하찮은 것들에 대한 애착』, 나무생각, 2008.

안도현,『그대에게 가고 싶다』, 푸른숲, 2008.

안도현,『너에게 가려고 강을 만들었다』, 창비, 2007.

안도현,『외롭고 높고 쓸쓸한』, 문학동네, 2008.

양판, 김태성 역,『정관정요에서 배우는 난세를 이기는 지혜』, 예담, 2003.

오기평,『현대국제기구정치론』, 법문사, 1983.

유순하,『신화는 없다』, 고려원, 1995.

윤내현,『상주사』, 민음사, 1988.

이구한 편,『이야기 미국사』, 청아출판사, 2000

이기석 역해,『육도삼략』, 홍신, 1990.

이덕일 외 17인,『역사의 길목에 선 31인의 선택』, 푸른역사, 1999.

이덕일,『당쟁으로 보는 조선역사』, 석필, 1997.

이병주,『정도전』, 큰산, 1993.

이상옥 역해,『관자』, 명문당, 1985.

이상우,『제3공화국 2』, 중원문화, 1993.

이철희,『디브리핑-클린턴과 블레어, 그리고 그 참모들』, 운주사, 2002.

입간상개 외, 정성환 편역,『인물로 보는 중국역사』, 신원문화사, 1994.

장세진,『삼성과 소니』, 살림Biz, 2008.

장정일 외,『삼국지 해제』, 김영사, 2003.

장정일,『장정일 삼국지 1~10』, 김영사, 2004.

정원기 편,『매니아를 위한 삼국지』, 청양, 2000.

조돈문·이병천·송원근,『한국사회, 삼성을 묻는다』, 후마니타스, 2008.

조성기,『굴원의 노래』, 한길사, 1990.

조유식,『정도전을 위한 변명』, 푸른역사, 1997.

존 모턴 블럼, 최웅 외 역,『혁신주의 대통령들』, 소나무, 1999.

존 소펠, 김구철 역,『토니 블레어』, 당대, 1997.

진수, 김원중 역,『정사 삼국지 1~7』, 신원문화사, 1994.

진순신, 권순만 외 역,『중국의 역사 1~5』, 한길사, 1995.

진순신, 서석연 역,『중국걸물전』, 서울출판미디어, 1996.

찰스 F. 파버 & 리처드 B. 파버, 김형곤 역,『대통령의 성적표』, 혜안, 2003.

천징, 김대환·신창호 역,『위대한 폭군 진시황 평전』, 미다스북스, 2001.

최명,『삼국지 속의 삼국지 1,2』, 인간사랑, 2003.

최완수,『조선왕조 충의열전』, 돌베개, 1998.

최용범,『13인의 변명』, 청년사, 2002.

최웅·김봉중,『미국의 역사』, 소나무, 1997.

케이티 마튼, 이창식 역,『숨은 권력자, 퍼스트레이디』, 이마고, 2002.

편집부 편,『한국인이 가장 좋아하는 명시 100선』, 민예원, 2008.

프레드릭 맥스웰, 안진환 역,『살아있는 신화 스티브 발머』, 한국경제신문사, 2003.

한국경제신문 특별취재팀,『삼성전자 왜 강한가』, 한국경제신문사, 2004.

한국시인협회 편,『시인들이 좋아하는 한국 애송 명시』, 문학세계사, 2008.

한영우,『왕조의 설계자 정도전』, 지식산업사, 1999.

호사카 유지,『조선의 선비와 일본의 사무라이』, 김영사, 2007.

홍사중,『리더와 보스』, 사계절, 1997.

홍하상,『이건희』, 한국경제신문사, 2003.

홍하상,『세계를 움직이는 삼성의 스타 CEO』, 비전코리아, 2005.

김기홍,「난 이 회장 아이디어 실현하는 현장 사령관」,『조선일보』, 2006. 10. 14

이광회·최유식,「이학수 부회장이 말하는 '삼성 그리고 나의 인생'」,『조선일보』,
    2006. 10. 14

고재열,「인문학에 빠진 이학수 전 삼성그룹 부회장」,『독설닷컴』, 2008. 10. 27

이형삼,「이학수 삼성 구조조정본부장 "회장 재산은 조兆 단위, 수백억 아껴서 화 자
    초했겠나?"」,『신동아』통권 537호, 2004. 6

구영식,「이재용, 회장 취임하면 리더십 발휘할 것」,『오마이뉴스』, 2007. 10. 2

Blum, John M., *Joe Tumulty and the Wilson Era*, H.M, 1951.

Burns, James M., *Roosevelt, The Lion And The Fox*, Konecky & Konecky,
    1984.

Clements, Kendrick A., *Woodrow Wilson*, Ivan R. Dee, 1999.

Farley, James A., *Behind the Ballots*, Harcourt Brace, 1938.

Flynn, Edward J., *You e the Boss*, The Viking Press, 1947.

Freidel, Frank, *Franklin D. Roosevelt*, Little, Brown and Company, 1990.

George, Alexander L. & Juliette L., *Woodrow Wilson and Colonel House*,
    Dover Publications, 1964.

Gergen, David, *Eyewitness to Power*, Simon & Schuster, 2001.

Gould, Philip, *The Unfinished Revolution*, Little, Brown and Company, 1998.

Ignatius, Adied., *President Obama : The Path to The White House*, Time, 2008.

Moley, Raymond, *After Seven Years*, Harper and Brothers, 1939.

Morris, Dick, *Behind the Oval Office*, Random House, 1997.

Perkins, Frances, *The Roosevelt I Knew*, The Viking Press, 1946.

Rollins, Alfred B. Jr., *Roosevelt and Howe*, Transaction Publishers, 2001.

Rosenman, Samuel I., *Working with Roosevelt*, Harper and Brothers, 1952.

Stephanopulous, George, *All Too Human*, Little, Brown and Company, 1999.

Stiles, Lela, *The Man Behind Roosevelt*, The World Publishing, 1954.

Thomas, Evan, *Back from the Dead*, Atlantic Monthly Press, 1997.

Tumulty, Joseph P., *Woodrow Wilson as I know him*, Garden City Publishing, 1921.

Viereck, George S., *The Strangest Friendship in History*, Greenwood Press, 1976.

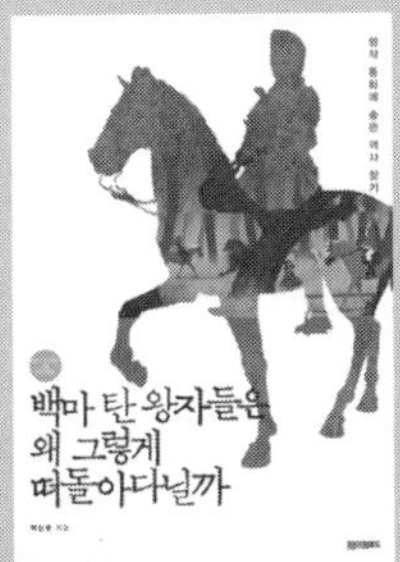

한 명의 왕자가 공주를 구하면 동화가 되고,
여러 명의 왕자가 공주들을 구하면 역사가 된다!

백마 탄 왕자들은 왜 그렇게 떠돌아다닐까

세계 명작 동화에 등장하는 인물과 당대의 역사를 통해 보다 깊고 넓은 관점에서 이야기를 재구성
하는 책으로 지금껏 간과해 왔던 역사적 배경을 조명하고 있다.

박신영 지음 | 320쪽 | 13,500원

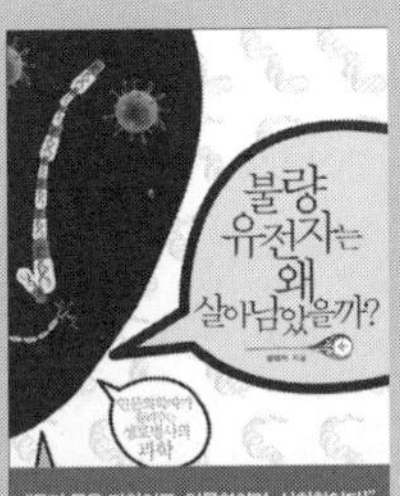

생명과 과학을 관통하는 지식의 대통합!
국내 최초 인문의학자 강신익 교수의 휴먼 사이언스 특강!

불량 유전자는 왜 살아남았을까?

DNA는 과연 모든 것을 설명할 수 있을까? 인간의 생로병사를 과학적으로 해석하고, 다시 그것을
인문학의 가치와 규범을 통해 이해한다! 재미와 의미를 갖춘 우리 몸의 과학에 대해 다룬다.

강신익 지음 | 288쪽 | 13,500원

인간의 목소리가 들리는 〈삼국지〉를 만나다!
풍성한 인문적 지식으로 그려낸 입체적 시대상

진순신의 삼국지 이야기 1권 · 2권

중국사에 정통한 대가가 전하는 현장감 넘치는 삼국지 이야기로 중화사상에 입각하여 다양한 이
민족과 교류했던 중국 및 사방 문명과의 교섭이라는 요소로 재미를 더했다.

진순신 지음 | 신동기 옮김 | 1권 800쪽, 2권 744쪽 | 1권 27,000원 2권 25,000원

조선왕조 500년의 마지막 페이지 영친왕!
당사자의 육성으로 듣는 조선왕조 몰락과 이면의 이야기!

조선의 마지막 황태자 영친왕

영친왕과 개인적 인연을 맺었던 당대의 대표 저널리스트 김을한이 한 사람의 인간으로서 역사의
소용돌이에 휘말린 영친왕의 안타까운 운명과 인간적 면모를 생생히 펼쳐놓는다.

김을한 지음 | 336쪽 | 14,800원

역사학자 105명이 선정한
한국사의 성공과 실패를 가른 역사적 선택!

108가지 결정

만일 이성계가 위화도 회군을 하지 않았더라면? 일본보다 먼저 서양문물을 받아들였다면? 한국전
쟁이 일어나지 않았더라면? 한국사의 운명을 바꾼 선택에 관하여 정리한다.

함규진 지음 | 488쪽 | 16,500원

1인자를 만든 참모들

초　판 1쇄 발행 ｜ 2009년 4월 30일
개정판 1쇄 발행 ｜ 2013년 8월 20일
개정판 3쇄 발행 ｜ 2015년 12월 21일

지은이 ｜ 이철희
펴낸이 ｜ 최용범
펴낸곳 ｜ 페이퍼로드
출판등록 ｜ 제10-2427호(2002년 8월 7일)
　　　　　서울시 마포구 연남로3길 72(연남동 563-10번지) 2층

이 메 일 ｜ book@paperroad.net
홈페이지 ｜ www.paperroad.net
커뮤니티 ｜ www.facebook.com/paperroadbook
　　　　　blog.naver.com/paperroad
Tel (02)326-0328, 6387-2341 ｜ Fax (02)335-0334

ISBN 978-89-92920-90-2 (03320)